中等职业教育国家规划教材配套辅导用书

企业财务会计习题与实训

（第5版）

主　编　程运木

中国财经出版传媒集团
中国财政经济出版社

图书在版编目（CIP）数据

企业财务会计习题与实训／程运木主编．--5版．--北京：中国财政经济出版社，2020.11(2024.7重印)
中等职业教育国家规划教材配套辅导用书
ISBN 978-7-5223-0119-8

Ⅰ.①企… Ⅱ.①程… Ⅲ.①企业管理-财务会计-中等专业学校-习题集 Ⅳ.①F275.2-44

中国版本图书馆CIP数据核字（2020）第194970号

责任编辑：田明晖　　责任校对：李　丽
封面设计：华乐功　　责任印制：刘春年

中国财政经济出版社 出版

URL：http：//www.cfeph.cn
E-mail：cfeph@cfeph.cn

社址：北京市海淀区阜成路甲28号　邮政编码：100142
营销中心电话：010-88191522　编辑部门电话：010-88190670
天猫网店：中国财政经济出版社旗舰店
网址：https：//zgczjjcbs.tmall.com
北京中兴印刷有限公司印刷　各地新华书店经销
成品尺寸：185mm×260mm　16开　16.75印张　390 000字
2020年12月第5版　2024年7月北京第4次印刷
定价：36.00元
ISBN 978-7-5223-0119-8
（图书出现印装问题，本社负责调换，电话：010-88190548）
本社质量投诉电话：010-88190744
打击盗版举报热线：010-88191661　QQ：2242791300

第5版前言

为贯彻落实《国家职业教育改革实施方案》，我们参考《中等职业学校会计专业教学标准（试行）》，在总结会计实践与教学的基础上，组织编写了适用中专、职高等各类中等职业教育的《企业财务会计》（第5版）教材。同时，为了有利于学生在学习中有效地理解、掌握和运用知识，也便于教师组织教学，2020年6月我们根据国家最新修订颁布的财税法规和《企业财务会计》（第5版）教材重新修订了《企业财务会计习题与实训》（第5版）。

本书的特点：（1）各章习题与实训内容紧扣《企业财务会计》（第5版）教材，力求和《初级会计专业技术资格考试大纲》的考试题型一致；（2）习题与实训涉及知识全面，突出重点和难点，题型较多，题量和难易程度相当；（3）根据中职教育的特点，习题与实训以实务知识为主，业务核算题以简要型、单项式为主，适当兼顾综合运用，内容及编排按教材的章、节组织，充分考虑教学的需要；（4）配有一定数量的综合测试题，便于学生测试掌握和运用知识的情况；（5）为有利于教师对学生学练情况进行有效地检查与考核，参考答案不在本书出现，使用本书的任课教师若需参考答案，可登录edu. cfeph. cn下载。

本书由杭州财税会计学校程运木担任主编，负责拟定全书的编写提纲，对全书进行修改总纂。参加本书编写的人员有：杭州财税会计学校程运木（第一章、第五章、第七章、第八章、测试题）；贵州省财政学校肖燕（第二章、第十一章）；青岛大学臧红文（第三章、第六章）；温州财税会计学校池白桦（第四章）；江苏财经职业技术学院杨步刚（第九章、第十章）；杭州财税会计学校叶小丹（第十二章）。本书的编写参考并吸收了有关法规制度、教材和其他相关图书的相关内容，谨此说明，并向有关作者表示衷心地感谢！

限于编者理论水平、实践经验以及对新修订的《企业会计准则——具体准则》的理解程度，书中难免有不足之处，恳请读者批评指正。

编　者

2020年8月

目 录

第一章 概述 …………………………………………………………………………(1)
第二章 货币资金 ……………………………………………………………………(6)
第一节 货币资金概述 ……………………………………………………………(6)
第二节 库存现金 …………………………………………………………………(8)
第三节 银行存款 …………………………………………………………………(13)
第四节 其他货币资金 ……………………………………………………………(20)
第五节 外币交易 …………………………………………………………………(23)
第三章 应收及预付款项 ……………………………………………………………(27)
第一节 应收账款 …………………………………………………………………(27)
第二节 应收票据 …………………………………………………………………(30)
第三节 预付账款和其他应收款 …………………………………………………(34)
第四节 应收款项减值和坏账 ……………………………………………………(37)
第四章 存货 …………………………………………………………………………(44)
第一节 存货概述 …………………………………………………………………(44)
第二节 存货收发的计量 …………………………………………………………(46)
第三节 原材料 ……………………………………………………………………(50)
第四节 周转材料 …………………………………………………………………(57)
第五节 库存商品 …………………………………………………………………(61)
第六节 委托加工物资 ……………………………………………………………(65)
第七节 存货清查和存货期末计价 ………………………………………………(67)
第五章 投资 …………………………………………………………………………(71)
第一节 投资概述 …………………………………………………………………(71)
第二节 交易性金融资产 …………………………………………………………(73)
第三节 债权投资 …………………………………………………………………(77)
第四节 长期股权投资 ……………………………………………………………(82)
第五节 投资性房地产 ……………………………………………………………(87)
第六章 固定资产 ……………………………………………………………………(90)
第一节 固定资产概述 ……………………………………………………………(90)
第二节 固定资产的取得 …………………………………………………………(94)
第三节 固定资产折旧 ……………………………………………………………(99)

第四节　固定资产的后续支出 ………………………………………………（106）
第五节　固定资产租赁 ……………………………………………………（108）
第六节　固定资产处置、清查和减值 ……………………………………（111）
第七章　无形资产和长期待摊费用 ……………………………………（117）
第一节　无形资产 …………………………………………………………（117）
第二节　长期待摊费用 ……………………………………………………（124）
第八章　流动负债 ………………………………………………………（126）
第一节　流动负债概述 ……………………………………………………（126）
第二节　短期借款和应付款项 ……………………………………………（128）
第三节　应付职工薪酬 ……………………………………………………（134）
第四节　应交税费 …………………………………………………………（143）
第九章　非流动负债 ……………………………………………………（152）
第一节　非流动负债概述 …………………………………………………（152）
第二节　长期借款 …………………………………………………………（155）
第三节　应付债券 …………………………………………………………（158）
第四节　长期应付款 ………………………………………………………（161）
第五节　债务重组 …………………………………………………………（163）
第十章　所有者权益 ……………………………………………………（166）
第一节　所有者权益概述 …………………………………………………（166）
第二节　投入资本 …………………………………………………………（168）
第三节　资本公积 …………………………………………………………（171）
第四节　留存收益 …………………………………………………………（174）
第十一章　收入、费用及利润 …………………………………………（178）
第一节　收入 ………………………………………………………………（178）
第二节　费用 ………………………………………………………………（189）
第三节　利润和利润分配 …………………………………………………（196）
第十二章　财务会计报告 ………………………………………………（205）
第一节　财务会计报告概述 ………………………………………………（205）
第二节　资产负债表 ………………………………………………………（207）
第三节　利润表 ……………………………………………………………（213）
第四节　现金流量表 ………………………………………………………（216）
第五节　所有者权益变动表 ………………………………………………（220）
第六节　财务报表附注 ……………………………………………………（221）
测试题（一）（1~6章） …………………………………………………（223）
测试题（二）（7~12章） ………………………………………………（230）
测试题（三） ……………………………………………………………（237）
测试题（四） ……………………………………………………………（245）
测试题（五） ……………………………………………………………（253）

第一章 概述

一、名词解释

1. 企业财务会计确认

2. 企业财务会计计量

3. 可靠性（真实性）要求

4. 企业会计准则

二、填空题

1. 会计是一种应用广泛的____________，同时，又是一个____________。

2. 企业会计核算的基础是_______________；企业财务会计的工作过程就是对企业会计要素进行________、________、________和________的过程。

3. 企业财务会计的目标是_______________，有用会计信息主要是指____________、____________和____________等。

4. 企业财务会计的对象是企业的交易或者事项，具体反映为________、________、________、________、________和________六大会计要素。

5. 企业财务会计确认主要解决某项交易或事项“____________”的问题；企业财务会计计量是解决“________”的问题，它包括________和____________两个方面的内容。

6. 企业会计准则包括________、________和________三个层次；具体会计准则和________________是________________框架下的两个子系统。

三、单项选择题

1. 下列各项中，属于财务会计确认、计量、记录对象的是(　　)。

A. 交易或者事项　　B. 财务状况

C. 经营成果　　D. 资产、负债、所有者权益

2. 下列各项中，关于企业财务会计提供信息的表述，正确的是(　　)。

A. 对外部的会计信息　　B. 对内部的会计信息

C. 规范统一的会计信息　　D. 关于财务状况的会计信息

3. 管理会计是(　　)为中心，向企业内部提供会计信息。

A. 资金的预测、规划和控制　　B. 资金成本

C. 对经济业务的确认　　D. 经济效益计量、记录和报告

4. 企业会计按其服务对象、工作内容等方面的不同，可分为(　　)。

A. 财务会计和成本会计　　B. 财务会计和管理会计

C. 基础会计和财务会计　　D. 财务会计和政府会计

5. 下列各项中，属于解决某项经济业务在会计上“反映多少”问题的是(　　)。

A. 财务会计记录　　B. 财务会计计量

C. 财务会计确认　　D. 财务会计报告

6. 企业财务会计规范体系中处于最高层次和核心地位的是(　　)。

A.《企业会计准则——基本准则》　　B.《中华人民共和国会计法》

C.《会计基础工作规范》　　D.《企业会计准则——具体准则》

7. 下列各项中，关于企业财务会计的说法，正确的是(　　)。

A. 会计信息系统　　B. 经济管理活动

C. 核算与监督活动　　D. 提供财务报表的工作过程

8. 下列各项中，属于企业对会计要素进行计量时一般应当采用的计量属性是(　　)。

A. 历史成本　　B. 公允价值

C. 重置成本　　D. 可变现净值

9. 下列各项中，体现“实质重于形式”核算要求的是(　　)。

A. 计提存货跌价准备

B. 相同会计期间采用一致的会计政策

C. 将融资固定资产列为自有固定资产核算

D. 考虑预计负债

10. 下列各项中，要求企业合理核算可能发生的费用和损失的会计信息质量要求是(　　)。

A. 可比性　　B. 重要性

C. 实质重于形式　　D. 谨慎性

11. 具体会计准则是根据(　　)的要求，对企业各类经济业务事项的会计处理方法和程序作出的具体规定。

A.《企业会计准则——基本会计准则》　B.《企业财务通则》

C.《企业内部控制基本规范》　D.《会计基础工作规范》

12. 下列各项中，属于企业财务会计遵循的会计模式是(　　)。

A. 凭证——账簿——报表　B. 报表——账簿——凭证

C. 预测——控制——决策　D. 现代会计模式

13. 下列各项中，属于企业财务会计的核算基础是(　　)。

A. 持续经营　B. 权责发生制

C. 收付实现制　D. 永续盘存制

14. 下列各项中，关于《中华人民共和国会计法》的实施时间，正确的是(　　)。

A. 1949 年 10 月 1 日　B. 1985 年 1 月 1 日

C. 1985 年 5 月 1 日　D. 2000 年 7 月 1 日

15. 下列各项中，关于《企业会计准则——基本准则》的实施，正确的是(　　)。

A. 2005 年 1 月 1 日　所有企业　B. 2007 年 1 月 1 日　上市公司

C. 2000 年 7 月 1 日　上市公司　D. 2007 年 1 月 1 日　所有企业

16. 下列各项中，关于《小企业会计准则》的实施，正确的是(　　)。

A. 2000 年 7 月 1 日　所有企业　B. 2013 年 1 月 1 日　所有小企业

C. 2011 年 10 月　所有小企业　D. 2013 年 1 月 1 日　符合条件的小企业

17. 企业财务会计和政府会计相比较，具有的特点是(　　)。

A. 采用复式记账法　B. 采用永续盘存制

C. 核算目的具有营利性　D. 主要对外提供会计信息

18. 下列各项中，不正确的是(　　)。

A. 根据《小企业会计准则》，小企业的会计处理与税法规定尽可能是保持一致的

B. 计量问题是财务会计的核心问题

C.《企业内部控制基本规范》是不针对小企业的，所以，小企业不必进行内部控制的

D. 企业会计核算基础是权责发生制，企业会计计量属性一般应采用历史成本

四、多项选择题

1. 企业财务会计的主要特点包括(　　)。

A. 主要对外提供会计信息　B. 遵循传统会计模式

C. 提供规范统一的会计信息　D. 以提供未来信息为主

2. 下列各项中，属于企业财务会计的信息使用者的有(　　)。

A. 投资者　B. 债权人

C. 企业内部经营管理部门　D. 企业职工

3. 企业财务会计核算基本过程包括(　　)。

A. 确认　　B. 计量

C. 考核　　D. 报告

4. 下列各项中，属于确认一个会计项目的基本标准应包括(　　)。

A. 符合某一会计要素定义　　B. 具有可计量性

C. 具有相关性　　D. 具有可靠性

5. 下列各项中，属于体现谨慎性会计信息质量要求（会计核算要求）的有(　　)。

A. 固定资产采用加速折旧法　　B. 对可能发生的义务确认预计负债

C. 计提资产减值准备　　D. 融资租入固定资产计入“固定资产”账户

6. 下列各项中，属于反映财务状况的会计要素有(　　)。

A. 所有者权益　　B. 负债

C. 利润　　D. 收入

7. 会计核算基础是指会计确认、计量和报告的基础。下列各项中，属于会计核算基础的有(　　)。

A. 会计分期　　B. 永续盘存制

C. 收付实现制　　D. 权责发生制

8. 下列各项中，关于会计法规的表述，正确的有(　　)。

A. 现行《企业会计准则——基本准则》从2007年1月1日起，在上市公司范围实施

B. 执行具体会计准则的企业，不再执行《小企业会计准则》

C. 在我国境内的所有企业、行政事业单位都必须遵循《中华人民共和国会计法》

D. 企业应根据国家统一的会计法规、制度，结合本企业实际情况和管理要求制定内部会计制度

五、判断题

1. 行政单位会计属非营利组织会计，企业财务会计属营利组织会计，两者在会计要素上是有区别的。(　　)

2. 财务会计是向外部提供会计信息，管理会计是向企业内部提供会计信息。(　　)

3. 企业财务会计确认是解决经济业务事项“是什么，是否应当在财务会计上反映”的问题；财务会计计量则是解决“反映多少”的问题；财务会计记录是解决其“如何登记”的问题。这三者是相互独立、分步进行的。(　　)

4. 《企业会计准则——基本准则》在我国会计规范体系中处于最高层次和核心地位。(　　)

5. 《中华人民共和国会计法》是从2000年7月1日起实施的。(　　)

6. 企业财务会计报告是有规定或公认的格式和内容的，并且要定期编报。(　　)

7. 企业财务会计应遵循的法规制度，不仅包括《会计法》《企业会计准则》《内部会计控制规范》等专业性会计法规，还应遵循包括公司法、税收法规、金融法规等的相关法规制度。(　　)

8. 企业会计准则应用指南，主要是对具体会计准则的解释和说明，它是没有会计科目和主要账务处理的。(　　)

9. 企业财务会计的对象是企业的交易或者事项，具体反映为资产、负债、所有者权益、收入、费用和利润六大会计要素。 ( )

10. 企业会计准则是关于企业会计核算工作的规范，它不仅适用于企业，还适用于政府机关和事业单位。 ( )

11. 企业应当以实际发生的交易或者事项为依据进行会计确认、计量和报告，以保证会计信息真实可靠、内容完整。 ( )

12. 为了保证会计信息质量，企业会计的计量属性只能采用历史成本，不能采用重置成本、现值、公允价值、可变现净值等。 ( )

13. 企业财务会计计量包括计量单位和计量属性两个方面的内容。我国企业会计采用的计量单位一定是人民币。 ( )

14. 企业会计核算的可比性要求，同一企业不同时期发生的交易或者事项，应当采用一致的会计政策，不得变更。 ( )

15. 企业应当以实际发生和很可能发生的交易或者事项为依据进行会计确认、计量和报告，以保证会计信息真实可靠、内容完整。 ( )

16. 根据规定，企业对会计要素的计量，一般应采用历史成本，采用其他计量属性的，应当保证所确定的会计要素金额能够持续取得，并能可靠计量。 ( )

六、简答题

1. 简述企业财务会计的目标。

2. 企业财务会计核算过程主要包括哪些方面的内容？

3. 企业财务会计规范可以分为哪几个层次？各层次主要包括哪些内容？

第二章 货币资金

第一节 货币资金概述

一、填空题

1. 广义的现金除了____________外，还包括可以随时支用的________________、________________以及________________。

2. 企业应根据有关法规制度，建立符合____________和适合企业自身特点的货币资金____________。

3. 货币资金的保管（出纳）和货币资金账目（总分类账）的记录应由不同人员来完成，即所谓“________________________”；货币资金支出的________、________和________应由不同的人员来完成。

二、单项选择题

1. 货币资金是企业生产经营过程中处于货币形态的资产，是流动性最强的流动资产，也称为(　　)。

A. “货币资产”　　B. “现金资产”

C. “存款资产”　　D. “有价证券”

2. 货币资金的管理要求其收支的审核、审批、收付款、记录等各个环节的工作由不同的人员完成，即应根据(　　)要求，明确职责分工。

A. 回避制度　　B. 审计制度

C. 稽核制度　　D. 不相容（岗位）职务分离

3. 票据的签发或办理至少要由(　　)签字或盖章，形成相互牵制，相互监督。

A. 一人　　B. 两人

C. 三人　　D. 四人

4. 下列各项中，关于货币资金支付申请人的表述正确的是(　　)。

A. 财务会计部门　　B. 出纳员
C. 审批人　　D. 有关业务部门或用款人

5. 下列各项中，货币资金的表述正确的是(　　)。
A. 银行存款　　B. 库存现金 + 银行存款
C. 库存现金 + 有价证券　　D. 库存现金 + 银行存款 + 其他货币资金

6. 下列各项中，不违反“货币资金业务不相容岗位相互分离、制约和监督”要求的是(　)。
A. 由出纳人员兼任会计档案保管工作
B. 由出纳人员保管签发支票所需全部印章
C. 由出纳人员兼任收入总账和明细账的登记工作
D. 由出纳人员兼任固定资产明细账及其总分类账的登记工作

7. 货币资金支出控制的目的是要保证企业货币资金支付都要按(　　)办理，并做到审批规范、手续齐全、凭证完整有效。
A. 程序　　B. 凭证
C. 用途　　D. 签字

三、多项选择题

1. 下列各项中，属于货币资金包括的内容有(　　　)。
A. 库存现金　　B. 应收账款
C. 银行存款　　D. 其他货币资金

2. 下列各项中，属于货币资金的管理和控制应当遵循的原则与规定有(　　　)。
A. 严格岗位职责分工
B. 建立健全内部审核、审批制度
C. 办理货币资金的业务人员应当定期进行岗位轮换
D. 财务专用章应由专人保管，严禁一人保管支付款项所需的全部印章、网银 U 盾

3. 下列各项中，关于企业货币资金管理规定、要求的表述，正确的有(　　　)。
A. 财务专用章应由专人保管
B. 法人名章应由本人或其授权人保管
C. 货币资金的控制主要就是控制货币资金的支付，货币资金收入是不必控制的
D. 货币资金支出的经办、审核、审批应由不同的人员来完成

4. 下列各项中，属于企业货币资金支付办理程序应包括的内容有(　　　)。
A. 支付申请　　B. 支付审批
C. 支付复核　　D. 支付办理

5. 下列各项中，属于广义的现金包括的内容有(　　　)。
A. 库存现金　　B. 可以随时支用的其他货币资金
C. 现金等价物　　D. 股票、债券投资

四、判断题

1. 企业货币资金包括库存现金、银行存款和其他资金三大类。（　　）

2. 存放在企业财会部门，由出纳经管的人民币和外币，即库存现金，是狭义的现金。（　　）

3. 企业存放各开户银行的存款，包括人民币存款、外币存款和理财产品，定期或活期的，都属于货币资金。（　　）

4. 货币资金的保管、经办（出纳）和货币资金账目（总分类账、成本费用账）的记录应由不同人员来完成。（　　）

5. 上市公司、大中型企业应根据《企业内部控制基本规范》建立健全企业内部控制制度。小企业因规模小，业务简单，是不必参照建立与实施内部控制制度的。（　　）

6. 企业任何款项的支付都必须有原始凭证作为依据，由经办人员签字证明，由会计主管人员审批确认后，出纳人员据以办理款项支付。（　　）

7. 根据货币资金的管理要求，货币资金支出的经办、审核、审批应由不同的人员来完成，但经办销售业务人员是可以同时办理货币资金收款业务的。（　　）

第二节　库存现金

一、名词解释

1. 库存现金限额

2. “坐支”现金

二、单项选择题

1. 下列各项中，根据《现金管理暂行条例》规定，不能使用现金结算的是（　　）。

A. 职工工资和津贴　　B. 按规定发给个人的奖金

C. 出差人员随身携带的差旅费　　D. 向农业企业收购农副产品的价款

2. 下列各项中，属于根据《现金管理暂行条例》规定，零星支出的结算起点（现金支付限额）是(　　)。

A. 2 000 元　　B. 1 000 元
C. 100 元　　D. 500 元

3. 下列各项中，关于清查发现的库存现金短缺的会计处理正确的是(　　)。

A. 借："其他应收款" 账户　　B. 借："待处理财产损溢" 账户
C. 贷："其他应收款" 账户　　D. 贷："待处理财产损溢" 账户

4. 下列各项中，属于企业确实无法查明原因的现金短款，经批准后应记入的账户是(　　)。

A. "其他应付款" 账户　　B. "管理费用" 账户
C. "营业外支出" 账户　　D. "待处理财产损溢" 账户

5. 企业一般不得从本单位的现金收入中直接支付现金，因特殊情况需要坐支现金的，应事先报经(　　)审查批准。

A. 本企业单位负责人　　B. 上级主管部门
C. 开户银行　　D. 财政部门

6. 根据现行制度规定，企业库存现金限额一般是按(　　)正常零星开支核定的。

A. 3 天　　B. 3 ~ 5 天
C. 5 天　　D. 15 天

7. 下列各项中，属于企业确实无法查明原因的现金溢余，报经批准后记入的账户是(　　)。

A. "管理费用" 账户　　B. "营业外收入" 账户
C. "其他业务收入" 账户　　D. "其他应付款" 账户

8. 为了完善货币资金的内部控制，货币资金支付的经办、审批和(　　)应由不同的人员来完成。

A. 账目记录　　B. 票据取得
C. 支付款项　　D. 凭证填开

9. 下列各项中，属于库存现金、银行存款的总分类账的登记人员，应是(　　)。

A. 出纳人员
B. 出纳人员以外的会计人员
C. 会计人员或出纳人员
D. 财会部门负责人或单位主管会计工作的负责人

10. 下列各项中，关于库存现金的会计处理，不正确的是(　　)。

A. 库存现金清查应采用实地盘点法
B. 有外币库存现金的企业，应按不同币种分别设置库存现金日记账
C. 库存现金日记账是根据审核后的收、付款凭证，按照业务发生的时间顺序逐日逐笔登记的
D. "库存现金日记账" 是必须开设；"库存现金" 总分类账可以开设，也可不单独开设

11. 下列各项中，不属于库存现金使用范围内的是(　　)。

A. 结算起点以下的零星支出　　B. 向个人收购农副产品
C. 支付职工福利费　　D. 支付银行借款利息

12. 下列各项中，关于库存现金清查发现无法查明原因的现金短缺或溢余，已按管理权限审批后的会计处理，不正确的是(　　)。

A. 属于无法查明原因的库存现金溢余，应借记“待处理财产损溢”账户，贷记“营业外收入”账户

B. 属于应由保险公司、责任人赔偿的库存现金短缺，应借记“其他应收款”账户，贷记“待处理财产损溢”账户

C. 属于应支付给有关单位的库存现金溢余，应借记“待处理财产损溢”账户，贷记“其他应付款”账户

D. 属于无法查明原因的库存现金短缺，应借记“营业外支出”账户，贷记“待处理财产损溢”账户

三、多项选择题

1. 下列各项中，关于库存现金管理的表述正确的有(　　)。

A. 根据规定，国家库存现金的收付范围使用现金结算

B. 库存现金限额一经确定，不得变更

C. 不准用借条、白条等不符合财会制度的凭证顶替库存现金

D. 每日终了，应结出库存现金结余数，并与库存现金实有数核对，做到日清月结，账款相符

2. 企业库存现金实有数小于账面数200元，导致该差错的原因可能有(　　)。

A. 出纳员多付库存现金　　B. 出纳员少收库存现金
C. 出纳员挪用了库存现金　　D. 误将支出200元作为收入入账

3. 下列各项中，属于库存现金总分类账可以据以直接或定期（汇总）登记库存现金总分类账的有(　　)。

A. 收款凭证　　B. 付款凭证
C. 科目汇总表　　D. 汇总记账凭证

4. 下列各项中，属于企业（非小企业）库存现金溢余、短缺的会计处理可能涉及的账户有(　　)。

A.“待处理财产损溢”账户　　B.“管理费用”账户
C.“其他应收款”账户　　D.“营业外支出”账户

5. 下列各项中，属于企业库存现金清查内容的有(　　)。

A. 是否存在贪污或挪用　　B. 是否存在“白条顶库”
C. 是否存在未达账项　　D. 是否存在超限额库存现金

6. 下列各项中，属于可以使用库存现金结算的有(　　)。

A. 向经销商支付购物货款1 500元　　B. 企业职工出差预借差旅费2 000元
C. 超市购买办公用品678元　　D. 向农民个人收购农产品1 900元

7. 企业“库存现金日记账”应采用的格式包括(　　)。

A. 订本账　　　　　　　　　　　　B. 三栏式账页
C. 多栏式账页　　　　　　　　　　D. 数量金额式账页

8. 下列各项中，关于企业库存现金溢余的会计处理的表述，正确的有(　　)。
A. 无法查明原因的库存现金溢余，批准后计入营业外收入
B. 应支付给有关单位的库存现金溢余计入其他应付款
C. 发现库存现金溢余，应通过“待处理财产损溢”账户进行核算
D. 无法查明原因的库存现金溢余，批准后计入管理费用

四、判断题

1. 库存现金清查是以实地盘点法，盘点核对库存现金实有数与账存数的。(　　)
2. 如果企业经营规模较小，可由出纳一人办理货币资金结算支付的全过程，以提高工作效率。(　　)
3. 库存现金清查中，未经领导批准的借款单是不能抵充库存现金的，而经领导批准的借款单是可以抵充库存现金的，以便做到账款相符。(　　)
4. 盘点库存现金发现溢余，可以在“其他应付款”账户的贷方反映，待日后短缺时用于抵扣。(　　)
5. 库存现金的清查包括出纳人员每日的清点核对和清查小组定期和不定期的清查。(　　)
6. “库存现金”账户，反映企业持有的库存现金，不包括企业的内部各部门（或个人）周转使用、由各部门（或个人）保管的备用金。(　　)
7. 为了简化库存现金收支手续、方便工作，企业可以“坐支”现金。(　　)
8. 企业支付在银行支付结算办法规定的结算起点金额以上的款项，必须通过银行办理转账结算，不得使用现金结算。(　　)
9. 记账凭证账务处理程序下，“库存现金”总分类账是根据记账凭证直接登记的，这就与“库存现金日记账”登记基本一致，为避免重复记账，则可以不设置“库存现金”总分类账。(　　)
10. 企业无法查明原因的现金溢余，报经批准后记入“营业外收入”账户；无法查明原因的现金短缺报经批准后记入“管理费用”账户。(　　)

五、业务核算题

（一）练习库存现金收付的核算

［资料］某企业“库存现金日记账”期初借方余额为3 500元，库存现金限额为4 000元。9月10日发生下列经济业务如下：
1. 出售产品3件，收到现金678元（其中增值税78元）。
2. 采购员王江借支差旅费2 600元，以库存现金付给。
3. 从银行提取现金2 500元，以补充库存现金。
4. 向某个人出售产品，价款5 000元，增值税650元，已全额收到现款。

5. 向开户银行送存库存现金5 600元。

6. 行政部购买厂部用消耗性办公用品一批，普通发票所列价款950元，以库存现金支付。

7. 公司决定向职工何宁发放生活困难补助（应付职工薪酬）800元，以库存现金付给。

8. 清查盘点发现库存现金短缺200元。

9. 经查明，上述现金短缺是出纳人员李苏工作失误造成，应由其赔偿，款项尚未收到。

[要求] 根据上述经济业务，编制相关的会计分录，填制记账凭证，并设置、登记“库存现金日记账”。

（二）练习库存现金清查的核算

[资料] 某公司发生库存现金清查有关的经济业务如下：

1. 5月30日，库存现金清查，发现溢余300元，原因待查。

2. 5月31日，经核查上述库存现金溢余，其中200元为少付职工李华的款项，李华已前来领取；其余无法查明原因，经领导批准予以转销。

3. 6月29日，库存现金清查，发现短缺500元，原因待查。

4. 6月30日，经核查证实，上述库存现金短缺由出纳员江中京工作责任和公司管理层指导不利造成。经领导核准应由出纳员赔偿300元，款项尚未收到；其余予以转销。

5. 7月2日，收到出纳员江中京交付的现金300元。

[要求] 根据上述经济业务，编制必要的会计分录。

第三节　银行存款

一、名词解释

1. 基本存款账户

2. 银行汇票

3. 未达账项

二、填空题

1. 企业的银行结算账户按照用途可分为________、____________、________、________四类。

2. 银行汇票结算是指申请人将款项交存银行（或账户有存款），由____________汇票给申请人，申请人持汇票办理____________或支取现金的一种结算方式。

3. 托收承付结算方式，承付货款分为________和________两种方式。

4. “银行存款”和“库存现金”总分类账的登记人员，应是____________；银行存款清查核对的方法是____________。

三、单项选择题

1. 下列各项中，关于企业临时存款账户使用的有效期限，正确的是(　　)。

A. 6个月　　　　B. 1年

C. 2年　　　　D. 无期限限制

2. 下列各项中，关于企业银行存款开户的有关规定，不正确的是(　　)。

A. 企业的工资、奖金等日常经营业务的资金收付，只能通过基本存款账户办理

B. 企业可以通过一般存款账户办理转账结算和现金支取

C. 一个企业只能选择一家银行的一个营业机构开立一个基本存款账户，不得在多家

银行机构开立基本存款账户

D. 临时存款账户可以办理转账结算，也可以按规定办理现金收付

3. 下列各项中，属于银行承兑汇票承兑人的是(　　)。

A. 付款人　　B. 付款人的开户银行

C. 收款人　　D. 收款人的开户银行

4. 下列各项中，关于银行已经入账而企业尚未收到单证而未入账的未达账项，企业应当(　　)。

A. 根据“银行对账单”记录的金额登记入账

B. 根据“银行存款余额调节表”和“银行对账单”登记入账

C. 在编制“银行存款余额调节表”的同时登记入账

D. 待有关结算凭证收到后，编制记账凭证并据以登记入账

5. 出票人签发支票的金额，超过付款时账户存款金额的支票称为(　　)。

A. 空白支票　　B. 空头支票

C. 远期支票　　D. 大额支票

6. 按照国家《银行账户管理办法》规定，企业的工资、奖金、津贴等的支取，只能通过(　　)办理。

A. 基本存款账户　　B. 一般存款账户

C. 临时存款账户　　D. 专用存款账户

7. 商业汇票的付款期由交易双方商定，但最长不能超过(　　)。

A. 6个月　　B. 2个月

C. 9个月　　D. 12个月

8. 商业汇票付款人在接到出票人或持票人提示承兑时，应当在自收到提示承兑的汇票之日起(　　)日内承兑或拒绝承兑。

A. 2　　B. 3

C. 5　　D. 7

9. 除中国人民银行另有规定外，支票的提示付款期限一般为自出票日起(　　)天。

A. 7　　B. 10

C. 15　　D. 20

10. 银行汇票的提示付款期限为自出票日起(　　)。

A. 1个月　　B. 2个月

C. 3个月　　D. 6个月

11. 下列各项中，属于企业单位信用卡可以办理的业务是(　　)。

A. 交存现金　　B. 10万元以上的商品交易

C. 支取现金　　D. 从基本存款户划转存款

12. 下列各项中，属于委托收款结算方式和托收承付结算方式，托收成立的标志是(　　)。

A. 发出商品　　B. 向银行提交委托凭单、发票账单

C. 办妥托收手续　　D. 付款人收到付款通知

13. 下列各项中，反映企业银行存款实有数的是(　　)。

A. 企业“银行存款日记账”的余额
B. 开户银行“银行存款账户对账单”的余额
C. 企业“银行存款余额调节表”调节后的余额
D. 企业“银行存款总分类账”的余额

14. 企业使用下列各项票据，应通过“银行存款”账户核算的是(　　)。

A. 商业汇票　　B. 银行本票
C. 银行汇票　　D. 支票

15. 企业委托银行收取的 2 000 元款项，银行已收妥；但企业至月末尚未取得收款通知单，在编制银行存款余额调节表时的处理应是(　　)。

A. 在“银行对账单余额”项下，加：2 000 元
B. 在“银行对账单余额”项下，减：2 000 元
C. 在“企业存款日记账余额”项下，加：2 000 元
D. 在“企业存款日记账余额”项下，减：2 000 元

16. 编制银行存款余额调节表时，下列未达账项中，会导致企业银行存款日记账的账面余额大于银行对账单余额的是(　　)。

A. 企业开出支票，银行尚未支付
B. 企业开出结算票据，并已作付款入账，对方尚未到银行办理转账
C. 银行代收款项，企业尚未接到收款通知
D. 企业环保违章被罚款 5 000 元，银行已经扣款，但企业未接到扣款通知

17. 11 月 30 日，某公司银行存款日记账账面余额为 115 万元，收到银行对账单的余额为 112.3 万元。经逐笔核对，存在以下记账差错及未达账项，从银行提取现金 6.9 万元，误记为 9.6 万元；银行按电信扣款通知扣公司通信费 6.4 万元，但公司未接到银行付款通知，尚未入账。11 月 30 日调节后的银行存款余额为(　　)万元。

A. 112.3　　B. 125.1
C. 105.9　　D. 118.7

18. 企业经过编制“银行存款余额调节表”调节后的银行存款余额，应为(　　)。

A. 企业账上的银行存款余额
B. 银行账上的企业存款余额
C. 企业可动用的银行存款数额
D. 企业应当在会计报表中反映的银行存款余额

四、多项选择题

1. 根据《支付结算办法》的规定，下列各项中，属于企业办理支付结算的基本要求有(　　)。

A. 按照规定开立、使用银行账户
B. 使用按中国人民银行统一规定印制的票据和结算凭证
C. 结算凭证上的签章和其他记载事项应当真实，不得伪造、变造
D. 填写结算凭证应当规范，做到要素齐全、数字正确、字迹清晰、防止涂改

2. 下列各项票据中，应由银行签发的有(　　)。

A. 支票　　B. 银行汇票

C. 银行本票　　D. 商业汇票

3. 下列各项中，适用于同城或异地各种款项结算的结算方式有(　　)。

A. 委托收款结算方式　　B. 汇兑结算方式

C. 托收承付结算方式　　D. 商业汇票结算方式

4. 办理异地托收承付的款项应该有(　　)。

A. 商品交易的款项　　B. 代销、寄销的款项

C. 债权债务款项　　D. 因商品交易而产生的劳务供应款项

5. 下列各项，会使企业银行存款日记账余额小于银行存款对账单余额的有(　　)。

A. 企业开出支票，对方未到银行办理划转手续

B. 银行误将其他公司的存款记入本企业银行存款账户

C. 银行代扣水电费，企业尚未接到付款通知

D. 银行收到委托收款结算方式下结算款项，企业尚未收到通知

6. 下列各项中，应通过“银行存款”账户核算的有(　　)。

A. 收到银行汇票、银行本票交存银行取得回单

B. 使用银行汇票和银行本票存款办理款项结算

C. 开出转账支票，收到转账支票交存银行取得回单

D. 商业汇票到期收到票款

7. 下列各项票据，可以背书转让的有(　　)。

A. 支票　　B. 银行汇票

C. 银行本票　　D. 商业汇票

8. 银行承兑汇票若出票人（付款人）在汇票到期日未能足额存款的，承兑银行的处理应该包括(　　)。

A. 票据退回给持票人

B. 无条件付款

C. 将出票人尚未支付的汇票款视为逾期贷款

D. 对逾期贷款加收利息

9. 下列各项中，属于银行存款的清查核对应包括的内容有(　　)。

A. 银行存款日记账与银行存款收、付款凭证核对，做到账证相符

B. 银行存款日记账与银行存款总账核对，做到账账相符

C. 银行存款日记账与银行对账单核对，做到账单（实）相符

D. 银行存款日记账与银行对账单余额不一致时，要查明原因，并编制“银行存款余额调节表”，调节后两项余额应相等

10. 下列各项中，关于银行汇票结算方式的表述，正确的有(　　)。

A. 银行汇票适用于各种款项的结算

B. 银行汇票可用于转账，填明“现金”字样的银行汇票可用于支取现金

C. 银行汇票可以分次支取，在收款人和用途不变的情况下也可以转汇

D. 未填写实际结算金额或实际结算金额超出出票金额的银行汇票不得背书转让

11. 下列各项中，违反银行结算纪律的有（　　）。

A. 考虑企业未来的现金流量，与对方单位约定签发一张为期 60 天的支票

B. 在不影响企业自身业务的情况下，将企业结算账户暂时借给其他单位使用

C. 根据自身业务需要，企业可开立多个基本存款账户、一般存款账户

D. 支票必须由指定人员签发，其他人员一律不准签发

12. 下列各项中，不应当记入“银行存款”账户的有（　　）。

A. 销售产品一批，价税款收到一张对方单位签发的签章完整的转账支票

B. 以银行汇票结算支付购入原材料的价税款 7 万元

C. 销售产品一批，价税款收到银行本票一张，交银行结算，并取得回单

D. 销售产品一批，价税款收到付款人签发、经银行承兑的银行承兑汇票一张

五、判断题

1. 企业对职工个人的支付，包括工资、奖金、津贴、差旅费等，可以通过基本存款账户打卡支付；也可以用库存现金支付，并且不受现金支付限额（1 000 元）的限制。（　　）

2. 企业临时存款账户是可以办理转账结算和现金收付的，所以，临时存款户也可以用于提款发放工资、奖金。（　　）

3. 企业一般存款账户只能办理转账，不能提取现金；临时存款账户可办理转账结算和现金收付。（　　）

4. 企业与银行核对银行存款账目时，对已发现的未达账项，应当编制银行存款余额调节表进行调节，并以银行存款余额调节表作为原始凭证进行相应的账务处理。（　　）

5. 因为可能存在未达账项，所以，银行存款日记账余额不一定是企业银行存款的实有数，但银行对账单余额则表示企业银行存款的实有数。（　　）

6. 汇兑是汇款人委托银行将其款项支付给收款人的结算方式。这种结算方式适用于同城和异地各种款项的结算。（　　）

7. 企业到外地进行零星或临时采购，汇往采购地银行开立采购专户的款项，应借记“其他货币资金——外埠存款”账户，贷记“银行存款”账户。（　　）

8. 无论是商业承兑汇票还是银行承兑汇票，付款人都负有到期支付票款的责任。（　　）

9. 委托收款、托收承付结算方式适用于企业各种商品交易款项，以及因商品交易而产生的劳务供应款项的结算。（　　）

10. 企业采购商品款项采用商业汇票、银行汇票结算的，应通过“应付票据”账户核算。（　　）

11. 商业承兑汇票是由付款人或收款人签发，并由开户银行承兑的商业汇票。（　　）

12. 采用委托收款结算方式，付款人的承付期为 3 天，如果付款单位提出拒付，付款单位开户银行应审查其拒付理由是否合理。（　　）

13. 企业银行存款的账面余额与银行对账单余额因未达账项存在差额时，应按照银行存款余额调节表调整银行存款日记账的金额。（　　）

14. 银行存款余额调节表是企业编制的，主要用于核对账目，是企业重要的会计资料，但不是会计凭证，不能据以登记入账。 （ ）

15. 商业承兑汇票到期时，如果购货企业（付款人）的存款不足支付票款，开户银行应将汇票退还销货企业（收款人），银行是不予代为垫付款项的。 （ ）

16. 支票方便灵活，可以提取现金，也可以用于转账，而且同城异地均可使用；单位信用卡更为方便灵活，可以用于企业各类业务事项款项的结算。 （ ）

六、业务核算题

（一）练习银行存款的核算

［**资料**］某公司为一般纳税人，5月份发生以下银行存款收付经济业务：

1. 5月7日，销售产品，取得销售收入15 000元，增值税1 950元，共计16 950元，收到转账支票存入银行，取得进账单回单。

2. 5月10日，接到开户银行的收款通知，上月销售给科远公司产品的应收货款33 900元，已收妥入账。

3. 5月13日，购进原材料一批，专用发票所列的货款5万元，增值税6 500元，共计56 500元，已通过网银从存款账户中汇出，材料收到并验收入库。

4. 5月15日，向北海公司预收货款6万元，款项转存存款账户。

5. 5月21日，已通过存款账户转账支付专用发票所列的产品广告费2万元，增值税1 200元。

6. 5月28日，以基本存款账户提取现金8万元，以备发放职工奖金。

［**要求**］根据上述经济业务，编制必要的会计分录。

（二）练习银行存款的清查与核对

［**资料**］某公司6月30日“银行存款日记账”借方余额为189 000元，“银行对账单”贷方余额为208 000元。经过逐笔核对，发现有如下未达账项：

1. 6月28日，公司开出支票归还欠款3 000元已作付款记账，银行因尚未收到票据而未记账。

2. 6月29日，公司委托银行收取的货款5万元，购货公司如期承付，银行已作收款记账，企业因尚未收到账单而未入账。

3. 6月30日，银行划付电费4 500元已作付款记账，公司尚未收到付款通知而未记账。

4. 6月30日，公司收到购货客户交来金额为41 500元的银行本票，已作收款记账，银行因尚未办妥划款手续而未记账。

5. 6月30日，公司委托银行收取货款12 000元，款到账，银行已作收款记账，公司尚未收到账单而未入账。

［要求］根据资料，编制银行存款余额调节表（见表2－1）。

表2－1 银行存款余额调节表

年 月 日

项 目	金额（元）	项 目	金额（元）
调节后银行存款余额		调节后银行存款余额	

（三）练习银行存款的核算及清查与核对

［资料］盛业公司为一般纳税人，开户银行为：中国建设银行之江支行，账号：613000825000100988。该公司10月31日银行存款余额35万元。11月发生银行存款经济业务如下：

1. 3日，向大力公司信汇65 000元，以存款预付购料款。

2. 5日，收到银行转来的收账通知，华山公司承付货款9 500元已到账。

3. 6日，采购员赵中一借支差旅费2 950元，签发现金支票付给。

4. 12日，根据工资结算汇总表，开出付款通知，由银行打卡发放本月工资22万元。

5. 14日，向银行送存现金3 000元。

6. 16日，收到银行存款的利息清单和收账通知，本期存款利息1 800元已到账。

7. 19日，从建设银行之江支行取得为期9个月的借款10万元，款项转入存款账户。

8. 21日，收到银行转来的付款通知，支付电力费5 650元（应付账款）。

9. 28日，购入原材料一批，专用发票所列货款4万元，增值税5 200元，签发转账支票45 200元支付。材料收到并验收入库。

10. 28日，银行转来收账通知，收到仁和公司前欠货款68 000元。

11. 30日，销售产品一批，价款8万元，增值税10 400元，收到转账支票已交银行办妥进账手续。

12. 30日，收到中国建设银行之江支行银行存款对账单，见表2－2。

表2－2 中国建设银行之江支行对账单

单位：盛业公司　　账户号：613000825000100988

2×20年		凭证号码	摘 要	借 方	贷 方	借或贷	余 额	其余各项
月	日							
10	31	略	承前页			贷	350 000	略
11	3		信汇	65 000		贷	285 000	
	5		托收		9 500	贷	294 500	
	6		提现	2 950		贷	291 550	

续表

2×20 年		凭证号码	摘 要	借 方	贷 方	借或贷	余 额	其余各项
月	日							
11	12		工资	220 000		贷	71 550	
	14		现金		3 000	贷	74 550	
	16		计息		1 800	贷	76 350	
	19		借款		100 000	贷	176 350	
	21		电费	5 650		贷	170 700	
	28		托收		68 000	贷	238 700	
	30		托收		8 000	贷	246 700	
	30		承付	5 000		贷	241 700	
11	30		委邮		3 300	贷	245 000	

[要求]

1. 开设银行存款日记账和总分类账，并登记月初余额。

2. 根据11月份经济业务编制记账凭证（会计分录），并进行审核。

3. 根据记账凭证登记银行存款日记账；根据记账凭证每10天汇总一次登记银行存款总分类账。

4. 逐笔核对银行存款日记账与银行对账单，查找出未达账项，并编制银行存款余额调节表。

第四节 其他货币资金

一、单项选择题

1. 下列各项中，属于其他货币资金的是(　　)。

A. 外币存款　　B. 销货收到的银行汇票

C. 银行本票存款　　D. 一般存款账户存款

2. 下列各项中，不通过“其他货币资金”账户核算的是(　　)。

A. 银行汇票存款　　B. 存出投资款

C. 信用卡存款　　D. 有价证券

3. 下列各项中，属于企业用存在证券公司资金账户的“存出投资款”购买股票，应贷记的账户是(　　)。

A. “库存现金”账户　　B. “其他货币资金”账户

C. “银行存款”账户　　D. “其他应收款”账户

4. 下列各项中，属于企业将款项汇往外地开立采购专用账户时，应借记的账户是(　　)。

A. “应收账款”账户　　B. “银行存款——外埠存款”账户

C. “其他货币资金——外埠存款”账户　D. “原材料”账户

5. 下列各项中，属于企业销售商品收取银行汇票、银行本票，填单送交开户银行，并取得入账回单的，应借记的账户是(　　)。

A. “银行存款”账户　　B. “其他货币资金”账户

C. “应收账款”账户　　D. “交易性金融资产”账户

6. 期末，企业银行本票存款 18 万元，外埠存款 2 万元，存出投资款 5 万元，银行承兑汇票 10 万元，商业承兑汇票 12 万元，库存现金 1 万元，银行基本账户存款 99 万元，则该企业资产负债表中“货币资金”项目的金额为(　　)万元。

A. 100　　B. 120

C. 125　　D. 137

7. 下列各项中，应通过“其他货币资金”账户核算的是(　　)。

A. 销售商品而收到的商业汇票

B. 通过网银支付购买办公设备款

C. 委托银行代为支付电信费用

D. 为购买股票将资金存入在证券公司设立的资金专户

二、多项选择题

1. 下列各项中，应通过“其他货币资金”账户核算的有(　　)。

A. 外埠存款　　B. 银行汇票存款

C. 备用金　　D. 银行本票存款

2. 下列各项中，属于企业以存款账户款项，向银行申请取得银行汇票，并持汇票购买原材料，可能涉及的账户有(　　)。

A. 其他货币资金　　B. 银行存款

C. 应交税费　　D. 原材料

3. 下列各项中，应确认为其他货币资金的有(　　)。

A. 销售商品而收到的银行承兑汇票　　B. 用存入证券公司的存出投资款购买股票

C. 汇往外地建立临时采购专户的资金　　D. 向银行申请签发银行本票而拨付的资金

4. 下列各项中，属于因结算方式形成的其他货币资金有(　　)。

A. 存出投资款　　B. 银行汇票存款

C. 信用证保证金存款　　D. 银行本票存款

三、判断题

1. 其他货币资金是除库存现金和银行存款以外的货币资金。它是因存款地点和用途等与库存现金和银行存款不同而形成的货币资金。（　）

2. 其他货币资金也是一种货币资金，其核算应与库存现金和银行存款一致的，编制的收、付款记账凭证，采用日记账进行序时核算。（　）

3. 银行汇票、银行本票结算后余额只能由收款单位退还，不能从银行转回。（　）

4. 企业销售商品收到商业汇票，购买物资签发、承兑商业汇票是不会涉及“其他货币资金”的。（　）

5. “其他货币资金”账户，可分别“银行汇票”“银行本票”“信用卡”等其他货币资金的种类进行明细核算。（　）

6. 企业销售商品收到的银行汇票、银行本票，应借记“其他货币资金”账户。（　）

7. 企业收到退回的银行汇票多余款项，应记入“其他货币资金”账户的借方。（　）

四、业务核算题

［资料］某公司为一般纳税人，9月份发生有关经济业务如下：

1. 从银行基本存款户划款60万元，向开户行申请签发银行汇票（甲公司），以备赴外地采购生产设备用。

2. 出售产品一批，价款2万元，增值税2 600元，收到银行本票一张，面额为22 600元，送存银行，并收到回单。

3. 从甲公司购入不需要安装设备一台，专用发票所列的货款50万元，增值税65 000元。价税款用上述银行汇票支付，设备达到预定可使用状态。

4. 向甲公司购入设备的上述银行汇票余额35 000元，转回基本存款户。

5. 从银行基本存款户汇款4万元到工商银行成都宽窄巷支行，设立采购专户。

6. 从银行基本存款户划款10万元存入信达证券公司资金账户，以备用于投资。

7. 向成都西南公司购入原材料一批，专用发票所列的货款3万元，增值税3 900元。价税款从工行成都宽窄巷支行的采购专户转账支付，材料收到并验收入库（实际成本计价），余款转回银行基本存款账户。

8. 向银行申请签发银行本票25 000万元（华美公司），银行予以受理，票款从银行基本存款账户中划转。

9. 以存入信达证券公司资金账户的存款35 000元，购买财金股份股票，准备随时用于出售。

10. 从华美公司购入原材料一批，专用发票所列的货款2万元，增值税2 600元。价税款以上述银行本票支付，材料收到并验收入库（实际成本计价），余款尚未转回。

11. 企业从银行基本存款户划款2万元，转存单位在建行上宁支行所开设的信用卡。

12. 用单位信用卡刷卡支付业务招待费5 000元（取得普通发票）。

［要求］根据上述经济业务，编制必要的会计分录。

第五节 外币交易

一、填空题

1. 外币交易是指企业以____________的其他货币进行________、________的经济业务、事项。

2. 汇率标价方法主要有____________、____________两种。

3. 会计期末____________的外币金额，应当按照____________折合为记账本位币。按期末即期汇率折合为记账本位币金额与原账面记账本位币金额之间的差额，作为____________，列为____________。

二、单项选择题

1. 企业发生外币交易时记账所采用的汇率，称为(　　)。

A. 平均汇率　　B. 账面汇率

C. 市场汇率　　D. 记账汇率

2. 企业发生外币交易时，应当将相关的外币金额，采用记账汇率将外币金额折算为(　　)金额记账。

A. 记账本位币　　B. 人民币

C. 结算货币　　D. 账面货币

3. 记账汇率可以从即期汇率和即期汇率近似的汇率两者中选择确定。即期汇率，通常是指中国人民银行公布的当日人民币外汇牌价的(　　)。

A. 买入价　　B. 卖出价

C. 中间价　　D. 即期近似价

4. 下列各项中，属于会计期末各外币账户的外币金额，按期末即期汇率折合为记账本位币金额与原账面记账本位币金额之间的差额，应计列的项目是(　　)。

A. 资本公积　　B. 汇兑损益

C. 投资收益　　D. 营业外收支

5. 下列各项中，属于与购建固定资产有关的外币专门借款的汇兑损益，符合资本化条件的，应计入的是(　　)。

A. 财务费用

B. 当期损益

C. 所购建固定资产（或相关资产）的成本

D. 制造费用

6. 下列各项中，属于涉及外币交易的在交易日按记账汇率折算入账，入账后不再因汇率变动而改变其原记账本位币金额的是(　　)。

A. 应收账款　　B. 应付账款

C. 长期应付款　　D. 固定资产

7. 下列各项中，关于我国境内企业的记账本币的表述，正确的是(　　)。

A. 企业的记账本币一定是人民币

B. 企业的记账本币是人民币，还是外币，由企业自行选定

C. 内资企业的记账本币是人民币，外资企业的记账本币是外币

D. 企业应以人民币为记账本位币，业务收支以人民币以外的货币为主的企业，可以选定其中一种外币作为记账本位币。

三、多项选择题

1. 下列各项中，属于外币交易的有(　　)。

A. 进口以外币计价的商品　　B. 出口以外币计价的商品

C. 企业银行借入外币借款　　D. 企业承担以外币计价的债务

2. 下列各账户中，属于外币账户的有(　　)。

A. 银行存款（外币银行存款）　　B. 应付债券（发行的外币债券）

C. 实收资本（有外币资本投入）　　D. 长期借款（外币借款）

3. 企业发生外币交易时，应当将相关的外币金额，采用记账汇率将外币金额折算为记账本位币金额记账。记账汇率可以从(　　)中选择确定。

A. 即期汇率　　B. 市场汇率

C. 即期汇率近似的汇率　　D. 直接标价汇率

4. 下列各项中，属于外币交易业务产生汇兑损益，可能列支的项有(　　)。

A. 财务费用　　B. 所购建固定资产（或相关资产）的成本

C. 资本公积　　D. 投资收益

四、判断题

1. 在我国境内设立的企业，会计核算应以人民币为记账本位币，所以，会计核算中所指外币是指人民币以外的外国货币。　　(　　)

2. 业务收支以人民币以外的货币为主的企业，可以选定其中一种人民币以外的货币作为记账本位币。　　(　　)

3. 外币非货币性项目，是指货币性项目以外的项目，包括存货、长期股权投资、应付债券、固定资产、无形资产、长期应收款等。　　(　　)

4. 汇兑损益是企业在进行外币交易业务处理时，由于采用不同的汇率折算为人民币

而产生的差额。（　　）

5. 企业购入外币，银行卖出价与记账汇率不同而产生差额是汇兑损失；企业卖出外币，银行买入价与记账汇率不同而产生差额则是汇兑收益。（　　）

6. 企业收到投资者以外币投入的资本，应当采用交易发生日的即期汇率折算。所以，外币投入资本也是会产生汇兑损益的。（　　）

7. 外币账户应当在记账本位币所设立的总分类账户下，按不同币种设立明细账户。外币账户的明细账可采用“三栏式”和复式记载，即登记外币金额、汇率和记账本位币金额。（　　）

五、业务核算题

[资料] 盛业公司为一般纳税人，2×20年6月1日，“银行存款——美元户”借方余额为63万元（9万美元），公司外币业务采用当日汇率（即期汇率）记账，当日市场汇率（中间价，下同）为1∶7.00。6月份发生有关经济业务如下：

1. 3日，从中国银行西湖支行借入3万美元，期限为1年，年利率5%，当日市场汇率为1∶7.02。

2. 6日，向境外公司出口产品一批，货款2万美元，当日市场汇率1∶7.03，款项收存银行存款户。

3. 11日，从国外进口不需要安装设备一台，价税款共计6万美元，以存款支付，当日市场汇率为1∶7.05，并以人民币支付进口环节增值税54 990元和国内运杂费等15 000元（取得普通发票）。设备已达到预定可使用状态。

4. 16日，从银行购入4万美元，当日银行美元卖出价为1∶7.08，当日市场汇率（中间价）为1∶6.95。

5. 20日，向境外供应单位支付应付材料款1万美元，当日市场汇率1∶6.98。

6. 6月28日，公司向银行出售3万美元，当日银行美元买入价1∶6.95，取得人民币208 500元存入银行。当日市场汇率（中间价）1∶7.02。

7. 6月29日，从国外购入原材料一批，价款为2万美元，当日市场汇率为1∶7.05，材料已验收入库，款项暂欠。同日以人民币支付国内运杂费5 000元（取得普通发票）和进口环节增值税18 330元。

8. 6月30日，结出“银行存款——美元户”的期末余额，按期末汇率1∶7.05调整“银行存款——美元户”的账户余额。

[要求]

1. 根据上述经济业务，编制必要会计分录。

2. 设置并登记“银行存款——美元户”的日记账。

银行存款（美元户）日记账

年		凭证	摘要	收入			付出			结余		
月	日			原币	汇率	本位币	原币	汇率	本位币	原币	汇率	本位币

第三章 应收及预付款项

第一节 应收账款

一、填空题

1. 应收账款是指企业因________________、________________等经营活动，应向购货单位或接受劳务单位收取的款项。应收账款是交易双方在相互信任条件下凭发票、账单建立的一种____________。

2. 应收账款应按其实际发生的金额计价入账，主要包括销售商品、提供劳务应收取的________、________以及代购货单位垫付的____________、____________等。

3. “应收账款”账户属于________账户，期末借方余额反映________________；期末贷方余额反映________________。

二、名词解释

1. 商业折扣

2. 现金折扣

三、单项选择题

1. 下列各项中，属于销售商品时为购货方代垫的运杂费应记入的账户是(　　)。

A. 应收账款　　B. 预付账款
C. 其他应收款　　D. 应付账款

2. 下列各项中，属于应收账款初始计量的依据是(　　)。
A. 估计金额　　B. 实际发生的金额
C. 预计未来现金流量　　D. 可变现净值

3. 企业销售商品时，根据市场供需情况在商品标价上给予的扣除，称为(　　)。
A. 商业折扣　　B. 现金折扣
C. 销售折让　　D. 购货折扣

4. 企业销售商品时，为在一定期限内尽早收回款项而给予的扣除，称为(　　)。
A. 商业折扣　　B. 现金折扣
C. 销售折让　　D. 购货折扣

5. 下列各项中，关于企业销货发生现金折扣的会计处理，正确的是(　　)。
A. 营业收入减少　　B. 销售费用增加
C. 财务费用增加　　D. 管理费用增加

6. 某公司销售产品，每件单价为120元，若客户购买1 000件以上，每件可得到20元的商业折扣。某客户于9月10日购买该产品2 000件，规定现金折扣（按货款部分）条件为2/10，1/20，n/30，增值税税率为13%。该企业于9月28日收到该笔款项时，应给予客户的现金折扣为(　　)元。
A. 0　　B. 2 000
C. 2 400　　D. 4 000

7. 下列各项中，与应收账款的确认时间一致的是(　　)。
A. 确认销售收入　　B. 收到货款
C. 发出商品、提供劳务　　D. 按合同交付产品

8. 下列各项中，应列为应收账款的是(　　)。
A. 投资产生的应收股利、应收利息　　B. 商业汇票结算方式形成应收款项
C. 存出保证金（支付押金）　　D. 销售材料应收未收的款项

9. 下列各项中，关于附有现金折扣条件的销售商品业务，在确认应收账款的处理（金额）正确的是(　　)。
A. 不考虑现金折扣的销售金额　　B. 应收价税款－现金折扣
C. 应收价税款＋现金折扣　　D. 应收货款－现金折扣

10. 某企业销售商品一批，货款10万元，增值税税率13%，为购买方代垫运输费1万元（含增值税），款项尚未收回。该项业务企业确认的应收账款是(　　)万元。
A. 10　　B. 11
C. 11.3　　D. 12.3

四、多项选择题

1. 下列各项中，应计列为应收账款的有(　　)。
A. 应收职工欠款　　B. 应收赊销商品货款

C. 应收债券利息　　　　　　　　　D. 应收为购货单位垫付的销售商品运费

2. 下列各项中，关于应收账款的表述，正确的有(　　)。

A. 因商品销售、提供劳务等经营活动形成的债权

B. 流动资产性质的债权

C. 本企业应收客户的款项

D. 本企业付出的存出保证金

3. 下列各项中，应通过“应收账款”账户核算的有（　　）。

A. 销售商品应收的款项

B. 销售商品收到商业承兑汇票

C. 不设“预收账款”账户的企业，预收的货款

D. 销售商品应收的增值税额

4. 下列各项中，不通过“应收账款”账户核算的有(　　)。

A. 不设“预付账款”账户的企业，预付的货款

B. 销货时代购货方垫付的运杂费

C. 采用递延方式销售商品应收取的价款

D. 出租固定资产、包装物应收的租金

5. 下列各项表述，正确的有(　　)。

A. “应收账款”账户一定是资产类账户

B. 应收账款通常是由企业赊销活动所引起的，其确认与收入的确认是一致的

C. 应收账款一般应按扣除商业折扣以后的实际成交金额进行初始计量

D. 应收账款是一项流动资产，超过一年未能收回应列为非流动资产

五、判断题

1. 应收账款是企业因销售商品、提供劳务等生产经营活动所形成的债务。（　　）

2. 企业因投资而产生的应收股利、应收利息应在“应收账款”账户进行核算。（　　）

3. 商业折扣是债权人为鼓励债务人在规定期限内尽早付款而向其提供的债务扣除。（　　）

4. 商业折扣是在交易发生时确定的，实际销售成交价格一般是扣除商业折扣后的金额，所以商业折扣是应收账款入账价值的扣减因素。（　　）

5. 附有现金折扣条件的销售业务，商品销售时还不能确定相关的现金折扣发生情况，所以，应收账款应按照未扣减现金折扣的实际销售金额入账，即总价法。（　　）

6. 应收账款是赊销商品而形成的暂未收取的款项，企业采用分期收款方式销售商品应收取而未收到的价款也应列为应收账款。（　　）

7. 企业销售货物，为了鼓励购货方尽早支付价款而发生的现金折扣应在发生时列为财务费用。（　　）

六、业务核算题

[资料] 山川公司为一般纳税人，6 月份发生应收账款的有关经济业务如下：

1. 6月6日，向D公司销售商品一批，售价6万元，增值税税率为13%，以存款代垫运杂费1 200元。全部款项已向银行办妥托收手续。

2. 6月7日，接银行收款通知，上述D公司的款项已收妥入账。

3. 6月9日，向利民公司销售产品一批，售价2万元，经协商给予利民公司5%的商业折扣，增值税税率为13%。价税款暂未收到。

4. 6月12日，6月9日向利民公司销货的价税款如数收存银行。

5. 6月13日，向H公司销售产品一批，货款10万元，增值税税率13%，合同约定付款期为30天，现金折扣（货款部分）的条件为“4/10，2/20，n/30”。

（1）6月13日，售出产品，价税款待收。

（2）6月22日，公司收到H公司支付的价税款存入银行。

（3）如果公司于6月26日，收到H公司支付的价税款存入银行。

（4）如果公司于7月6日，收到H公司支付的价税款存入银行。

6. 公司上月向达美公司销售商品的应收价税款22 100元，经协商改为商业汇票结算。收到一张为期3个月、金额为22 100元的商业承兑汇票。

［**要求**］根据上述资料，编制必要的会计分录。

第二节　应收票据

一、填空题

1. 企业收到开出、承兑的商业汇票无论是否带息，均按票据的____________计价入账。带息的利息收入，应列为________________。

2. 企业持未到期应收票据向银行申请贴现，贴现成功，不附追索权的，应贷记“____________”账户；附有追索权的，应贷记“________________”账户。

二、名词解释

1. 背书转让

2. 贴现

三、单项选择题

1. 下列各项中，应列为应收票据的是(　　)。

A. 支票　　B. 银行本票

C. 银行汇票　　D. 商业汇票

2. 超过承兑期无法收回票款的应收票据，其会计处理应是(　　)。

A. 转作管理费用　　B. 冲减坏账准备

C. 转作应收账款　　D. 冲减营业收入

3. 下列各项中，属于企业收到应收票据入账依据的是(　　)。

A. 票据面值　　B. 票据到期价值

C. 票据面值加应计利息　　D. 票据贴现额

4. 下列各项中，应借记“应收票据”账户的是(　　)。

A. 销售商品收到转账支票　　B. 提供劳务收到银行本票

C. 销售材料收到银行汇票　　D. 提供劳务收到商业承兑汇票

5. 下列各项中，属于“应收票据”账户的期末借方余额反映的内容是(　　)。

A. 持有商业汇票的到期价值　　B. 持有商业汇票的票面金额

C. 签发承兑商业汇票的票面金额　　D. 无法收回商业汇票的到期价值

6. 下列各项中，属于已贴现附追索权的商业承兑汇票到期，承兑人（付款人）无力付款，贴现银行退票追款的对象是（　　）。

A. 贴现企业　　B. 承兑人（付款人）

C. 收款人　　D. 付款人开户银行

7. 下列各项中，属于一张7月26日签发、为期1个月票据的到期日是(　　)。

A. 8月25日　　B. 8月26日

C. 8月27日　　D. 8月24日

8. 某企业将一张面值为3万元、期限90天的不带息商业承兑汇票，在持有45天后向银行贴现，贴现年利率为6%，企业可得贴现净额为(　　)元。

A. 30 450　　B. 29 775

C. 29 550　　D. 30 225

9. 本公司一张面值为10万元的商业承兑汇票，向开户银行申请贴现，得款98 000元，附有追索权。现票据到期，付款人无力支付票款，贴现银行向本公司追款（退票扣款），本公司账户无款可扣。公司的账务处理正确的是(　　)。

A. 借记“短期借款”账户100 000元，贷记“银行存款”账户100 000元

同时：借记“应收账款”账户100 000元，贷记“应收票据”账户100 000元

B. 借记“应收账款”账户98 000元，贷记“应收票据”账户98 000元
C. 借记“应收账款”账户100 000元，贷记“应收票据”账户100 000元
D. 借记“短期借款”账户100 000元，贷记“应收票据”账户100 000元

四、多项选择题

1. 下列各项中，不能列为“应收票据”核算的票据有(　　　)。
A. 银行汇票　　　　B. 银行承兑汇票
C. 银行本票　　　　D. 商业承兑汇票
2. 下列各项中，属于不带息应收票据申请贴现影响贴现利息的因素有(　　　)。
A. 票据的面值　　　　B. 票据贴现期
C. 票据期限　　　　D. 贴现利率
3. 下列各项中，应列为财务费用的有(　　　)。
A. 支付银行承兑汇票的承兑手续费　　　　B. 应收票据的贴现利息
C. 商业承兑汇票到期无法收回的票款　　　　D. 带息应收票据的利息收入
4. 下列各项中，关于应收票据的表述，正确的有(　　　)。
A. 应收票据贴现的实质是企业以票据为抵押向银行融通资金的一种方式
B. 票据贴现得款一定小于票据面值
C. 银行承兑汇票到期，付款人无力付款的，应由承兑银行支付票款，所以，收款人一般都能收到票款
D. 不附追索权的已贴现商业票据到期，承兑人（付款人）无力支付票款，与贴现企业无直接关联，贴现企业是不必进行账务处理的
5. 下列各项中，应通过“应收票据”账户核算的有(　　　)。
A. 销售商品收到银行承兑汇票
B. 以银行汇票购入工程物资
C. 持未到期的银行承兑汇票向银行贴现（不附追索权）
D. 提供劳务收到商业承兑汇票

五、判断题

1. 不带息票据的到期价值是等于“应收票据”账户的账面余额的。　(　　)
2. 企业持未到期应收票据向银行等金融机构申请贴现，产生的贴现利息应记入“财务费用”账户。　(　　)
3. 商业汇票到期，如果付款人无力付款，收款人则无法收回款项，应将这一票款转入“应收账款”账户。　(　　)
4. 应收票据到期时，若付款人拒付票款或无力支付票款，应将票据本金和利息一并转销，记入“坏账准备”账户。　(　　)
5. 商业汇票的贴现期是指从票据签发日到贴现日的时间，一般应按“算头不算尾”的方法进行计算。　(　　)

6. 带息应收票据的利息一般是收到时计入财务费用，而不必进行应计利息的计提。这也是会计信息质量谨慎性要求的体现。 ( )

7. 贴现是将商业汇票权利转让给银行的票据行为。企业持应收票据向银行申请贴现，应贷记“应收票据”账户。 ( )

8. 应收票据贴现需要贴付一定利息给贴现银行，所以，票据贴现得款一定是小于票据面值的。 ( )

9. 附追索权的已贴现商业汇票到期，付款人无力支付票款的，贴现银行应向票据承兑人退票扣款，与贴现企业无关。 ( )

六、业务核算题

[资料] 山川公司为一般纳税人，发生有关应收票据的经济业务如下：

1. 1月10日，向甲公司销售商品一批，售价5万元，增值税税率为13%，收到经甲公司承兑的为期2个月不带息商业承兑汇票一张。

2. 3月10日，上述商业承兑汇票到期，甲公司履约如数付款，票款收存银行。

3. 根据资料1和资料2，如果3月10日上述票据到期，甲公司无力支付票款。

4. 4月30日，向乙公司销售商品一批，价款10万元，增值税为13 000元，收到购货方C公司交来经其开户银行承兑的不带息银行承兑汇票一张，票据期限为6个月。

5. 8月31日，该企业因急需资金周转，将上述乙公司交来银行承兑汇票到其开户银行贴现，贴现年利率为9%，贴现期按实际天数（“算头不算尾”或“算尾不算头”）计算。此项票据贴现不附追索权，贴现得款收存银行。

6. 向丙公司销售产品一批，价款6万元，增值税为7 800元，共计67 800元。取得期限为3个月的带息银行承兑汇票一张，出票日期为9月10日，票面年利率为6%。

7. 向丁公司销售产品一批，价款7万元，增值税为9 100元。共计79 100元，取得期限60天的带息商业承兑汇票一张，出票日期为10月5日，票面年利率为6%。

8. 12月10日，上述向丙公司销售产品所收的面值为67 800元银行承兑汇票到期，企业收回款项，面值与应计利息（3个月，年利率6%）一并转存银行。

9. 12月15日，向丁公司销售产品的面值79 100元，期限为60天的商业承兑汇票到期，丁公司无力偿还票款，予以结转。

10. 公司将持有的账面价值为11 500元的商业承兑汇票背书转让，以取得货款为12 000元，增值税为1 560元的原材料（取得专用发票），差价款以存款支付，材料验收入库。

11. 公司一张已贴现的商业承兑汇票（付款人为大力公司），贴现时面值为8万元，贴现利息3 000元，贴现得款77 000元。现票据到期，付款人无力付款，此项票据贴现附追索权。该票据款银行从本公司账户予以扣回。

12. 如果上述已贴现票据到期，付款人无力付款，本公司银行存款余额只有1 000元，不足扣除上述票据款。

13. 千沙公司欠本公司一项购货款68 000元，经协商千沙公司以一张银行承兑的为期2个月、不带息的商业汇票抵付。

［要求］根据上述资料，编制必要的会计分录。

第三节　预付账款和其他应收款

一、填空题

1.“预付账款”账户属于双重性质账户，期末借方余额，反映____________；期末贷方余额，反映____________。该账户可按____________进行明细核算。

2. 预付工程款属于________________；存出保证金属于________________。

3. 企业备用金有两种报结制度：（1）________________；（2）________________，也称________________。

二、单项选择题

1. 下列各项中，不应列为预付账款的是(　　)。

A. 预付购货款

B. 预付工程款

C. 购货、接受劳务根据合同预付的定金（或订金）

D. 预付经营租赁方式租入固定资产三年的租赁费

2. 企业进行工程建设预付的工程款，应借记的账户是(　　)。

A.“应收账款”账户　　B.“在建工程”账户

C.“其他应收款”账户　　D.“预付账款”账户

3. 下列各项中，属于“预付账款”账户期末贷方余额反映内容的是(　　)。

A. 企业预付的款项　　B. 企业尚未补付的款项

C. 企业多预付的款项　　D. 企业预付性费用

4. 下列各账户中，不属于资产类账户的是(　　)。

A.“预付账款”账户（贷方余额）　　B.“其他货币资金”账户

C.“预付账款”账户（借方余额）　　D.“应付账款”账户（借方余额）

5. 下列各项中，属于预付账款的是(　　)。

A. 采购员出差预借的差旅费

B. 购货按合同预付的订金（或定金）

C. 购入材料签发承兑的商业承兑汇票

D. 向开户银行申请签发的，用于购买材料的银行汇票

6. 下列各项中，属于预付账款和应收账款的不同点的是(　　)。

A. 债权的性质　　B. 对应核算账户余额的方向

C. 对应核算账户的性质　　D. 产生的原因

7. 下列各项中，应列为其他应收款的是(　　)。

A. 存入保证金

B. 存出保证金

C. 不设置“预付账款”账户企业预付的购货款

D. 应收票据到期无法收回的票据款

8. 下列各项中，属于企业应收未收的出租包装物租金，应记入的账户是(　　)。

A. “应收账款”账户　　B. “预付账款”账户

C. “预收账款”账户　　D. “其他应收款”账户

9. 下列各项中，不属于应收及预付款的是(　　)。

A. 应收垫付款　　B. 提供劳务应收的价款

C. 存出投资款　　D. 备用金

10. 如果企业预付账款不多，且未设置“预付账款”账户，企业预付给供应商的采购款项，应记入的是(　　)。

A. “应收账款”账户的借方　　B. “应付账款”账户的借方

C. “其他应收款”账户的借方　　D. “应收账款”账户的贷方

三、多项选择题

1. 下列各项中，应通过“预付账款”账户核算的有(　　)。

A. 企业购货预付的货款　　B. 预付性费用支出

C. 在建工程预付的工程价款　　D. 企业内部单位的定额备用金

2. 下列各项中，应通过“其他应收款”账户核算的有(　　)。

A. 存出保证金　　B. 到期无力支付到期的银行承兑汇票

C. 债权投资应收的利息　　D. 应收租金（制造业）

3. 关于“预付账款”账户，下列说法正确的有(　　)。

A. “预付账款”账户属于双重性质的账户，反映的不一定是资产

B. 预付账款不多的企业，可以不单独设置“预付账款”账户，将预付的货款并入“应付账款”账户进行核算

C. “预付账款”账户期末贷方余额反映的是负债

D. “预付账款”账户核算企业因销售业务产生的往来款项

4. 预付账款和应收账款均属于企业的短期债权。下列各项中，属于预付账款与应收账款的不同点有(　　)。

A. 是企业预先支付的购货款　　B. 是企业销货或提供劳务引起的

C. 是由购货或接受劳务供应引起的　　D. 是预先付给供货方的款项

5. 下列各项中，引起“其他应收款”账户余额发生增减变动的有(　　)。

A. 职工出差从企业预借的差旅费　　B. 销售商品代垫运杂费

C. 支付租入包装物的押金　　D. 确认应收保险公司的赔偿款

四、判断题

1. 预付账款不多的企业，可以不单独设置“预付账款”账户，将预付的货款并入“应收账款”账户进行核算。（　）

2. “预付账款”账户期末借方余额，反映企业预付的款项；如为贷方余额，则表示企业尚未补付的款项，即应付款项。（　）

3. 根据账户的性质，“应收账款”账户、“预付账款”账户和“其他应收款”账户，均属于资产类账户。（　）

4. 预付账款和“预付账款”账户是不同的，预付账款是企业预先支付给供应单位的款项，是一项资产；“预付账款”账户是双重性账户，期末余额在借方反映的是资产，如果期末余额在贷方反映的是负债。（　）

5. 企业（非小企业）预付报刊订阅费、预付租赁费等预付性费用支出，是不应列为预付账款的。（　）

6. 备用金是企业拨付给内部用款单位或职工个人作为零星开支的备用款项。备用金应列为其他应收款进行核算。（　）

7. 定额备用金制度有利于企业对备用金的使用进行控制，但会增加财会部门日常核算的工作量，适用于经常性支出不多的内部用款单位。（　）

8. 企业应收款项和暂付款项是有区别的，但会计核算上是将应收垫付款、应收利息、应收股利等各种其他应收及暂付款项都列为其他应收款进行核算的。（　）

9. 企业为职工垫付的医药费、房租费、水电费等，为购货单位垫付的包装费、运杂费，均应列为其他应收款。（　）

五、业务核算题

[**资料**] 山川公司为一般纳税人，发生有关预付账款和其他应收款的经济业务如下：

1. 3月5日，按购货合同规定，向丰盛公司预付购料款5万元。

2. 3月25日，丰盛公司按合同要求发来原材料一批，专用发票所列的货款为7万元，增值税9 100元，共计79 100元。材料验收入库（按实际成本计价），差额款暂未支付。

3. 3月28日，以银行存款向丰盛公司支付上述购料差额款。

4. 职工李冰因公出差，经批准向财务科借款2 000元，出纳员以库存现金给付。

5. 企业采购部因工作需要，核定其定额备用金5 000元用于日常开支。出纳员开出现金支票给付。

6. 已通过网上银行，向中建公司预付工程款10万元。

7. 李冰出差归来，报销差旅费1 920元（其中：取得专用发票的住宿费600元，增值税36元；机票款1 090元），余款80元以现款交回。

8. 采购部前来报销文印费、业务接待费等3 000元（取得普通发票）。经审核有关单据及审批意见后，同意报销，并以现金支票补足其定额。

9. 公司因购货向大华公司租入包装物一批，以存款支付租入包装物押金 9 000 元。

10. 上述租入包装物退还大华公司，收回其押金 9 000 元存入银行。

11. 公司因自然灾害造成一批账面价值为 6 万元的库存商品被毁损，兴业保险公司核实确认赔偿款 3 万元。

12. 发放职工工资，扣回上月为职工垫付的报刊费（个人自理）15 000 元。

［**要求**］根据上述资料，编制必要的会计分录。

第四节 应收款项减值和坏账

一、填空题

1. 应收款项减值有两种核算方法：（1）______________；（2）______________。

2. 坏账，是指企业确实无法收回或收回可能性很小的___________；企业由发生坏账而产生的损失称为___________。

3. “坏账准备”账户是___________类账户，它是应收款项的___________账户，期末贷方余额反映___________________。

二、名词解释

1. 坏账

2. 备抵法

三、单项选择题

1. 有客观证据表明应收款项发生减值的，其正确的会计处理是(　　)。

A. 进行资产评估　　B. 计提坏账准备

C. 应确认为坏账　　D. 转为非流动资产

2. 企业（非小企业）应收款项减值（坏账损失）应采用的核算方法是(　　)。

A. 直接转销法　　B. 间接法

C. 备抵法　　D. 成本法

3. 下列各账户，属于企业计提坏账准备应记入的账户是(　　)。

A. 管理费用　　B. 资产减值损失

C. 信用减值损失　　D. 营业外支出

4. 企业应收款项有确凿证据表明确实无法收回或收回可能性很小的，应按程序确认为(　　)。

A. 坏账　　B. 应收款项减值

C. 营业外支出　　D. 信用减值损失

5. 有客观证据表明应收款项发生减值的，应当根据(　　)低于账面价值的差额，确认有减值损失，计提坏账准备。

A. 预计未来现金流量　　B. 预计未来现金流量现值

C. 账面余额　　D. 可收回净额

6. 下列各项中，属于企业确认（备抵法）坏账应借记的账户是(　　)。

A. “管理费用”账户　　B. “坏账准备”账户

C. “营业外支出”账户　　D. “信用减值损失”账户

7. 下列各项中，属于会计期末调整计提坏账准备不必考虑的因素是(　　)。

A. 应收款项期末余额

B. 已计提的坏账准备

C. 期末已确认为坏账的应收款项本期收回的情况

D. 产品销售采用的结算方式

8. “坏账准备”账户期末余额是在贷方的，它是(　　)的备抵账户。

A. 应收账款　　B. 应收款项

C. 流动资产　　D. 应收账款和其他应收款

9. 某企业“坏账准备”账户期初贷方余额为 8 000 元，当年确认的坏账为 6 000 元。“应收账款”的年末余额为 70 000 元，企业年末确定的坏账准备提取比例为 10%。该企业年末应计提的坏账准备为(　　)元。

A. 1 000　　B. 3 000

C. 5 000　　D. 7 000

10. 某企业应收款项减值采用应收款项余额百分比法，坏账准备计提比例为 5%。2×20 年 12 月初，“坏账准备”账户贷方余额为 50 万元，本月实际确认坏账为 22 万元，2×20 年 12 月 31 日经减值测试和计算，应调整计提坏账准备为 32 万元。不考虑其他因素，该企业 2×20 年 12 月 31 日“应收账款”期末余额为(　　)万元。

A. 1 200　　B. 640

C. 1 080　　D. 800

四、多项选择题

1. 企业应在资产负债表日对应收款项的账面价值进行检查测试，分析各项应收款项的(　　)等因素，对应收款项是否发生减值作出判断。

A. 特征　　B. 金额大小

C. 信用期限　　D. 债务人的信誉和生产经营情况

2. 下列各项中，属于判断应收款项发生减值的客观证据有(　　)。

A. 债务人发生严重财务困难

B. 债务人违反合同条款，如发生违约或逾期等

C. 债务人很可能倒闭或进行其他财务重组

D. 债务人法人代表发生变动

3. 企业应收款项符合下列条件之一的，应确认为坏账(　　)。

A. 债务人死亡或破产，其破产财产或遗产清偿后，仍然无法收回的

B. 因债务单位撤销、资不抵债或现金流量严重不足，确实无法收回的

C. 因发生严重自然灾害导致债务单位停产而在短期内无法偿付债务，确实不能收回的

D. 债务人未履行其偿债义务超过 2 年，并有足够的证据表明收回的可能性很小的

4. 下列各项中，应记入“坏账准备”账户借方的有(　　)。

A. 提取坏账准备　　B. 冲回多提坏账准备

C. 收回以前确认并转销的坏账　　D. 确认发生坏账

5. 下列各项中，应计提坏账准备的有(　　)。

A. 长期应收款　　B. 应收账款

C. 预付账款　　D. 其他应收款

6. 下列各项中，应记入“坏账准备”账户贷方的有(　　)。

A. 按规定提取的坏账准备　　B. 存出保证金被没收

C. 确认发生的坏账　　D. 收回过去已确认并转销的坏账

7. 下列各项中，关于坏账准备的表述正确的有(　　)。

A. 计提坏账准备是谨慎性会计信息质量要求的体现

B. “坏账准备”账户属于资产类账户

C. 单项金额非重大的应收款项可以单独进行减值测试，也可以划分为若干组合进行减值测试

D. 企业应收款项减值（坏账损失）的核算可以采用备抵法，也可以采用直接转销法

8. 下列各项中，引起应收账款账面价值发生增减变动的有(　　)。

A. 计提应收账款坏账准备　　B. 收回应收账款

C. 结转到期未兑现的商业承兑汇票　　D. 收回已作为坏账核销的应收账款

五、不定项选择题

［资料］甲公司为增值税一般纳税人。2×20 年 12 月初“应收账款”账户借方余额 80 万元（各明细科目无贷方余额），“应收票据”账户借方余额 30 万元，“坏账准备——应收账款”账户贷方余额 8 万元。2×20 年 12 月甲公司发生如下经济业务：

（1）10 日，采用委托收款方式向乙公司销售一批商品，发出的商品满足收入确认条件，销售商品货款为 50 万元，增值税为 65 000 元，用银行存款为乙公司垫付运费 5 万元。上述价税款项至月末尚未收到。

（2）18 日，购入一批原材料，取得增值税专用发票上注明的价款为 20 万元，增值税为 26 000 元，材料验收入库。甲公司背书转让面值为 22 万元、不带息的银行承兑汇票结算购料款，不足部分以银行存款补付。

（3）25 日，因丙公司破产，应收丙公司账款 4 万元无法收回，经批准确认为坏账予以核销。

（4）31 日，经测试计算甲公司“坏账准备——应收账款”账户应保持的贷方余额为 105 000 元。

［要求］根据上述资料，不考虑其他因素，分析回答下列各小题。

1. 根据资料（1），下列各项中，甲公司销售商品确认的应收账款金额是(　　　)元。

A. 615 000　　　　B. 565 000

C. 550 000　　　　D. 500 000

2. 根据资料（2），下列各项中，甲公司采购材料相关账务处理正确的有(　　　)。

A. 贷记“银行存款”账户 6 000 元　　　　B. 贷记“应收票据”账户 220 000 元

C. 贷记“应收票据”账户 226 000 元　　　　D. 借记“原材料”账户 200 000 元

3. 根据资料（3），下列各项中，甲公司核销坏账的账务处理正确的是(　　　)。

A. 借：信用减值损失——计提的坏账准备　　40 000
　　贷：应收账款——丙公司　　40 000

B. 借：坏账准备——应收账款　　40 000
　　贷：信用减值损失——计提的坏账准备　　40 000

C. 借：信用减值损失——计提的坏账准备　　40 000
　　贷：坏账准备——应收账款　　40 000

D. 借：坏账准备——应收账款　　40 000
　　贷：应收账款——丙公司　　40 000

4. 根据期初资料、资料（1）至资料（4），下列各项中，关于甲公司 12 月末坏账准备账务处理结果的表述正确的有（　　　）。

A. 计提坏账准备前，“坏账准备——应收账款”账户为贷方余额 40 000 元

B. 本年末应计提坏账准备的金额为 105 000 元

C. 计提坏账准备前，“坏账准备——应收账款”账户为借方余额 80 000 元

D. 本年末应计提坏账准备的金额为 65 000 元

5. 根据期初资料、资料（1）至资料（4），下列各项中，甲公司 12 月末应收账款的

账面价值是(　　　)元。

A. 1 220 000　　　B. 1 270 000

C. 1 375 000　　　D. 1 480 000

六、判断题

1. 企业各项应收款项包括应收账款、应收票据、预付账款、其他应收款、长期应收款等，存在发生坏账风险，确认发生减值的，应按规定计提坏账准备。(　　)

2. 采用备抵法核算应收款项减值的，应设置“坏账准备”账户；企业确认坏账时，应贷记“坏账准备”账户。(　　)

3. 计提坏账准备的应收款项余额百分比法是根据企业本期赊销金额和估计的坏账准备计提比例来计算提取坏账准备的。(　　)

4. 企业经批准将应收账款确认为坏账予以核销，对应收账款的账面价值是没有影响的。(　　)

5. 个别认定法是指对应收款项明细账上的客户逐一进行分析，据以估计可能发生的坏账损失，确定本期期末坏账准备的应有余额及应计提的坏账准备的方法。(　　)

6. 年末，企业应根据应收款项余额的一定比例计提坏账准备，账务处理是借记“坏账准备”账户，贷记“信用减值损失”账户。(　　)

7. 企业收回已作为核销坏账的应收账款，其账务处理可以是借记“银行存款”账户，贷记“信用减值损失”账户。(　　)

8. 资产负债表日，企业应对各项应收款项的账面价值进行检查，有客观证据表明该应收款项发生减值的，就应当计提其坏账准备。(　　)

9. 商业承兑汇票到期，如果付款人无力付款，收款人则无法收回款项，应将这一票款转为坏账损失。(　　)

10. 已确认为坏账的应收账款，并不意味着企业放弃了其追索权，一旦重新收回，应及时入账，其账务处理上是冲减已计提的坏账准备。(　　)

七、业务核算题

(一) 练习坏账准备计提的应收款项余额百分比法

[资料] 某公司发生有关经济业务如下：

2×20 年初，“坏账准备”账户贷方余额为 9 000 元，计提坏账准备金的比例为 2%。同年 3 月，债务人龙湖公司因长期亏损已逾期三年的应收账款 2 万元，经批准确认为坏账予以核销；2×20 年末，公司应收账款余额为 50 万元。2×21 年 7 月龙湖公司扭亏为盈，首批偿还原欠债务 15 000 元；2×21 年末，公司应收账款余额为 90 万元。

1. 2×20 年 3 月核销坏账。

2. 2×20 年末计提坏账准备。

3. 2×21 年 7 月收回已核销的坏账。

4. 2×21 年末计提坏账准备。

[**要求**] 根据上述资料，编制必要的会计分录。

（二）练习坏账准备计提的账务处理

[**资料**] 某公司本年12月1日，应收账款余额为10万元，“坏账准备”账户贷方余额为3 000元；采用“应收款项余额百分比法”计提坏账准备，坏账准备的提取比例为3%。本年12月发生有关经济业务如下：

1. 12月8日，向甲公司销售产品200件，单价1 000元，增值税税率为13%，销售价款尚未收到。
2. 12月20日经批准核销坏账1万元。
3. 12月25日收回前期已确认的坏账6 000元，款已转存银行。
4. 12月31日调整计提本年末应计提的坏账准备。

[**要求**] 根据上述资料，编制必要的会计分录。

（三）继续练习坏账准备计提的账务处理

[**资料**] 某公司2×20年起采用“应收款项余额百分比法”计提坏账准备，计提坏账准备的比例为5%。2×20年初“坏账准备”账户无余额，2×20年年末应收款项余额为50万元。2×21年8月确认核销坏账6万元，10月收回已核销坏账3万元，2×21年末应收账款余额为70万元。

1. 2×20年末计提坏账准备。
2. 2×21年8月核销坏账6万元。
3. 2×21年10月收回已核销的坏账3万元。
4. 2×21年末调整计提坏账准备。

[**要求**] 根据上述资料，编制必要的会计分录。

（四）练习坏账准备计提的核算

［资料］甲公司坏账准备计提采用账龄分析法，本年12月31日坏账准备计提前“坏账准备”账户贷方余额为8 000元，应收账款账龄和坏账估计的比例资料见表3-1：

表3-1 应收账款账龄分析表 单位：元

账龄	应收账款金额	估计损失（减值）率（%）	估计损失额（减值）
未逾期	80 000	0.5	
逾期六个月	50 000	1	
逾期一年	20 000	3	
逾期超一年	45 000	5	
逾期超两年	25 000	10	
合计	220 000	/	

［要求］计算甲公司本年末应调整计提的坏账准备，并编制会计分录。

（五）继续练习坏账准备计提的账务处理

［资料］某公司2×20年末至2×21年发生下列有关经济业务：

1. 2×20年年末应收款项具体资料见表3-2，据以调整计提坏账准备。

表3-2 单位：元

	应收款项账面余额	已提坏账准备	预计未来现金流量现值
应收账款——A公司	600 000	35 000	550 000
预付账款——B公司	200 000	20 000	190 000
其他应收款——甲企业	95 000	10 000	80 000
——乙企业	100 000	0	92 000
合计	995 000	65 000	912 000

2. 2×21年10月应收甲企业的其他应收款95 000元，因甲企业财务状况恶化，经确认收回可能性很小，经批准确认为坏账予以核销。

3. 2×21年12月，上年已作为坏账核销的应收C公司货款5万元，收回并存入银行。

［要求］根据上述资料，编制必要的会计分录。

第四章
存　货

第一节　存货概述

一、名词解释

1. 存货

2. 永续盘存制

二、填空题

1. 从存货特点看，存货经常处于不断销售、耗用、购买或重置中，说明存货具有较强的＿＿＿＿＿＿；存货有可能变为积压物资或降价销售，说明存货具有＿＿＿＿＿＿。

2. 按其存放地点的分类，包括＿＿＿＿＿、＿＿＿＿＿、＿＿＿＿＿、＿＿＿＿＿等。

3. 存货盘存制度有＿＿＿＿＿＿、＿＿＿＿＿＿两种。

三、单项选择题

1. 存货的确认，首先，要符合(　　)，其次，要同时满足存货确认的两个条件。

A. 存货的定义　　B. 持有目的是使用或销售

C. 是否验收入库　　D. 是否取得发票

2. 下列各项中，不属于企业存货的是(　　)。

A. 委托加工物资
B. 在产品
C. 顾客已交款购买，发票（提货单）已开出，因顾客原因而暂未提取的货物
D. 货款已付尚在运输途中的外购材料

3. 下列各项中，属于一项相关资产，判断确认存货的时点标准是(　　)。
A. 支付款项时　　B. 取得其所有权时
C. 收到货物时　　D. 交付定金或签订合同时

4. 通过盘点先确定期末结存存货的数量，然后推算出本期发出存货的数量。下列各项中，属于这种存货盘存制度的是(　　)。
A. 永续盘存制　　B. 实地盘存制（定期盘存法）
C. 权责发生制　　D. 收付实现制

5. 企业持有存货的目的，是为了准备在正常经营过程中的(　　)。
A. 使用　　B. 获得增值
C. 予以出售或耗用　　D. 提供劳动资料

四、多项选择题

1. 下列各项中，属于存货与其他资产相比具有的特点有(　　　　)。
A. 具有实物形态
B. 是流动性最强的流动资产
C. 具有发生潜在损失的可能性
D. 持有目的在于准备在正常经营过程中予以出售或耗用

2. 下列各项中，属于企业存货的有(　　　　)。
A. 包装物和低值易耗品　　B. 委托加工物资
C. 在产品、半成品　　D. 已经发出但尚未实现销售的发出商品

3. 下列各项中，不应列为企业存货的有(　　　　)。
A. 为建造厂房等各项工程而专项储备的各种材料、物资
B. 已经运出企业用于委托代销的商品
C. 汽车制造厂生产的汽车
D. 受托加工来料

五、判断题

1. 凡是存放在企业仓库的产品、材料、半成品等，均应列为本企业的存货。(　　)

2. 企业原材料、周转材料、库存商品、在产品、在途物资均属于企业存货，但受托代销商品、代制品、代修品、委托代销商品、持有待售资产就不属于企业存货。(　　)

3. 永续盘存制下，存货应按照品种、规格等设置明细账，逐笔或逐日记录存货收入、发出的数量和金额，并结出期末结余的数量和金额。企业存货一般应采用永续盘存制。(　　)

4. 实地盘存制是“以存计耗”或“以存计销”的，其本期发出数的计算公式为：本期发出数 = 期初结存数 + 本期收入数 − 期末结存数。（　　）

5. 企业已经购入尚在运输途中的在途物资，已经发出并已办妥托收手续的发出商品，均应列为企业存货。（　　）

第二节　存货收发的计量

一、名词解释

1. 移动加权平均法

2. 先进先出法

二、填空题

1. 构成外购存货的成本的采购费用，包括____________、____________和____________等。

2. 企业自制存货成本是其制造过程中发生的____________，包括在制造过程中发生的____________、____________和____________。

3. 存货发出成本的确定的加权平均法，分为____________和____________两种。确定存货发出成本的其他方法主要还有__________、__________。

三、单项选择题

1. 下列各项中，属于取得存货入账价值采用的基础是(　　)。

A. 重置成本　　B. 实际成本

C. 可变现净值　　D. 计划成本或定额成本

2. 下列各项中，不应列入存货成本的是(　　)。

A. 入库前的挑选整理费用　　B. 一般纳税人企业专用发票所列的增值税

C. 自制存货应负担的制造费用　　D. 委托加工存货支付的运杂费、加工费

3. 下列各项中，关于购入材料运输途中的合理损耗的会计处理，正确的是(　　)。

A. 计入材料采购成本　　B. 计入管理费用

C. 计入财务费用　　D. 计入销售费用

4. 下列各项中，属于企业投资者投入存货的入账价值是(　　)。

A. 评估价值或实际成本　　B. 投资合同或协议约定的价值

C. 市场价格－增值税进项税额　　D. 实际成本＋增值税进项税额

5. 下列各项中，属于要求每次收到存货后，就计算一次新的加权平均单价的存货发出计价方法是(　　)。

A. 先进先出法　　B. 月末一次加权平均法

C. 移动加权平均法　　D. 个别计价法

6. 下列发出成本的计价方法中，成本计算最准确，且又最符合实际情况的方法是(　　)。

A. 先进先出法　　B. 移动加权平均法

C. 月末一次加权平均法　　D. 个别计价法

7. 下列各项中，属于在物价上涨情况下，可使库存存货的账面价值比较接近于市场价格的方法是(　　)。

A. 月末一次加权平均法　　B. 个别计价法

C. 先进先出法　　D. 移动加权平均法

8. 物价持续上涨的情况下，采用先进先出法进行发出存货的计价，会使(　　)。

A. 期末库存降低，当期利润减少　　B. 期末库存升高，当期利润增加

C. 期末库存降低，当期利润增加　　D. 期末库存升高，当期利润减少

9. 下列各项中，属于平时无法从账簿记录上反映发出和结存存货的单价和金额的方法是(　　)。

A. 月末一次加权平均法　　B. 个别计价法

C. 先进先出法　　D. 移动平均法

10. 某制造企业（一般纳税人）从外地购入甲材料 5 000 千克，单价 10 元，以存款支付价款和税费为：专用发票所列价款 50 000 元，增值税 6 500 元；专用发票所列的运输费 2 000 元，增值税 180 元；普通发票入库前的挑选整理费用 1 000 元（含增值税）。此项业务还发生采购人员差旅费 1 500 元。该项甲材料的入账成本是(　　)元。

A. 53 000　　B. 54 500

C. 59 680　　D. 61 180

11. 某企业采用先进先出法计算发出材料的成本。6 月 1 日结存 A 材料 100 吨，每吨实际成本为 400 元；6 月 5 日和 6 月 18 日分别购进 A 材料 300 吨和 400 吨，每吨实际成本分别为 350 元和 420 元；6 月 10 日和 6 月 27 日分别发出 200 吨 A 材料。A 材料 6 月末账面余额为(　　)元。

A. 145 000　　B. 154 000

C. 156 500　　D. 168 000

12. 企业购进存货，用于非应纳增值税项目或免征增值税项目以及未能取得增值税专用发票或完税凭证的，其支付的增值税应计入(　　)。

A. 购入存货的成本　　B. 应交增值税的“进项税额”

C. 应交增值税的“待抵扣进项税额”　　D. 营业外支出

四、多项选择题

1. 企业取得存货时，应当按照其成本入账。存货成本，是指存货取得过程中发生的全部实际支出。下列各项中，属于存货成本的三种类型有(　　　　)。

A. 采购成本　　B. 加工成本

C. 完全成本　　D. 其他成本

2. 下列各项中，属于企业发出存货可选择的计价方法有(　　　　)。

A. 先进先出法　　B. 月末一次加权平均法

C. 个别计价法　　D. 移动加权平均法

3. 下列各项中，属于一般纳税人企业不应计入外购存货采购成本的有(　　　　)。

A. 购入存货准予抵扣的增值税

B. 外购存货支付的包装费、装卸费、途中保险费（不含可以抵扣的增值税）

C. 入库后的挑选整理费用

D. 采购人员的差旅费

4. 下列各项中，属于一般纳税人企业应列入取得存货成本的有(　　　　)。

A. 运输途中的合理损耗

B. 增值税专用发票所列的增值税

C. 进口货物支付的关税、消费税

D. 委托加工存货支付的运杂费、加工费（不含可以抵扣的增值税）

5. 下列各项中，属于发出存货计价方法选择可能影响的金额有(　　　　)。

A. 资产总额　　B. 负债总额

C. 企业损益　　D. 应纳税所得额

6. 下列各项中，属于商品流通企业购进商品采购过程中发生的进货费用的处理方法有(　　　　)。

A. 直接计入商品采购成本

B. 先进行归集，期末根据所购商品的存销情况进行分摊

C. 直接计入当期损益

D. 直接列为商品进销差价

7. 下列各项发出存货计价方法，属于能够使存货明细账的记录是及时完整的，便于存货日常管理的有(　　　　)。

A. 月末一次加权平均法　　B. 移动加权平均法

C. 个别计价法　　D. 先进先出法

8. 企业购进存货支付的下列各项税金，应计入存货成本的有(　　　　)。

A. 一般纳税人企业进口原材料支付的关税

B. 一般纳税人企业购进原材料支付专用发票所列的增值税

C. 小规模纳税人企业购进原材料支付的增值税

D. 一般纳税人企业进口应税消费品支付的消费税

五、判断题

1. 企业购入存货支付的价内税（如消费税）应列入存货成本；支付的价外税（如增值税），只要是取得增值税专用发票的就不能列入存货成本。 （ ）

2. 小规模纳税人企业，购入存货的支付增值税应计入外购存货的采购成本。（ ）

3. 外购存货的入账成本，应包括运输途中发生的所有损耗；自制存货的入账成本应包括存货制造过程中发生的全部支出。 （ ）

4. 企业存货采购人员差旅费、入库前的挑选整理费用、入库后发生的短缺和损耗均不能计入购进存货的成本。 （ ）

5. 企业接受外来原材料加工制造的代制品，其入账成本应包括外来原材料的成本和加工成本。 （ ）

6. 经过相当长时间的购建或者生产活动才能达到可使用或可销售的存货，其符合资本化条件的借款费用，也应计入存货成本。 （ ）

7. 由于相同存货的单位成本会因为取得的方式、采购时间、采购地点的不同而不同。这样，在发出存货时，就会产生发出存货的计价问题。 （ ）

8. 个别计价法是指对库存和发出的每一特定货物或每一批特定货物的个别成本加以认定的一种方法。 （ ）

9. 企业发出存货采用先进先出法计价，在物价上涨时，会使发出存货的成本接近市场价格。 （ ）

10. 物价持续上涨时，发出存货选择移动加权平均法，会导致高估本期利润。（ ）

11. 移动加权平均法每次收入存货都要重新计算一次加权平均单位成本，计算工作量较大，适用于进货和发出次数不多，单位成本变动不大的存货。 （ ）

12. 商品流通企业购入商品的进货费用，如运输费、装卸费、保险费等，可以计入商品采购成本，也可直接计入当期损益（销售费用）。 （ ）

六、业务核算题

（一）练习外购存货入账价值的确定

[资料]

1. 某工业企业（一般纳税人企业）从外地购入甲材料一批 4 000 千克，单价 20 元，增值税税率 13%，专用发票所列的货款 8 万元，增值税 10 400 元；支付专用发票所列运输费 3 000 元，增值税 270 元；支付普通发票所列的装卸费 952 元（含增值税）。为采购此项材料，发生采购人员差旅费 1 500 元；材料验收入库发现短缺 40 千克，经确认此项短缺属定额内合理损耗。

2. 某企业为小规模纳税人企业，购入乙材料 600 千克，单价 50 元，增值税专用发票所列的货款 3 万元，增值税 3 900 元；支付普通发票所列的运输费 1 000 元，保险费 200 元；发生入库前挑选整理费 595 元。材料验收入库发现短缺 10 千克，经确认此项短缺属定额内合理损耗。

［要求］根据上述资料，分别计算确定购入材料的总成本和单位成本。

（二）练习发出存货计价方法的运用

［资料］甲公司9月份A材料有关收、发、存的明细资料见表4－1。

表4－1　　A材料明细账（基本格式）

品名：A材料　　计量单位：千克　　金额：元

2×20年		摘要	收入			发出			结存		
月	日		数量	单价	金额	数量	单价	金额	数量	单价	金额
9	1	月初余额							3 600	5.00	18 000
	3	购入	1 800	5.30	9 540				5 400		
	7	发出				2 400			3 000		
	12	购入	3 000	5.40	16 200				6 000		
	16	发出				3 200			2 800		
9	30	本月合计	4 800		25 740	5 600			2 800		

［要求］

1. 分别采用先进先出法、月末一次加权平均法和移动平均法，计算本月发出材料的成本和月末结存材料的成本。

2. 分别完成三种方法下材料明细账的设置和登记工作。

第三节　原材料

一、名词解释

1. 原材料

2. “账卡合一”

3. 材料成本差异

二、填空题

1. 按经济内容，原材料包括：__________、__________、__________、__________、包装材料和燃料等。

2. “在途物资”账户的期末借方余额，反映________________________；“原材料”账户的期末借方余额，反映________________________；“材料成本差异”账户的期末贷方余额，反映________________________。

3. 企业外购材料采购途中发生的短缺和毁损，应区别情况进行处理：定额内合理的途中损耗，记入____________；应由供应单位赔偿的，记入“____________”账户；应由运输单位、保险公司或其他过失人负责赔偿的，记入“____________”账户；待查明原因或需要报经批准才能转销处理的，记入“________________”账户。

三、单项选择题

1. “在途物资”账户，可按(　　)设置明细账，进行其明细账核算。

A. 物资品种　　B. 供应单位

C. 物资类别　　D. 供应单位和物资品种

2. 下列各项中，属于企业购入材料，材料已验收入库，但发票账单尚未收到的会计处理正确的是(　　)。

A. 按暂估价入账，并进行材料明细核算

B. 不必进行会计处理

C. 进行材料明细核算，按暂估价列为“应付账款”

D. 进行材料明细核算，收到发票账单后，按正常情况处理；至月终仍未收到发票账单的，进行暂估入账

3. 下列各项中，属于购入存货过程中因供应单位原因造成，应由供应单位赔偿的短缺应记入的账户是(　　)。

A. “应收账款”账户　　B. “应付账款”账户

C. “其他应收款”账户　　D. “在途物资”或“材料采购”账户

4. 企业购入材料，材料已验收入库，但至月终仍未收到发票账单的，月终的会计处理应是(　　)。

A. 暂时不进行账务处理　　B. 列为“预计负债”

C. 按估计成本或计划价格等暂估入账　D. 进行红字冲销

5. 某公司（一般纳税人）从外地购入材料 20 000 千克，单价 15 元/千克，增值税税率 13%，专用发票所列增值税 39 000 元；支付专用发票所列的运输费 2 万元，增值税 1 800 元；支付普通发票所列的装卸费 4 850 元，入库前挑选整理费用 3 500 元；支付采购人员差旅费 7 800 元。材料验收入库发现短缺 100 千克，经确认属运输途中合理损耗。该批材料的单位成本是(　　)。

A. 18.55（元/千克）　B. 16.81（元/千克）

C. 16.50（元/千克）　D. 16.89（元/千克）

6. 下列各项中，关于“材料采购”账户的期末借方余额反映的内容，正确的是(　　)。

A. 材料采购成本　B. 在途材料的采购成本（实际成本）

C. 采购材料的节约差异　D. 在途材料的计划成本

7. 某企业采用计划成本进行原材料的核算。月初结存原材料的计划成本为 5 万元，本月收入原材料计划成本为 10 万元，本月发出材料计划成本为 8 万元，原材料成本差异的月初余额为 1 000 元（超支），本月收入材料成本差异为 2 000 元（超支）。本月结存材料实际成本为(　　)元。

A. 81 600　B. 71 400

C. 80 800　D. 68 600

8. 材料的收发采用计划成本计价核算，收入材料计划成本大于实际成本的差额，结转材料成本差异（“材料采购”账户）的账务处理为(　　)。

A. 借：材料采购
　　贷：材料成本差异

B. 借：材料成本差异
　　贷：材料采购

C. 借：生产成本
　　贷：材料成本差异

D. 借：材料成本差异
　　贷：生产成本

9. 企业在材料收入的核算，需在月末暂估入账，并于下月初红字冲回的是(　　)。

A. 月末购货发票账单未到，货款未付但已入库的材料

B. 月末购货发票账单已到，货款未付但已入库的材料

C. 月末购货发票账单已到，货款已付且已入库的材料

D. 月末购货发票账单已到，货款已付但未入库的材料

10. 某企业 A 材料采用计划成本核算，已知期初 A 材料计划成本 12 万元，材料成本差异为贷方余额 6 000 元，该材料计划单位成本为 24 元，本期两次分别购进材料为 2 000 千克和 3 000 千克，单价分别为 22 元和 28 元，本月领用 4 000 千克，则期末“材料成本差异”账户的余额为(　　)。

A. 借方余额 1 200 元　B. 贷方余额 1 200 元

C. 借方余额 800 元　D. 贷方余额 800 元

11. “材料成本差异”账户和“材料采购”账户，按性质均属于(　　)账户。

A. 负债类　B. 资产类

C. 成本类　D. 所有者权益类

12. 企业购入原材料，材料已验收入库，但至月末尚未收到结算凭证，入库材料按暂

估价入账应贷记的账户是( )。

A.“在途物资”账户　　B.“应付账款”账户

C.“其他应付款”账户　　D.“其他货币资金”账户

四、多项选择题

1. 下列各项中，应通过“原材料”账户核算的有( )。

A. 外购半成品　　B. 周转材料

C. 包装材料　　D. 燃料

2. 下列各项中，关于购入材料、商品采购途中发生短缺或损耗的会计处理，可能记列的账户（借方）有( )。

A.“应付账款”账户　　B.“其他应收款”账户

C.“应收账款”账户　　D.“待处理财产损溢”账户

3. 企业购进材料已验收入库，但至月终仍未收到结算凭证，货款尚未支付。对该项业务，企业应作的会计处理包括( )。

A. 材料验收入库时按暂估价入账　　B. 材料验收入库时只登记原材料明细账

C. 月末进行暂估入账　　D. 下月初用红字冲回

4. 下列各项中，属于原材料核算采用计划成本计价，应设置的账户有( )。

A.“原材料”账户　　B.“在途物资”账户

C.“材料采购”账户　　D.“材料成本差异”账户

5. 下列各项中，属于“材料采购”账户借方登记的内容有( )。

A. 购入材料采购（实际）成本

B. 购入材料实际成本大于计划成本的差异

C. 购入材料实际成本小于计划成本的差异

D. 验收入库材料计划成本

6. 下列各项中，关于“材料成本差异”账户期末余额的表述正确的有( )。

A. 一定为借方余额　　B. 一定为贷方余额

C. 可能为借方余额　　D. 可能为贷方余额

7. 下列各项中，属于“材料成本差异”账户贷方登记的内容有( )。

A. 收入材料转入的节约差异　　B. 收入材料转入的超支差异

C. 发出材料应负担的节约差异　　D. 发出材料应负担的超支差异

8. 下列各项账户中，明细账需采用横线登记（平行登记式）进行登记的有( )。

A.“材料采购”账户　　B.“材料成本差异”账户

C.“原材料”账户　　D.“在途物资”账户

五、判断题

1. 企业的原材料无论是按实际成本计价核算，还是按计划成本计价核算，其计入生产成本的原材料成本最终均应为所耗用材料的实际成本。 ( )

2. “在途物资”账户是核算购入材料、商品的实际成本的，它应按物资的品种设置明细账。（　）

3. “原材料”账户的期末借方余额，反映的是库存材料的实际成本；“材料成本差异”账户的期末借方余额，反映库存材料的超支差异。（　）

4. 材料已验收入库，但月末仍未收到发票账单，入库材料按暂估价入账时，应贷记的账户是“在途物资”账户。（　）

5. 材料收发存的数量核算，由仓库保管人员负责；而金额核算则由财会人员负责。（　）

6. 企业购入材料发生的短缺，经确认系运输单位责任造成，应由其赔偿的价值，应借记“应收账款”账户。（　）

7. 一般纳税人企业购入材料用于在建工程和职工生活福利等，均应按使用材料的规定税率，计算转出增值税进项税额。（　）

8. 材料按计划成本计价核算，运输途中发生的定额内合理损耗，是反映在“材料成本差异”账户的。（　）

9. 材料的明细核算采用“两套账”形式，即“账卡分设”的，仓库和会计部门能够相互制约、相互核对，有利于材料管理工作，但核算工作量较大，存在重复记账的情况。（　）

10. 发出材料平时根据发料凭证登记材料明细分类账，月末按领用部门和用途进行归类汇总，编制“发料凭证汇总表”，并据以进行发出材料的总分类核算。（　）

11. 企业原材料按计划成本核算，购入原材料无论是否验收入库，其实际成本都应通过“材料采购”账户核算。（　）

12. 企业购入材料实际成本大于计划成本的差异，应记入“材料成本差异”账户的贷方。（　）

六、业务核算题

（一）练习原材料按实际成本计价的核算

［资料］某公司为增值税一般纳税人，原材料按实际成本计价核算，甲、乙材料均为原料及主要材料。6 月份发生有关经济业务如下：

1. 2 日，从本市购入甲材料 100 千克，专用发票所列货款 2 万元，增值税 2 600 元。开出转账支票一张支付价税款，材料已验收入库。

2. 5 日，从外地购进乙材料一批，专用发票所列货款 5 万元，增值税 6 500 元；专用发票所列运输费 1 000 元，增值税 90 元。签发并承兑一张为期三个月、面值为 57 590 元的商业承兑汇票支付价税款，材料已验收入库。

3. 8 日，按合同规定，向三丰公司预付购料款 6 万元，通过网银汇付。

4. 10 日，从外地科美公司购入乙材料 600 千克，材料单价为 50 元/千克，专用发票所列货款 3 万元，增值税 3 900 元。上述款项已通过银行划转，但材料尚未收到。

5. 16 日，预付款方式向三丰公司采购的甲材料已验收入库，专用发票列明材料价款 7 万元，增值税 9 100 元，当即开出一张转账支票补付货款 19 100 元。

6. 20 日，从科美公司购买的乙材料运达，验收入库 550 千克，短缺 50 千克，原因待查。材料单价为 50 元/千克，进项税额一并予以结转。

7. 25 日，上述乙材料短缺 50 公斤的原因已查明，是科美公司少发货所致，科美公司同意退款，但款项尚未收到。

8. 基本生产车间制造 H 产品回收下脚废料一批，列为辅助材料验收入库，作价 5 000 元。

9. 30 日，向兴隆公司购入甲材料，材料已验收入库，但发票单据尚未收到。按合同价 2 万元暂估入账。

10. 30 日，根据发料凭证汇总表，本月生产产品领用甲材料 6 万元，乙材料 5 万元；车间一般性消耗领用甲材料 3 000 元；职工生活福利领用乙材料 1 万元（按照 13% 的税率计算进项税额）；在建工程领用甲材料 2 万元；出售乙材料的成本 3 万元。

[要求] 根据资料，编制必要的会计分录。

（二）练习原材料按计划成本计价的核算

[资料] 某公司为增值税一般纳税人，原材料按计划成本核算，甲材料为原料及主要材料。5 月初甲材料计划成本 10 万元，材料成本差异为超支 2 000 元。该公司 5 月份发生有关经济业务如下：

1. 9 日，购入甲材料一批，专用发票上注明材料的货款 20 万元，增值税 26 000 元。价税款以银行存款支付，材料已验收入库。该批材料计划成本为 218 000 万元。

2. 12 日，向北济公司购入甲材料一批，专用发票注明货款 95 000 元，增值税 12 350 元；普通发票注明的运输费 3 000 元（含增值税，北济公司垫付）。材料已验收入库，价税款及运输费尚未支付。该批材料的计划成本为 96 000 元。

3. 21 日，向得靖公司购买甲材料 1 000 千克，专用发票所列货款 5 万元，增值税 6 500 元。款项以银行汇票支付（无余款），材料尚未收到。

4. 27 日，上述 21 日向得靖公司购买的甲材料已运达，实际验收入库 980 千克，短缺 20 千克，属定额内的合理损耗。甲材料计划单位成本为 50 元/千克。

5. 31 日，生产车间自制完工验收入库甲材料一批，计划成本为 45 000 元，实际成本为 47 300 元。

6. 31 日，结计本月收入甲材料的计划成本和材料成本差异，计算 5 月份材料成本差异率。

7. 31 日，根据发料凭证汇总表，本月领用甲材料计划成本 35 万元，其中生产产品领用 30 万元，车间一般性消耗 1 万元，专设销售机构领用 2 000 元，无形资产研发领用 3 万元，厂部领用 8 000 元。

8. 31 日，计算发出材料应分摊的成本差异，并予以结转。

[要求] 根据以上经济业务，完成必要计算，并编制必要的会计分录。

（三）练习材料成本差异的计算及其账务处理

[资料] 某公司原料及主要材料乙材料采用计划成本计价核算，月初结存乙材料计划成本为9万元，材料成本差异为节约差异1 800元，材料收发的计划成本和成本差异按月汇总结转。本月份发生有关经济业务如下：

1. 本月汇总外购乙材料收入的计划成本为27万元，实际成本为27.9万元。结转本月验收入库材料的计划成本和材料成本差异。

2. 计算乙材料本月材料成本差异率。

3. 本月汇总发乙材料20万元，其中车间产品生产领用15万元，在建工程领用2万元，出售3万元。结转发出材料的计划成本。

4. 计算发出材料应分摊的材料成本差异并予以结转。

5. 结存材料应分摊的成本差异和实际成本。

[要求] 根据以上资料，完成必要计算，并编制必要的会计分录。

（四）练习材料成本差异的计算

[资料] 某公司甲原材料采用计划成本核算，月初甲材料计划成本40 000元，材料成本差异为超支3 000元；本月收入材料的计划成本为140 000元，实际成本为133 400元；本月发出乙材料计划成本为120 000元。

[要求] 根据资料，列式计算下列各项：

（1）材料成本差异率 =

（2）发出材料应分摊的成本差异 =

（3）发出材料实际成本 =

（4）结存材料应分摊的成本差异 =

（5）结存材料实际成本 =

第四节　周转材料

一、名词解释

1. 周转材料

2. 分次摊销法

二、填空题

1. 周转材料包括________和____________以及施工企业的钢模板、木模板、脚手架等。

2. 低值易耗品和周转使用的包装物的摊销方法有____________、____________、____________三种。

三、单项选择题

1. 下列各项中，属于周转材料的是(　　)。

A. 包装材料　　B. 生产工具

C. 消耗性生物资产　　D. 自制半成品

2. 企业不符合固定资产确认条件的劳动资料，应确认为(　　)。

A. 原材料——辅助材料　　B. 原材料——修理用备件

C. 周转材料——低值易耗品　　D. 周转材料——包装物

3. 低值易耗品采用计划成本计价情况下，领用的低值易耗品结转应分摊材料成本差异的时间是(　　)。

A. 领用月份　　B. 报废月份

C. 使用期满月份　　D. 领用月份或报废月份

4. 下列各项中，不能通过“周转材料——包装物”账户核算的是(　　)。

A. 生产过程中使用的包装物　　B. 出租的包装物

C. 出借的包装物　　D. 各种包装材料

5. 下列各项中，关于领用随同产品出售不单独计价包装物的账务处理，正确的是(　　)。

A. 借记“营业外支出”账户，贷记“周转材料——包装物”账户

B. 借记“主营业务成本”账户，贷记“周转材料——包装物”账户

C. 借记“销售费用”账户，贷记“周转材料——包装物”账户

D. 借记“其他业务成本”账户，贷记“周转材料——包装物”账户

6. 下列各项中，属于企业出租包装物的摊销应记列账户是(　　)。

A.“其他业务成本”账户　　B.“营业外支出”账户

C.“管理费用”账户　　D.“销售费用”账户

7. 采用一次摊销法核算的情况下，企业（非小企业）报废出借包装物的残料价的会计处理是(　　)。

A. 增加其他业务收入　　B. 增加营业外收入

C. 冲减其他业务成本　　D. 冲减销售费用

8. 下列各项中，应计入制造费用的是(　　)。

A. 生产车间生产工具的成本摊销　　B. 专设销售机构管理用具的成本摊销

C. 公司管理部门管理用具的成本摊销　　D. 公司购进一批劳保用品验收入库

9. 下列各项中，关于周转材料会计处理表述，不正确的是(　　)。

A. 随同产品出售不单独计价的包装物成本应计入销售费用

B. 随同产品出售单独计价的包装物取得收入应计入其他业务收入

C. 出借包装物成本的摊销额应计入管理费用

D. 专设销售机构管理用具的摊销额应计入销售费用

四、多项选择题

1. 下列各项中，不符合固定资产确认条件的，应列为低值易耗品的有(　　　)。

A. 一般工具　　B. 劳动保护用品

C. 替换设备　　D. 管理工具

2. 下列各项中，属于低值易耗品摊销的方法有(　　　)。

A. 余额百分比法　　B. 一次摊销法

C. 分次（分期）摊销法　　D. 五五摊销法

3. 下列各项中，应列为包装物核算的有(　　　)。

A. 随同产品出售而不单独计价的包装物

B. 随同产品出售而单独计价的包装物

C. 出租或出借给购买单位使用的包装物

D. 用于储存和保管产品而不对外出售的包装容器

4. 下列各项中，属于出租、出借包装物取得的收入有(　　　)。

A. 出租包装物的租金收入　　B. 出租包装物收到的押金

C. 没收逾期未退还出租包装物的押金　　D. 没收逾期未退还出借包装物的押金

5. 下列各项中，应列为销售费用的有(　　　)。

A. 随同产品出售而不单独计价的包装物成本

B. 随同产品出售而单独计价的包装物成本

C. 出借包装物的成本摊销

D. 出租包装物的成本摊销

6. 周转材料采用分次摊销法和五五摊销法的，其会计核算应分别设置明细账户有(　　)。

A. “在库”　　B. “在用”

C. “周转”　　D. “摊销”

五、判断题

1. 企业的生产工具、管理用具，可以多次参加生产周转而不改变其原有实物形态，所以，应列为固定资产进行管理和核算。(　　)

2. 低值易耗品也属于劳动资料，存在与固定资产一致的价值转移、使用过程的维修和报废残值的处理，但其价值较低、使用期限较短，其成本是采用一定方法进行摊销的。(　　)

3. 低值易耗品的分次摊销法，各期成本费用的负担比较均衡的，主要适用于使用期限较长、单位价值较高或可供反复使用的低值易耗品。(　　)

4. 随同产品出售单独计价的包装物成本，应计入销售费用；随同产品出售不单独计价的包装物成本，应计入其他业务成本。(　　)

5. 出借包装物采用一次摊销法的，结转其成本的账务处理是：借记“其他业务成本”账户，贷记“周转材料——包装物”账户。(　　)

6. 生产过程中领用，用于包装产品的包装物，应按领用包装物的成本，计入产品的生产成本。(　　)

7. “周转材料——包装物”账户的核算内容，包括与产品或商品出售有关的包装容器以及包装产品用的包装纸、铁皮等包装材料。(　　)

8. 企业用于储存和保管商品、材料，而不对外出售的包装物，应按其是否符合固定资产确认条件，分别列为“固定资产”或“周转材料（低值易耗品）”进行管理与核算。(　　)

9. 低值易耗品一般可以较长时间使用，为保证合理性，其成本应进行分期摊销，不能一次计入成本费用。(　　)

六、业务核算题

（一）练习低值易耗品摊销的核算

［资料］某公司对低值易耗品生产工具采用计划成本计价；管理用具采用实际成本计价。6 月份有关经济业务如下：

1. 基本生产车间领用生产工具一批，计划成本 48 000 元，材料成本差异率为节约 2%。采用分次摊销法，摊销期为 24 个月。

2. 公司管理部门领用管理用具一批，实际成本 1 万元，采用五五摊销法摊销其成本。

3. 公司专设销售机构领用办公用具一批，实际成本 2 000 元，采用一次摊销法摊销其成本。

4. 生产车间报废一项上月已满摊销期的生产工具（分次摊销法），计划成本 8 000 元，收回残料验收入库，作价 300 元。

5. 本月公司管理部门报废管理用具一批，实际成本 6 000 元（五五摊销法）。收回残料验收入库，作价 100 元；摊销 50%；结转全部摊销额。

[要求] 根据以上资料，编制必要的会计分录。

（二）练习包装物的核算

[资料] 某公司（非小企业）包装物核算采用实际成本计价，出租包装物采用五五摊销法、出借包装物采用分次摊销法。本期发生有关经济业务如下：

1. 向四海公司出租库存未用包装物 200 件，每件单位成本 150 元，本次使用每件租金 30 元，收取租金 6 000 元及应交增值税 780 元；收取押金 36 000 元。收取的租金及增值税、押金均收存银行，进行领用月份的成本结转及摊销账务处理。

2. 上述出租给四海公司的包装物租赁期满，收回包装物 150 件，以存款退还押金 27 000元；其余 50 件包装物逾期未能收回，按合同规定没收其余押金 9 000 元，增值税税率 13%。

3. 上述收回 150 件包装物已重新入库，列为在库（已用包装物），成本 22 500 元。

4. 生产车间领用包装物一批，实际成本 15 000 元。

5. 销售过程领用随同产品出售不单独计价包装物一批，实际成本 12 000 元，结转其成本。

6. 销售过程领用随同产品出售单独计价的包装物一批，售价 3 万元，增值税 3 900 元，价税款收存银行。该批包装物实际成本 26 000 元，结转其成本。

7. 洪湖公司购买本公司产品，出借库存未用包装物一批，实际成本 2 万元，结转其成本。收取押金 25 000 元存入银行。出借包装物分 4 次进行摊销。

8. 上述出借给五湖公司的包装物如期收回，以存款退还押金 25 000 元。经查验收回包装物无法正常使用，经批准予以报废，摊销剩余 3 次的摊销额 15 000 元。残料列为辅助材料入库，作价 2 000 元。

[要求] 根据以上资料，编制必要的会计分录。

第五节　库存商品

一、名词解释

1. 产成品

2. 自制半成品

二、填空题

1. 工业企业的库存商品，主要包括：____________；____________；____________；____________等。

2. 商品流通企业库存商品按售价金额核算的，“库存商品”账户期末借方余额，反映的是库存商品的__________；商品售价与进价（实际成本）的差额，设置“__________”账户单独进行核算的方法。

三、单项选择题

1. 下列各项中，不属于库存商品的是(　　)。

A. 接受来料加工的代制品　　B. 存放在门市部准备出售的商品

C. 验收入库准备出售的自制半成品　　D. 验收入库准备继续加工用的自制半成品

2. 月末，结转发出和销售产品的生产成本，对已发出但未满足收入确认条件的商品，应借记的账户是(　　)。

A. “发出商品”账户　　B. “主营业务成本”账户

C. “其他业务成本”账户　　D. “营业外支出”账户

3. 下列各项中，关于商品流通企业商品采购成本与进货费用的表述，正确的是(　　)。

A. 商品采购成本包括进货费用

B. 商品采购成本不包括进货费用

C. 进货费用与商品采购成本无关

D. 商品采购成本可能包括进货费用，也可能不包括进货费用

4. 库存商品按照售价计价核算情况下，结转已销售商品的进销差价，应贷记入的账

户是(　　)。

A. “主营业务成本”账户　　B. “主营业务收入”账户

C. “本年利润”账户　　D. “营业外收入”账户

5. 下列各项中，属于工业企业外购用于产品生产的半成品应计列的账户是(　　)。

A. “库存商品”账户　　B. “原材料”账户

C. “周转材料”账户　　D. “生产成本——自制半成品”账户

6. “商品进销差价”账户是(　　)的备抵调整账户。

A. “主营业务收入”账户　　B. “库存商品”账户

C. “主营业务成本”账户　　D. “在途物资”账户

7. 下列各项中，关于库存商品的表述，不正确的是(　　)。

A. 代制品、代修品，应按发生的加工成本入账

B. 产成品按实际成本计价的，对发出和销售的产成品，可以采用先进先出法、月末一次加权平均法、个别计价法等方法确定其实际成本

C. 验收入库的自制半成品，应列为库存商品

D. 外购商品价款已付，商品尚未验收入库的，应通过“在途物资”账户核算

8. 某商品流通企业，库存商品采用售价金额核算，5月初库存商品售价总额为20万元，进销差价为15%，本月购入库存商品67万元，售价总额为80万元，本月销售商品收入为70万元。不考虑其他因素，5月末库存商品的实际成本（进价）为(　　)万元。

A. 25.2　　B. 24.5

C. 30　　D. 25.5

四、多项选择题

1. 下列各项中，属于工业企业库存商品的有(　　)。

A. 已完成全部生产过程并已验收入库的合格品

B. 已经完成销售手续，但购买单位未领取的商品

C. 寄存在外销售的商品

D. 库存的可降价出售的不合格品

2. 下列各项中，不属于制造企业产成品的有(　　)。

A. 验收入库准备继续加工用的自制半成品

B. 验收入库准备出售的自制半成品

C. 为外单位加工修理的代修品

D. 生产车间之间直接转移的自制半成品

3. 下列各项中，属于商品流通企业（非小企业）商品采购过程中发生的进货费用的处理方法有(　　)。

A. 直接计入商品采购成本

B. 先进行归集，期末根据购进商品的结存与销售情况进行分摊

C. 直接计入当期损益（销售费用）

D. 直接列为商品进销差价

4. 下列各项中，关于库存商品会计处理的表述，正确的有(　　)。

A. 结转未满足收入确认条件的发出商品成本，应借记“发出商品”账户

B. 完工验收入库产成品的生产成本是月末汇总结转的

C. 商品流通企业库存商品核算有实际成本（进价）计价和售价金额计价两种方法

D. 结转已销售商品的进销差价，是将按售价结转的主营业务成本调整为进价成本

五、判断题

1. 企业加工完成并验收入库准备出售的半成品，应列为自制半成品在“生产成本”账户核算。(　　)

2. 由于产品生产成本是按月计算的，所以，企业产成品收入和发出，平时只记数量不记金额；月度终了，汇总计算结转本月验收入库产成品的生产成本。(　　)

3. 商品流通企业的库存商品包括库存外购商品、存放在门市部准备出售的商品、发出展览的商品，但不包括自制商品和寄存在外的商品。(　　)

4. 商品流通企业采购商品所发生的进货费用和销售商品发生的费用，应列为当期损益，计入销售费用。(　　)

5. 库存商品采用售价金额核算的，“库存商品”账户期末借方余额减去“商品进销差价”账户期末贷方余额，应是期末库存商品的实际成本（不考虑发出商品因素）。(　　)

6. 库存商品采用售价金额核算的商品流通企业，月末结转已销售商品应分摊的进销差价，贷记的账户是“本年利润”账户。(　　)

7. 企业库存商品、在途物资、发出商品、自制半成品、在产品都属于企业存货。(　　)

8. 商品流通企业库存商品采用售价金额核算的，“库存商品”账户的借方、贷方和期末余额均反映商品的售价。(　　)

六、业务核算题

（一）练习工业企业产成品的核算

［资料］1. 华盛公司本月末汇总编制的“产成品入库汇总表”见表4－2。

表4－2　　产成品入库汇总表　　单位：元

产品名称	单　位	数　量	单位成本	总成本
A产品	件	1 200	150	180 000
B产品	件	2 300	200	460 000
C产品	吨	900	300	270 000
合　计				910 000

2. 华盛公司本月“产成品发出（销售）汇总资料”见表4-3。

表4-3 产成品发出（销售）汇总表 单位：元

产品名称	单 位	数 量	单位成本	总成本
A产品	件	1 000	148	148 000
B产品	件	2 000	195	390 000
C产品（发出未实现销售）	吨	600（华商超市）	305	183 000
合 计				721 000

［要求］根据上述资料，编制必要的会计分录。

（二）练习商品流通企业库存商品的核算

［资料］联合百货公司为商业流通企业（一般纳税人），库存商品采用售价金额核算，商品进货费用，设置“待摊进货费用”账户进行归集。本月份发生有关经济业务如下：

1. 向四新公司购入甲商品一批，专用发票所列的商品货款为30万元，增值税39 000元；专用发票所列的运输费5 000元，增值税450元；普通发票所列的装卸费2 000元。价税款及运杂费以存款支付，商品尚未收到。

2. 向五洋公司购入甲商品一批，专用发票所列的商品货款为20万元，增值税26 000元；专用发票所列的运输费2 000元，增值税180元；普通发票所列的入库前的整理挑选费用800元。价税款及运杂费以银行汇票支付，商品已验收入库，售价为25万元。

3. 上述向四新公司购入的甲商品收到并验收入库，售价38万元。

4. 销售甲产品取得营业收入25万元，增值税32 500元，款项收存银行。同时，结转此项收入的主营业务成本。

5. 月末，该企业甲商品“库存商品”月末余额为35万元，本月销售甲商品取得“主营业务收入”125万元，结转前“商品进销差价——甲商品”账户贷方余额为288 000元；“待摊进货费用——甲商品”账户借方余额为32 000元。计算本月甲商品的进销差价率，并计算结转本月销售商品应分摊的进销差价和进货费用。

［要求］

（1）根据资料，编制必要的会计分录。

（2）假定企业采购商品的进货费用直接列为销售费用的，编制必要的会计分录。

第六节 委托加工物资

一、单项选择题

1. 下列各项中，属于“委托加工物资”账户期末借方余额反映的内容是( )。

A. 委托外单位加工物资的实际成本

B. 委托外单位加工物资的实际成本或计划成本

C. 委托外单位加工尚未完成物资的实际成本

D. 委托外单位加工尚未完成物资的加工成本

2. 下列各项中，关于一般纳税人企业委托加工物资支付的未取得专用发票的加工费和往返运杂费的增值税，应计列的项目是( )。

A. 委托加工物资成本　　B. 应交税费——应交增值税（进项税额）

C. 管理费用　　D. 其他业务成本

3. 下列各项中，属于委托加工物资加工完成验收入库后，退回的剩余材料的会计处理，正确的是( )。

A. 列为营业外收入　　B. 列为其他业务收入

C. 冲减委托加工物资成本　　D. 列为材料成本差异

4. 委托加工收回用于连续生产的应税消费品，支付由受托方代收代缴的消费税，应借记的账户是( )。

A.“应交税费——应交增值税（进项税额）”账户

B.“应交税费——应交消费税”账户

C.“委托加工物资”账户

D.“税金及附加”账户

5. A 企业委托 B 企业（A、B 企业均为增值税一般纳税人）加工应税消费品一批，发出材料成本 135 万元，支付给 B 企业专用发票所列的加工费用 10 万元，增值税 1.3 万元，由 B 企业代收代缴消费税为 15 万元。物资已经加工完毕，收回并验收入库，收回物资直接用于销售。该批委托加工物资的入账成本是( )万元。

A. 161.3　　B. 145

C. 146.3　　D. 160

二、多项选择题

1. 下列各项中，属于委托加工物资实际成本应包括的内容有( )。

A. 支付的加工费　　B. 往返运杂费

C. 支付由受托方代收代缴的消费税　　D. 发出加工材料、半成品或商品的实际成本

2. 下列各项中，属于增值税一般纳税人企业委托加工物资支付的相关税费，可以列

为抵扣税费的有(　　　)。

A. 加工费、往返运杂费取得专用发票的增值税

B. 加工费、往返运杂费未取得专用发票的增值税

C. 加工物资收回后用于连续生产的应税消费品支付消费税

D. 加工物资收回后用于直接出售的应税消费品支付消费税

3. 下列各项中，应列入资产负债表“存货”项目的有(　　　)。

A.“材料成本差异”账户期末借方余额

B.“委托加工物资”账户期末借方余额

C.“商品进销差价”账户期末贷方余额

D.“发出商品”账户期末借方余额

三、判断题

1. 企业发出委托外单位加工的物资，应将发出材料物资的成本结转计入“委托加工物资”账户，如果发出物资采用计划成本计价的，还应同时结转其成本差异。(　　)

2. 委托加工物资收回后，其实际成本应包括支付的加工费、往返运杂费和受托方代扣代缴的消费税。(　　)

3. 委托加工物资收回后，直接用于对外销售的，其支付的由受托方代扣代缴的消费税列入“应交税费——应交消费税”账户，等待抵扣。(　　)

4.“委托加工物资”账户，应按加工合同、委托加工单位以及加工物资的品种进行明细核算。(　　)

5. 增值税一般纳税人委托加工物资，支付加工费应缴纳的增值税不计入委托加工物资成本；支付的受托方代收代缴的消费税是计入委托加工物资成本的。(　　)

四、业务核算题

[资料]

1. 某公司为增值税一般纳税人企业，发出辅助材料A材料委托林茂公司加工成包装物一批。发出原材料实际成本为10万元。以银行存款支付：加工费为15 000元，增值税1 950元（取得专用发票）；往返运杂费1 000元（含增值税，未取得专用发票）。包装物加工完毕收回并验收入库。A材料、包装物均按实际成本计价核算。

2. 某公司为增值税一般纳税人，发出原料及主要材料甲材料委托通达公司加工成原料及主要材料丙材料（属于应税消费品）。

（1）发出A材料的实际成本为31万元。

（2）以存款支付：专用发票所列的加工费为5万元，增值税6 500元；专用发票所列的往返运输费3 000元，增值税270元；普通发票所列的装卸费、保险费1 500元（含增值税）。

（3）通达公司交付加工完成的丙材料时，按照10%税率代扣代缴消费税4万元，以存款支付。加工收回的丙材料用于连续生产应税消费品。

（4）加工完成的丙材料收到并验收入库。丙材料按计划成本计价核算，确认的计划成本为 37 万元。

［要求］根据上述资料，编制必要的会计分录。

第七节 存货清查和存货期末计价

一、名词解释

1. 实地盘点法

2. 成本与可变现净值孰低法

二、填空题

1. 企业在财产清查中发现的各种存货的盘盈、盘亏和毁损，应通过“____________”账户进行核算。存货盘亏和毁损，应根据不同的原因报经批准后进行处理：属于自然损耗产生的定额内损耗，经批准后转作____________；属于计量收发差错和管理不善等原因造成的存货短缺或毁损的净损失计入____________；属于自然灾害或意外事故造成存货毁损的净损失列为____________。

2. 企业期末存货的成本低于可变现净值，则____________；期末存货的可变现净值低于成本，则应在当期确认____________，通过“________________”账户进行核算。

三、单项选择题

1. 财产清查发现的存货盘盈，应贷记的账户是(　　)。

A.“管理费用”账户　　B.“营业外收入”账户

C.“其他业务收入”账户　　D.“待处理财产损溢”账户

2. 下列各项与材料相关损失的项目，应计入营业外支出的是(　　)。

A. 自然灾害造成的库存材料净损失
B. 管理不善造成的库存材料盘亏净损失
C. 采购材料运输途中发生的合理损耗
D. 计量差错引起的材料短缺损失

3. 下列各项中，属于存货期末计量应采用的方法是(　　)。
A. 历史成本
B. 可变现净值
C. 成本与可变现净值孰低法
D. 月末一次加权平均法

4. 存货按“成本与可变现净值孰低法”计价，运用的会计信息质量要求是(　　)。
A. 真实性要求
B. 可比性要求
C. 实质重于形式要求
D. 谨慎性要求

5. 下列各项中，属于“成本与可变现净值孰低法”所指的成本是(　　)。
A. 计划成本
B. 历史成本
C. 重置成本
D. 估计成本

6. 下列各项中，应列为资产减值损失的是(　　)。
A. 计提存货跌价准备
B. 出售材料售价低于成本的损失
C. 库存商品自然灾害或意外事故造成的毁损
D. 库存存货计量收发差错和管理不善造成的净损失

7. 存货（库存商品）出售后其已计提的存货跌价准备，应结转记入的账户是(　　)。
A.“营业外支出”账户
B.“主营业务成本”账户
C.“管理费用”账户
D.“资产减值损失”账户

四、多项选择题

1. 报经批准后的下列各项，应列为管理费用的有(　　　)。
A. 存货由于收发计量原因形成的盘盈
B. 存货因自然损耗产生的定额内损耗
C. 属于计量收发差错和管理不善造成的存货短缺或毁损的净损失
D. 存货期末可变现净值低于成本的跌价损失

2. 企业进行存货清查时，对于盘亏或毁损的存货，应先记入“待处理财产损溢”账户，报经批准后根据不同的原因可分别结转计入的账户有(　　　)。
A.“管理费用”账户
B.“资产减值损失”账户
C.“其他应收款”账户
D.“营业外支出”账户

3. 下列各项中，关于存货盘点盈亏会计处理的表述，正确的有(　　　)。
A. 存货盘盈时，报经批准后，存在记入“管理费用”账户的情况
B. 存货盘亏时，经批准后，存在记入“管理费用”账户的情况
C. 企业发生存货盘盈盘亏，会涉及“待处理财产损溢”账户
D. 企业发生存货盘盈盘亏，不会涉及“其他应收款”账户

4. 下列各项中，关于“成本与可变现净值孰低法”的表述，正确的有(　　　)。
A. 其“成本”是指存货的历史成本
B. 当“成本”低于“可变现净值”时，存货按成本计价

C. 当“可变现净值”低于“成本”时，存货按可变现净值计价

D. 当“可变现净值”高于“成本”时，存货按可变现净值计价

5. 下列各项中，属于进行期末存货成本与可变现净值比较，可以采用的方法有(　　)。

A. 单项比较法　　B. 分类比较法

C. 备抵法　　D. 综合比较法

五、判断题

1. 企业清查发现的各种存货损益，在年末结账前尚未批准处理的，可以留转下年度处理，这样“待处理财产损溢”账户是存在年末余额的。(　　)

2. 采用计划成本核算的存货，发生盘亏和毁损的在计算结转计划成本的同时还应结转其成本差异。(　　)

3. 企业对存货可变现净值低于成本的损失，可直接冲减“存货”类账户的期末余额。(　　)

4. 存货可变现净值，即存货预计未来净现金流量，是指库存商品、材料、在产品、自制半成品等存货的预计市场售价或合同价。(　　)

5. 企业计提的存货跌价准备，应记入“资产减值损失”账户。存货出售后应将其计提的存货跌价准备转入“营业外支出”账户。(　　)

6. 已计提跌价准备的存货，以后得以恢复的，可以将已恢复部分冲销已计提的存货跌价准备，但应以“存货跌价准备”账户余额冲至零为限。(　　)

7. 存货因管理原因造成盘亏和毁损的净损失，是指存货账面成本，扣减残料价值、责任人和保险公司的赔偿款后的净额。(　　)

六、业务核算题

(一) 练习存货盘点盈亏的核算

[资料] 某公司为增值税一般纳税人，期末对存货进行清查，清查结果及批准处理情况如下:

1. 发现盘盈原料及主要材料 A 材料 50 千克，实际单位成本 50 元。

2. 发现盘亏原料及主要材料 B 材料 200 千克，实际单位成本 30 元，增值税税率 13%。

3. 发现甲产品毁损 100 件，每件实际成本 500 元，其按照进项资料确定增值税进项税额为 4 550 元。

4. 上述存货盘点盈亏原因已查明：A 材料盘盈是收发计量误差形成的；B 材料短缺是公司仓库管理不善造成的，应责任人赔偿 25%，其余予以核销；甲产品毁损是因发生自然灾害公司管理与防范不规范造成的，其残料回收作价 1 000 元，可获保险公司赔偿 2 万元（赔偿款待收）。按程报经批准，对上述清查结果作出处理。

[要求] 根据上述资料，编制必要的会计分录。

（二）练习存货跌价准备计提的核算

[资料] 某公司对期末存货采用“成本与可变现净值孰低”法进行计价。2×20年末，存货乙产品成本160万元，确定的可变现净值为152万元；2×21年末，存货乙产品成本160万元，已提跌价准备8万元，确定的可变现净值为150万元；2×22年末，存货乙产品成本160万元，已提跌价准备10万元，确定的可变现净值为155万元；2×23年1月结转本月已出售部分乙产品已提的跌价准备1万元。

[要求] 根据上述资料，编制必要的会计分录。

第五章 投资

第一节 投资概述

一、名词解释

1. 投资

2. 权益性投资

二、填空题

1. 投资有广义和狭义之分，会计核算中的投资，一般是指____________的投资，包括________________、________________、________________等。

2. 企业购买普通股股票并准备长期持有，以参股、合营、合资方式进行投资等，属于____________；企业购买公司债券，属于________________。

三、单项选择题

1. 取得该金融资产的目的，主要是为了近期出售的金融资产，应列为(　　)。

A. 其他债权投资　　B. 交易性金融资产

C. 长期股权投资　　D. 其他权益工具投资

2. 下列各项中，不属于金融资产的是(　　)。

A. 库存现金、银行存款、应收票据、应收账款
B. 存货、其他应付款
C. 其他应收款、股权投资、债券投资
D. 衍生金融工具形成的资产
3. 企业购买优先股股票，从投资性质看属于(　　)。
A. 权益性投资　　B. 债权性投资
C. 混合性投资　　D. 股权性投资
4. 企业为赚取租金或资本增值，或两种兼有而持有的房地产，称为(　　)。
A. 投资性房地产　　B. 长期股权投资
C. 固定资产　　D. 其他权益工具投资
5. 企业取得以公允价值计量且其变动计入其他综合收益的金融资产，应列为(　　)。
A. 债权投资　　B. 其他债权投资
C. 交易性金融资产　　D. 其他投资

四、多项选择题

1. 下列各项中，属于会计核算中投资的特点有(　　　)。
A. 目的是为了增加财富，或谋求其他利益
B. 是通过让渡一项资产而换取另一项资产
C. 获取收益的直接性
D. 获取收益的间接性
2. 下列各项中，属于会计核算中投资的有(　　　)。
A. 筹资500万元用于扩建厂房
B. 从证券市场购买股票，准备随时出售
C. 购买五年期国库券，准备持有至到期
D. 资本公积转增资本
3. 按照投资的目的，企业购买股票可能列为投资类别有(　　　)。
A. 交易性金融资产　　B. 债权投资
C. 长期股权投资　　D. 其他权益工具投资

五、判断题

1. 投资是指企业为通过分配来增加财富，或为谋求其他利益而将资产让渡给其他单位所获得的权益。　　(　　)
2. 企业购买普通股股票、优先股股票并准备长期持有、联营、参股，以及购买公司债权并准备持有至到期的，均属于权益性投资。　　(　　)
3. 投资有广义和狭义之分，会计核算中的投资是狭义的投资。　　(　　)
4. 企业投资是通过让渡一项资产而换取另一项投资，其目的就是为了通过取得投资收益而增加财富。　　(　　)
5. 企业取得以摊余成本计量的金融资产，应列为其他债权投资。　　(　　)

第二节 交易性金融资产

一、名词解释

1. 交易性金融资产

2. 公允价值

二、填空题

1. 交易性金融资产是企业利用________________的一种投资方式。企业取得的交易性金融资产，应按照取得时________________进行初始计量；取得过程中发生的交易费用应列为________________。

2. “交易性金融资产”账户，可按照其类别和品种，分别设置“________”和“________”明细账户进行核算。

三、单项选择题

1. 企业取得以获取差价为目的从二级证券市场购入的基金，属于(　　)。

A. 可供出售金融资产　　B. 债权投资

C. 交易性金融资产　　D. 其他货币资金

2. 下列各项中，属于企业取得交易性金融资产已宣告但尚未发放的现金股利应计列的项目是(　　)。

A. 投资收益　　B. 应收利息

C. 交易性金融资产　　D. 应收股利

3. 下列各项中，属于企业出售交易性金融资产净损益应计列的账户是(　　)。

A. “投资收益”账户　　B. “财务费用”账户

C. “应收股利”账户　　D. “资产减值损失”账户

4. 企业持有交易性金融资产期间，取得被投资单位的现金股利，或债券性投资的利息，应列为(　　)。

A. 投资成本的减少　　B. 投资收益

C. 账务费用　　　　　　　　　　　　D. 营业外收入

5. 下列各项中，属于资产负债表日，交易性金融资产公允价值与账面价值的差额计列的项目是(　　)。

A. 投资收益　　　　　　　　　　　　B. 公允价值变动损益

C. 资本公积　　　　　　　　　　　　D. 营业外收支

6. 某公司本月初，以7元/股的价格从证券市场购入B种股票1万股（列为交易性金融资产），股票价格中含已宣告但尚未发放的现金股利0.20元/股，并支付购入股票手续费600元。当股票价格至8元/股时，公司将此项股票全部出售，扣除手续费后取得转让收入79 200元。公司此项投资取得的投资净收益是(　　)元。

A. 10 600　　　　　　　　　　　　B. 12 600

C. 8 600　　　　　　　　　　　　D. 8 000

7. 2×20年2月5日，某公司以7元/股的价格购入海福控股股票10万股，支付手续费1 200元，公司不准备长期持有，将在价格合适时予以出售。2×20年12月31日，海福股份股票价格为9元/股。2×21年2月15日，海福公司宣告发放现金股利0.80元/10股，公司于3月15日收到此项现金股利8 000元。2×21年4月10日，公司以11元/股的价格（已扣除交易费用）将此项股票全部出售。不考虑其他因素，该公司处置此项股票投资对投资收益的影响金额是(　　)万元。

A. 40.8　　　　　　　　　　　　B. 20.8

C. 40　　　　　　　　　　　　D. 20

四、多项选择题

1. 下列各项中，关于交易性金融资产的会计处理，正确的有(　　)。

A. 企业取得列为交易性金融资产的股票、债券，应当按照取得时的公允价值和相关的交易费用之和作为初始确认金额

B. 支付的价款中包含已宣告但尚未发放的现金股利或已到付息期但尚未领取的利息，应当单独确认为应收项目

C. 企业在持有期间取得的利息或现金股利，应当确认为投资收益

D. 资产负债表日，公允价值变动应计入当期损益

2. 交易性金融资产是指企业(　　)的金融资产。

A. 为交易目的而持有　　　　　　　　B. 准备近期出售

C. 准备持有至到期　　　　　　　　D. 为了控制被投资单位而持有

3. 下列各项中，企业交易性金融资产相关业务应通过“投资收益”账户核算的有(　　)。

A. 取得时支付的交易费用

B. 资产负债表日发生的公允价值变动

C. 持有期间被投资单位宣告分派现金股利

D. 出售时取得价款与其账面余额的差额

4. 下列各项中，应列为交易性金融资产的有(　　)。

A. 取得主要是为了近期内出售的金融资产
B. 有客观证据表明企业近期采用短期获利方式进行集中管理的可辨认金融工具组合
C. 取得属于衍生工具的金融资产
D. 直接指定为以公允价值计量且其变动计入当期损益的金融资产

五、判断题

1. 交易性金融资产是企业利用闲散资金获利的一种投资方式，主要包括企业从证券市场购入的债券投资、股票投资、基金投资等。（ ）
2. 企业取得的交易性金融资产，应按取得时的公允价值作为初始确认金额计价入账。（ ）
3. 交易性金融资产持有期间，被投资单位宣告发放现金股利，或在资产负债表日确认的债券利息，应列为当期损益，记入“投资收益”账户。（ ）
4. 资产负债表日，企业交易性金融资产的公允价值与其账面余额的差额，应确认为当期损益，并记入“公允价值变动损益”账户。（ ）
5. 企业交易性金融资产出售时，应将该项金融资产的公允值变动损益结转计入营业外收支。（ ）
6. 企业收到交易性金融资产取得时和持有期间的应收股利，均应列为投资收益。（ ）

六、业务核算题

（一）练习交易性金融资产的核算

[资料] 某公司本期发生有关交易性金融资产的经济业务如下：

1. 3 月 15 日公司于以存入证券公司专款购入济科股份股票 5 万股，以备近期出售，每股价格 7.80 元，并支付相关交易税费 2 000 元；3 月 5 日济科公司已宣告发放现金股利 0.20 元/股，拟定于 3 月 25 日支付；4 月 20 日公司将此项股票全部出售，取得价款 42 万元（扣除交易税费后），收到股利及出售价款均转存证券公司存款专户。

（1）3 月 15 日，购入股票。

（2）3 月 25 日，收到购入前已宣告发放但尚未支付的现金股利 1 万元。

（3）4 月 20 日，出售此项股票。

2. 公司于 12 月 15 日，以存入证券公司专款购入远明控股股票 2 万股，每股价格 8.50 元，并支付相关税费 1 000 元；这一股票公司拟在近期于价格合适时予以出售；12 月 31 日，经核实确认这一投资的总市价为 15.5 万元；次年 6 月 30 日经核实这一投资的总市价为 18 万元；次年 7 月 10 日，公司将这一股票全部出售，取得价款 17.8 万元存入证券公司资金专户。

（1）本年 12 月 15 日，购入股票。

（2）本年 12 月末，结转公允价值变动。

（3）次年 6 月 30 日，结转公允价值变动。

（4）下年7月10日，公司出售股票。

［要求］根据上述经济业务，分步编制必要的会计分录。

（二）继续练习交易性金融资产的核算

［资料］某公司本期发生有关交易性金融资产的经济业务如下：

1. 公司于本年1月1日以银行存款购入星旺公司发行的2年期、票面年利率为6%的可上市交易的债券20万元，公司实际支付价款201 000元，其中1 000元为相关交易费用。该债券列为交易性金融资产，票面利率与实际利率差异很小，每半年计付利息一次。

（1）公司以存款购入债券。

（2）6月30日，按票面利率计提此项债券上半年利息。

（3）7月15日收到此项债券上半年利息。

（4）8月30日，公司将此项债券出售，取得价款205 000元存入银行。

2. 7月1日，公司以存入证券公司专款购入本年1月1日中铁公司发行的2年期、票面年利率为7%的可上市交易的债券30万元。该债券列为交易性金融资产，票面利率与实际利率差异很小，每半年计付利息一次，到期还本。购入债券公司实际支付价款212 000元，其中1 500元为相关交易费用；10 500元为上半年的利息。

（1）公司以证券公司专款购入债券。

（2）7月5日，收到此项债券本年度上半年利息，转入证券公司专户。

（3）12月31日按票面利率计提此项债券下半年利息。

（4）次年1月5日收到此项债券上年度下半年利息，转入证券公司专户。

（5）次年12月31日按票面利率计提此项债券最后半年的利息。

（6）此项债券到期，收到此项债券本金及最后半年的利息共计310 500元转入证券公司专户。

［要求］根据上述经济业务，分步编制必要的会计分录。

第三节 债权投资

一、填空题

1. 企业取得以摊余成本计量的金融资产应当按照取得时的________和________之和作为初始确认金额计价入账。支付的价款中包含的已到付息期但尚未领取的债券利息，应作为____________。

2. 企业以摊余成本计量的债权投资，应设置____________账户进行核算；债权投资取得时入账价值与支付价款（含交易费用）的差额以及计息过程中产生的利息差额，应作为________________处理。

二、单项选择题

1. 企业购入到期收回本金及按照约定利率在合同期间收取固定或浮动利息的普通债券。在没有其特殊安排的情况下，应列为(　　)。

A. 交易性金融资产　　B. 债权投资

C. 其他债权投资　　D. 其他权益工具投资

2. 下列各项中，属于“债权投资”账户的期末借方余额反映内容的是(　　)。

A. 债权投资的摊余成本　　B. 债权投资的面值

C. 债权投资的本息　　D. 债权投资的投资成本

3. 下列各项中，属于企业债权投资在持有期间确认利息收入的利率应当是(　　)。

A. 票面利率　　B. 实际利率

C. 合同利率　　D. 市场利率或票面利率

4. 企业取得债权投资时，支付价款中已到付息期但尚未领取的利息，应列为(　　)。

A. 应收利息　　B. 债权投资的成本

C. 投资收益　　D. 财务费用

5. 下列各项中，属于以摊余成本计量的金融资产（债权投资）取得时入账价值与支付价款（含交易费用，不含应收利息）的差额，应记入的账户是（　　　）。

A. “债权投资——面值”账户　　B. “投资收益”账户

C. “应收利息”账户　　D. “债权投资——利息调整”账户

6. 下列各项中，计提企业债权投资减值准备，应借记的账户是(　　)。

A. “资产减值损失”账户　　B. “投资收益”账户

C. “信用减值损失”账户　　D. “债权投资——利息调整”账户

7. 下列各项中，关于企业已计提减值准备的以摊余成本计量的金融资产（债权投资）价值以后又得到恢复的会计处理，正确的是(　　)。

A. 应全部冲转已计提的减值准备

B. 不应冲转已计提的减值准备

C. 应计列为投资收益

D. 应在原已计提的减值准备金额内，冲转已计提的减值准备

8. 未发生减值的分期计息、到期一次还本付息的债权投资，资产负债表日计算确定的应收未收利息，应借记的账户是(　　)。

A. “债权投资——应计利息”账户　　B. “债权投资——利息调整”账户

C. “应收利息”账户　　D. “投资收益”账户

9. 企业购入3年期普通公司债券，合同约定该债券在遇到特定情况时可以提前赎回，且不必支付额外费用。公司确定如果公司情况正常就持有至到期收回本金和利息；如果公司有特定需求，就出售该债券。企业购入的上述债券，应列为(　　)。

A. 交易性金融资产　　B. 债权投资

C. 其他债权投资　　D. 其他权益工具投资

10. 企业持有以公允价值计量且其变动计入其他综合收益的金融资产（其他债权投资），资产负债表日，其公允价值低于其账面余额的差额，应借记的账户是(　　)。

A. “其他综合收益”账户　　B. “其他债权投资”账户

C. “投资收益”账户　　D. “公允价值变动损益”账户

11. 企业处置的其他债权投资，取得价款与其账面价值的差额，应确认为当期损益，记入的账户是(　　)。

A. “其他综合收益”账户　　B. “其他收益”账户

C. “投资收益”账户　　D. “公允价值变动损益”账户

12. 下列各项中，属于“其他债权投资”账户的期末借方余额反映内容的是(　　)。

A. 其他债权投资的摊余成本　　B. 其他债权投资的成本

C. 其他债权投资的本金和应计利息　　D. 其他债权投资的公允价值

13. 2×20年1月1日，甲公司从二级市场购入乙公司2×19年1月1日发行的债券12万张。该债券每张债券面值为100元，期限为3年，分期付息、到期还本，票面年利率为5%，每年1月10日支付上年度利息。购入该债券以银行存款支付价款1 260万元，另支付相关交易费用12万元。甲公司购入的此项债券确认为到期收回本金及按照约定利率在合同期间收取利息，且实际利率与票面利率相差很小的。

(1) 甲公司购入乙公司此项债券的入账价值是(　　)万元。

A. 1 272　　B. 1 212

C. 1 200　　D. 1 118

(2) 甲公司持有乙公司此项债券至到期累计应确认的投资收益是(　　)万元。

A. 108　　B. 120

C. 168　　D. 180

三、多项选择题

1. 下列各项中，构成企业取得债权投资初始入账价值的有(　　)。

A. 取得时的公允价值　　B. 相关交易费用

C. 已到付息期尚未领取的利息　　　　D. 应计利息

2. “债权投资”账户，可按债权投资的类别和品种，分别设置(　　)等明细账户进行核算。

A.“成本”　　　　B.“利息调整”

C.“公允价值变动”　　　　D.“应计利息”

3. 下列各项中，关于以摊余成本计量的金融资产（债权投资）的会计处理不正确的有(　　)。

A. 债权投资在持有期间，应当按照投资面值与实际利率确认利息收入，计入投资收益

B. 债权投资确认的利息收入，应借记“债权投资——应计利息”账户

C. 债权投资应按照《企业会计准则第22号——金融工具确认和计量》的规定，确认计提减值准备

D. 债权投资，投资面值与支付价款的差额应记入“债权投资——利息调整”账户

4. 下列各项中，应列为投资收益的有(　　)。

A. 债权投资价款中包含的已到付息期但尚未领取的利息

B. 债权投资持有期间按照实际利率法计提的利息收入

C. 取得债权投资支付价款与投资入账价值及应收利息之和的差额

D. 处置债权投资取得价款与该投资账面价值的差额

5. “其他债权投资”账户，应按照债权投资的类别和品种，分别设置的明细账户包括(　　)。

A.“成本”　　　　B.“利息调整”

C.“应计利息”　　　　D.“公允价值变动”

6. 下列各项中，其后续计量是采用公允价值的有(　　)。

A. 其他债权投资　　　　B. 债权投资

C. 交易性金融资产　　　　D. 长期股权投资

四、判断题

1. 企业取得的金融资产，属于管理该金融资产的业务模式是以收取合同现金流量为目标的，应确认为以摊余成本计量的金融资产（债权投资）。(　　)

2. 企业债权投资在持有期间应当按照实际利率法确认利息收入，并计入投资收益。实际利率与票面利率差别很小的，可以按票面利率计算利息收入。(　　)

3. 资产负债表日，分期付息、一次还本的债权投资，分期确认的应收未收利息，应借记“债权投资——应计利息”账户，贷记“投资收益”账户。(　　)

4. 企业债权投资在持有期间确认利息收入的实际利率应当在取得债权投资时确定，在随后期间保持不变。(　　)

5. 债权投资和其他债权投资，资产负债表日按规定确认的减值，均应列为资产减值损失。(　　)

6. 企业持有的债权投资计提减值准备是不涉及“债权投资”账户的，所以债权投资

的减值不影响其投资账面价值。 （ ）

7. 企业取得的金融资产，属于是以既收取合同现金流量为目标又以出售该金融资产为目标的，应通过“其他债权投资”账户进行核算。 （ ）

8. 其他债权投资持有期间的公允价值变动，应确认为公允价值变动损益。 （ ）

9. 债权投资按照实际利率法确认各期利息收入，计入投资收益；其他债权投资按照票面利率确认各期利息收入，计入其他综合收益。 （ ）

10. 债权投资按照公允价值进行后续计量；其他债权投资按照摊余成本进行后续计量。 （ ）

11. “债权投资”账户期末借方余额，反映企业债权投资的本息；“其他债权投资”账户期末借方余额，反映企业其债权投资的公允价值。 （ ）

12. 到期一次还本付息的其他债权投资，按照票面利率计算确定的应收利息与按照实际利率法确认的利息收入的差额，是记入“其他债权投资——利息调整”账户的。 （ ）

五、业务核算题

（一）练习以摊余成本计量的金融资产（债权投资）的核算

[资料] 某公司发生有关以摊余成本计量的金融资产（债权投资）的经济业务如下：

1. 本年1月1日，公司以存款购入中建公司同日发行的2年期债券一批，债券面值60万元，票面年利率6%，按年计息，到期一次还本付息；另以存款支付相关交易费用2 000元。该债券公司确认为到期收回本金及按照约定利率在合同期间收取利息，且票面利率与实际利率相差很小。

（1）本年1月1日，公司以银行存款购入债券。

（2）第一年末，按票面利率计提本年应计利息。

（3）第二年末，按票面利率计提本年应计利息。

（4）债券到期兑付，收到债券本息存入银行。

2. 公司于本年7月1日，从证券市场购入大华公司本年1月1日发行的2年期债券一批，债券面值80万元，票面年利率5%，半年付息一次，到期还本；以存款支付价款82万元，其中2万元为已到付息期但尚未领取的利息；7月10日收到此项利息；该债券公司确认为以摊余成本计量的金融资产，且实际利率与票面利率相差很小。

（1）本年7月1日以存款购入此项债券。

（2）7月10日，收到购入时已到付息期的利息2万元存入银行。

（3）本年末、第二年6月30日、第二年末计提本期利息（每半年计息一次）。

（4）分期收到半年期利息2万元存入银行。

（5）第二年末，债券到期收回本金已存入银行。

[要求] 根据上述资料，分步编制必要的会计分录。

（二）继续练习以摊余成本计量的金融资产（债权投资）的核算

［**资料**］某公司本期发生有关以摊余成本计量的金融资产（债权投资）的经济业务如下：

1. 公司于本年1月1日购入中大公司同日发行的3年期债券一批，债券面值90万元，票面年利率7%，按年计息，到期还本付息；以存款支付价款927 000元，并支付相关交易费用3 000元。该债券公司确认为以摊余成本计量的金融资产，且实际利率与票面利率相差很小，利息调整按持有期限平均分摊。

（1）本年1月1日以存款购入债券。

（2）本年末、第二年末、第三年末计息，并分摊利息调整。

（3）第三年末，债券到期收到债券本息存入银行。

2. 公司于本年1月1日从证券市场购入五湖公司同日发行的5年期债券一批，债券面值150万元，公司按面值购入，债券票面利率5%，按年计息，到期还本付息，每年年末按单项金额重大项目进行减值测试。该债券公司确认为以摊余成本计量的金融资产，且实际利率与票面利率相差很小，每年年末按单项金额重大项目进行减值测试。

（1）本年1月1日以存款购入此项债券。

（2）第一年末，计提第一年应计利息。

（3）第一年末，根据市场利率变化等情况，测试确认此项投资发生减值35 000元。

（4）第二年末，计提第二年应计利息。

（5）第二年末，经测试此项投资发生减值为3万元，即投资价值回升了5 000元。

（6）第三年3月，公司将债券出售，取得价款163万元存入银行。

［**要求**］根据上述资料，分步编制必要的会计分录。

（三）练习以公允价值计量且其变动计入其他综合收益的金融资产（其他债权投资）的核算

［**资料**］某公司本期发生有关以公允价值计量且其变动计入其他综合收益的金融资产（其他债权投资）的经济业务如下：

1. 公司于2×20年1月1日，购入润丰公司2×19年1月1日发行的3年期、票面年利率5%的债券90万元（面值）。该债券为按年计付利息，到期还本，且实际利率与票面利率差别很小的。购入此项债券以存款支付价款94.5万元（含2×19年的利息4.5万元）。该债券根据相关条件划分为以公允价值计量且其变动计入其他综合收益的金融资产。

（1）2×20年1月1日以存款购入此项债券。

（2）2×20年1月10收到购入时确认的债券利息4.5万元存入银行。

（3）2×20年末计提本年应计利息，同时确认此项债券的公允价值与账面余额一致。

（4）2×21年1月10收到2×20年的利息存入银行。

（5）2×21年6月30日确认此项债券的公允价值为94万元，债券的账面余额为90万元。

（6）2×21年7月10出售此项债券，收到价款95万元存入银行。

2. 公司于2×20年1月1日，购入南方公司同日发行的2年期、票面年利率6%、按年计息到期一次还本付息的债券50万元（面值）。购入债券以存款支付价款及交易费用共计51.2万元。该债券根据相关条件划分为以公允价值计量且其变动计入其他综合收益的金融资产。该债券实际利率与票面利率差别很小的，利息调整按期限平均分摊。

（1）2×20年1月1日以存款购入此项债券。

（2）2×20年末计提本年应计利息，并分摊利息调整。

（3）2×20年末债券账面余额为53.6万元，确认的公允价值为52.9万元，调整债券的账面价值。

（4）2×21年末计提本年应计利息，并分摊利息调整。

（5）2×21年末债券到期如数收到债券本息存入银行。

［**要求**］根据上述资料，分步编制必要的会计分录。

第四节 长期股权投资

一、名词解释

1. 长期股权投资

2. 权益法

二、填空题

1. 企业以支付货币资金取得的长期股权投资，应按照________作为初始投资成本；取得投资支付的相关税费，应记入“________”账户。投资者投入的长期股权投资，应按照________作为初始投资成本。

2. 长期股权投资的核算方法有________和________两种法。“长期股权投资”账户，能够反映其投资成本的方法是________。

3. 长期股权投资采用权益法核算的，应分别设置明细分类账户，包括“________”“________”“________”。

三、单项选择题

1. 企业取得长期股权投资，实际支付价款或对价中包含的已宣告但尚未发放的现金股利或利润，应(　　)。

A. 作为长期股权投资成本　　B. 作为应收项目

C. 作为投资收益　　D. 作为资本公积

2. 下列各项中，属于投资企业能够对被投资单位实施控制的长期股权投资应采用的核算方法是(　　)。

A. 成本法　　B. 权益法

C. 权益法为主，成本法为辅　　D. 成本法或权益法

3. 下列各项中，属于权益法下，长期股权投资持有期间投资企业收到被投资单位宣告发放的现金股利应计列的项目是(　　)。

A. 投资收益　　B. 其他业务收入

C. 长期股权投资的减少　　D. 资本公积的增加

4. 权益法下，长期股权投资被投资单位除净损益、其他综合收益、分配利润以外的所有者权益其他变动，投资企业享有的份额应列为(　　)。

A. 投资收益　　B. 资本公积

C. 营业外收入　　D. 应收项目

5. 长期股权投资，应在资产负债表日将有客观证据表明该类投资的账面价值与一定方法确定的(　　)之间的差额，确认为资产减值。

A. 预计未来现金流量　　B. 可收回金额

C. 预计未来现金流量的现值　　D. 公允价值

6. 下列各项中，属于以支付现金取得长期股权投资初始投资成本的是(　　)。

A. 实际支付的购买价款和相关税费

B. 被投资企业所有者权益账面价值的份额

C. 被投资企业所有者权益公允价值的份额

D. 被投资企业的所有者权益

7. 下列各项中，属于权益法下“长期股权投资”账户期末借方余额反映的内容

是(　　)。

A. 投资企业享有被投资单位的权益份额

B. 投资企业占有被投资单位的注册资本额

C. 投资企业享有被投资单位可辨认净资产公允价值的份额

D. 长期股权投资的成本

8. 下列各项中，应记入“长期股权投资”账户的是(　　)。

A. 权益法下取得长期股权投资的初始投资成本小于投资时应享有被投资单位可辨认净资产公允价值的份额

B. 计提的长期股权投资减值准备

C. 成本法下被投资单位宣告发放现金股利，投资企业应享有的份额

D. 成本法下被投资单位发生亏损，投资企业应享有的份额

9. 2×20年5月10日，甲公司以银行存款5 000万元从二级市场购入乙公司股票500万股，准备长期持有，占乙公司30%的股份，对乙公司有重大影响。甲公司为取得该部分股权另支付手续费等必要支出共50万元。购入股票时，乙公司可辨认净资产的公允价值为20 000万元，甲公司取得长期股权投资的入账价值为(　　)万元。

A. 20 000　　B. 5 050

C. 5 000　　D. 6 000

10. 下列各项中，会影响“投资收益”账户金额的是(　　)。

A. 长期股权投资购入前已宣告但尚未发放的现金股利

B. 持有期间，按照债权投资的面值和票面利率确定的利息

C. 权益法下，处置长期股权投资时，结转持有期间确认的其他权益变动金额

D. 取得其他债权投资发生的交易费用

四、多项选择题

1. 长期股权投资有成本法和权益法两种核算方法，下列各项中，应采用权益法的有(　　)。

A. 投资企业能够对被投资单位实施控制的

B. 投资企业对被投资单位具有共同控制的

C. 投资企业对被投资单位具有重大影响的

D. 投资企业持有债券占被投资单位发行债券总额50%以上的

2. 下列各项中，应通过“长期股权投资”账户核算的有(　　)。

A. 权益法下被投资单位宣告发放现金股利，投资企业应享有的份额

B. 成本法下被投资单位宣告发放现金股利，投资企业应享有的份额

C. 权益法下被投资单位发生的其他综合收益变动，投资企业应享有的份额

D. 权益法下被投资单位发生亏损，投资企业应享有的份额

3. 下列各项中，应列投资收益的有(　　)。

A. 购入交易性金融资产支付的交易费用

B. 权益法下，被投资单位实现利润，投资企业应享有的份额

C. 取得长期股权投资支付价款中包含的已宣告但尚未发放的现金股利

D. 出售长期股权投资，实际收取价款大于其账面价值的差额

4. 下列各项中，属于权益法下“长期股权投资”账户应设置的明细账户有(　　　)。

A. “成本”　　　　B. “损益调整”

C. “其他权益变动”　　　　D. “其他综合收益”

5. 下列各项中，属于长期股权投资成本法核算的优点有(　　　)。

A. “长期股权投资”账户，能够反映长期股权投资的初始成本

B. 投资收益实现与现金流入的时间不一致

C. “长期股权投资”账户，能反映投资企业在被投资单位所有者权益中所占的份额

D. 能体现会计信息质量的谨慎性要求

6. 下列各项中，应列为“应收股利”的有(　　　)。

A. 投资企业获得的现金股利或利润超过投资后产生的累计净利润分配额的部分

B. 取得长期股权投资实际支付价款中所包含的已宣告但尚未发放的现金股利

C. 计提的长期股权投资减值准备

D. 权益法下，被投资单位宣告发放现金股利，投资企业应享有的份额

五、判断题

1. 权益法下，投资企业确认被投资企业发生亏损的，应当按投资企业应负担的数额列为投资损失，并调减长期股权投资（一般以减到零为限）。　(　　)

2. 企业取得长期股权投资支付的税金及相关费用，应作投资初始成本，记入“长期股权投资”账户。　(　　)

3. 投资企业对被投资单位能够实施控制和重大影响的长期股权投资，应采用成本法进行核算。　(　　)

4. 权益法下，资产负债表日投资企业应根据被投资单位实现的净利润和所有者权益的其他变动，计算应享有的份额，确认为当期的投资收益。　(　　)

5. 长期股权投资核算的成本法和权益法，其初始投资成本的确定和“长期股权投资”账户余额反映的内容是一致。　(　　)

6. 长期股权投资减值损失确认以后，如果以后会计期间长期股权投资的价值得以回升，已经计提的减值准备也不得转回。　(　　)

7. 企业长期股权投资、债权投资确认处置的投资损失，经批准后，应列为营业外支出。　(　　)

8. 企业购入准备近期出售的股票、债券属于交易性金融资产；企业购入债券准备长期持有的，属于债权投资；企业购入股票准备长期持有的，属于长期股权投资。　(　　)

9. 企业持有并准备增值后转让的房屋、土地使用权，应列为企业投资性房地产，它是企业投资的一种特殊形式。　(　　)

10. 企业取得长期股权投资时，初始投资成本大于企业应享有被投资单位可辨认净资产公允价值份额，不必调整已确认的初始投资成本。　(　　)

六、业务核算题

练习长期股权投资成本法、权益法的核算

[资料] 某公司发生有关长期股权投资的经济业务如下：

1. 公司于1月25日，以银行存款580万元购入今明公司的股份作为长期投资，支付价款中含已宣告但预定于2月25日支付的现金股利25 000元，取得投资时另以存款支付相关税费1万元；该公司这一投资能够对今明公司实施控制；本年10月25日今明公司宣告发放现金股利48 000元；两年后公司将此项投资予以出售。

（1）1月25日，以存款581万元取得投资。

（2）2月25日，收到购入前今明公司已宣告但尚未发放的现金股利25 000元存入银行。

（3）10月25日，今明公司宣告发放本年度的现金股利48 000元。

（4）两年后，公司将此项投资予以出售，取得价款610万元存入银行，此项投资未计提过减值准备，有上月已宣告但尚未发放的现金股利55 000元。

2. 公司于本年1月10日，以存款700万元购买科远公司普通股，占科远公司股本总额的40%，并对其具有重大影响，该项投资采用权益法进行核算。同日科远公司可辨认净资产账面价值（公允价值）为1 820万元。

（1）本年1月10日，以存款700万元进行投资，并以存款支付相关税费2万元。

（2）本年末，资料列明科远公司本年实现净利润200万元，公司应享有40%。

（3）第二年2月5日，科远公司宣告发放现金股利70万元，公司应享有40%。

（4）第二年2月20日，公司收到科远公司于2月5日宣告发放现金股利40万元存入银行。

（5）第二年末，科远公司其他债权投资公允价值确认减值15万元，本公司占比40%。

（6）第二年末，资料列明科远公司发生亏损90万元，本公司占比40%。

（7）第二年末，结计此项长期股权投资的账户余额。

（8）第三年初，公司将上述投资出售，取得价款750万元存入银行。

3. 公司收到投资者投入一项长期股权投资（盛业公司），投资合同约定的价值为25万元，投资各方约定对其增加的资本为15万元。

4. 公司与利民公司联营，以一项生产设备进行投资，投资转出固定资产结转列入“固定资产清理”账户的账面价值为38万元，并以存款支付相关费用7 000元。此项投资属于不满足两个条件的以非货币性资产交换取得的长期股权投资。

5. 公司对利民公司采用权益法核算的一项长期股权投资，本年末账户余额为：

长期股权投资——利民公司——成本（借方）	387 000元
——损益调整（贷方）	200 000元
总分类账户余额（借方）	187 000元

（1）本年末，根据发生减值迹象，测算确定此项投资的可收回金额为15万元，计提其减值准备37 000元。

（2）次年末，经核实盛业公司继续发生亏损，亏损额为 10 万元，本公司占 30% 的股份。

（3）次年末，根据发生减值迹象，测算确定此项投资的可收回金额为 112 000 元，其账面余额 157 000 元，已提减值准备 37 000 元，账面价值为 120 000 元。继续计提减值准备 8 000 元。

（4）此后公司将此项投资出售，取得价款 11 万元存入银行。

［要求］

1. 根据上述经济业务，编制必要的会计分录。

2. 根据 1、2 题的会计分录，分别设置并登记“长期股权投资”账户的“丁”字形账户。

第五节 投资性房地产

一、单项选择题

1. 投资性房地产是指为了(　　)，或者两者兼有而持有的房地产。

A. 赚取租金或资本增值　　B. 赚取租金或自用

C. 出售或资本增值　　D. 赚取租金或出售

2. 下列各项中，属于投资性房地产初始计量的依据是(　　)。

A. 公允价值　　B. 成本

C. 未来现金流量　　D. 未来现金流量的现值

3. 企业取得投资性房地产的租金收入，应计列为(　　)。

A. 营业外收入　　B. 投资收益

C. 其他业务收入　　D. 其他收益

4. 采用公允价值模式计量的投资性房地产，下列各项中正确的是(　　)。

A. 不计提折旧　　B. 应计提折旧

C. 不计提折旧，但应进行成本摊销　　D. 应计提折旧，并进行成本摊销

5. 公允价值计量模式下，资产负债表日投资性房地产的公允价值高于其账面价值的差额，应贷记的账户是(　　)。

A.“投资收益”账户　　B.“公允价值变动损益”账户

C.“其他业务收入”账户　　D.“营业外收入”账户

二、多项选择题

1. 下列各项中，应列为投资性房地产的有(　　　　)。
A. 持有并准备增值后转让的土地使用权
B. 企业拥有产权并以经营租赁方式出租的房屋、建筑物
C. 企业通过出让或转让方式取得并以经营租赁方式出租的土地使用权
D. 企业拥有并自行经营的旅馆、饭店
2. 下列各项中，属于企业投资性房地产后续计量的两种计量模式有(　　　　)。
A. 成本模式　　　　B. 公允价值模式
C. 净值模式　　　　D. 成本与公允价值孰低模式
3. 下列各项中，关于投资性房地产的会计处理，正确的有(　　　　)。
A. 成本计量模式下，投资性房地产计提的折旧应列为其他业务成本
B. 公允价值计量模式下，资产负债表日公允价值与其账面价值的差额计入当期损益
C. 公允价值计量模式下，投资性房地产的租金收入应列为其他业务收入
D. 企业处置投资性房地产的账面价值应列为投资收益

三、判断题

1. 企业部分用于赚取租金或资本增值，部分自用的房地产不能确认为投资性房地产。(　　)
2. 成本模式下，企业按期（月）对投资性房地产计提折旧，应列为其他业务成本。(　　)
3. 一般纳税人企业，外购投资性房地产的增值税，不论是否取得增值税专用发票，均不能列为进项税额进行抵扣。(　　)
4. 企业采用成本模式计量投资性房地产可以转换为公允价值模式计量；已采用公允价值模式计量的投资性房地产，也可以转换为成本模式计量。(　　)
5. 投资性房地产有成本计量和公允价值计量两种模式，但同一企业的所有投资性房地产只能采用一种模式。(　　)

四、业务核算题

练习成本计量模式下投资性房地产的核算

[资料] 某公司为一般纳税人，本期发生有关投资性房地产的经济业务如下：

2×19年底公司将一项生产经营用房屋转为专门用于经营性出租，该项房屋账面原值为700万元，已累计计提折旧108万元，未计提过减值准备。该房屋出租的年租金80万元（不含增值税），增值税税率为9%；月折旧额3万元。2×22年底（出租3年后）公司将此项房屋出售600万元，增值税54万元。不考虑其他因素。

（1）2×19年底将此项自用房屋结转为经营性出租。

（2）每月计提此项出租房屋的折旧。

（3）收到此项出租房屋的年租金80万元和增值税72 000元存入银行。

（4）2×22年底（出租3年后）公司将此项房屋出售，价税款545万元收存银行。

（5）结转出售此项房屋的账面价值。

［**要求**］根据资料，按照成本模式计量编制有关会计分录。

第六章
固定资产

第一节　固定资产概述

一、名词解释

1. 固定资产

2. 原始价值

3. 净值

二、填空题

1. 固定资产指为________、________、________或经营管理而持有的、使用寿命超一年的________________。

2. 固定资产的确认，首先要符合________________；其次，还需要同时满足两个条件：（1）________________；（2）________________。

3. 固定资产按照使用情况分类，可以分为________、________和________三类。

4. 固定资产的计量基础有：____________、________________、________________。

三、单项选择题

1. 下列各项中，属于将一项资产确认为固定资产前提的是(　　)。

A. 使用寿命一年以上

B. 单位价值较高

C. 符合固定资产定义

D. 与该资产有关的经济利益很可能流入企业

2. 企业为建造固定资产而发生的专项借款利息，在固定资产达到预定可使用状态后发生的，应列为(　　)。

A. 在建工程成本　　B. 财务费用

C. 销售费用　　D. 管理费用

3. 下列各项中，应列为固定资产的是(　　)。

A. 企业购置的，并已投入使用的监控设备

B. 正在安装过程中的生产设备

C. 转为持有待售的房屋建筑物

D. 有偿取得的土地使用权

4. 企业购置需要安装设备的安装成本应列为(　　)。

A. 固定资产成本　　B. 未确认融资费用

C. 管理费用　　D. 制造费用

5. 企业已达到预定可使用状态，但尚未办理竣工决算的固定资产，可先按(　　)入账，待实际价值确定后再进行调整。

A. 计划成本　　B. 重置成本

C. 市场价格　　D. 估计入账价值

6. 下列各项中，不应计入固定资产入账成本的是(　　)。

A. 购置固定资产发生的运杂费　　B. 购置固定资产发生的采购人员差旅费

C. 购置固定资产发生的包装费　　D. 购建固定资产发生的安装调试费

7. 下列各项中，不应计入购建固定资产入账成本（一般纳税人企业）的是(　　)。

A. 购进固定资产应支付的增值税专用发票所列增值税额

B. 固定资产建设工程领用库存原材料应负担的增值税进项税额

C. 固定资产改扩建过程中发生的工程支出

D. 进口固定资产支付的关税、消费税

8. 下列各项中，关于固定资产初始计量（一般纳税人企业）的表述正确的是(　　)。

A. 购入旧固定资产的入账价值是出售单位该资产的原值，加上运输费和安装成本

B. 建造固定资产专项借款的利息支出，应计入固定资产的建造成本

C. 自行建造的固定资产，按建造该资产竣工前发生的全部支出作为入账成本（不含按规定可以抵扣的增值税）

D. 融资租入的固定资产应按照租赁开始日租赁资产公允价值与最低租赁付款额现值两者中较低者，加上初始直接费用作为入账成本

9. 建造固定资产而发生的专项借款利息，在固定资产达到预定可使用状态前发生（符合资本化条件的）的，应记入的账户是(　　)。

A. “在建工程”账户　　B. “财务费用”账户

C. “销售费用”账户　　D. “管理费用”账户

10. 下列各项中，属于企业投资转入固定资产入账成本确认的依据是(　　)。

A. 投资单位固定资产账面价值　　B. 市场价格

C. 评估确认的原价　　D. 投资合同或协议约定的价值

11. 下列各项中，属于盘盈固定资产、接受捐赠固定资产入账价值确定的计量基础是(　　)。

A. 原始价值　　B. 重置价值

C. 公允价值　　D. 现值

12. 下列各项中，属于反映企业固定资产实际占用的资金额，即现有价值的是(　　)。

A. 原始价值　　B. 重置价值

C. 重置完全价值　　D. 净值

四、多项选择题

1. 下列各项中，属于固定资产的基本特点有(　　　)。

A. 使用寿命超过一年　　B. 是有形资产

C. 不使用中不会发生价值损耗　　D. 用于生产经营活动，不是为了出售

2. 下列各项中，应计入固定资产的入账价值（一般纳税人企业）的有(　　　)。

A. 买价　　B. 运输费、包装费、途中保险费

C. 专用发票所列的增值税　　D. 安装成本

3. 下列各项与固定资产购建相关的支出，构成固定资产入账价值的有(　　　)。

A. 达到预定可使用状态前的专业人员服务费

B. 支付的耕地占用税、车辆购置税、契税

C. 固定资产投入使用后发生的符合资本化条件的后续支出

D. 自营在建工程达到预定可使用状态前发生的借款利息（符合资本化条件）

4. 下列各项中，关于固定资产初始计量的表述正确的有(　　　)。

A. 盘盈的固定资产，按同类或类似固定资产的市场价格，减去按该项资产的新旧程度估计折旧后的余额，作为入账价值

B. 接受捐赠的固定资产，应按照同类或类似固定资产的市价作为入账价值

C. 融资租入固定资产应按照租赁资产的公允价值作为入账价值

D. 固定资产改扩建过程中回收残料价值是计入固定资产入账价值的

5. 下列各项中，应列为企业固定资产的有(　　　)。

A. 融资租入生产设备　　B. 购置计算机硬件附带购入的软件

C. 经营性租入的房屋　　D. 投资性房地产

6. 下列各项资产，不应在“固定资产”账户反映的有(　　　)。

A. 在安装过程中的生产设备　　B. 专项用于出租的房屋、建筑物

C. 融资租入的固定资产　　D. 划分为持有待售的固定资产

7. 下列各项中，不能对固定资产账面原值进行调整的有(　　)。

A. 为了维护固定资产的正常运转和使用，对固定资产进行必要的维护和修理

B. 国有企业改制为股份制公司对固定资产评估的增值

C. 根据确认的实际发生成本调整原暂估入账价值

D. 计提固定资产减值准备

8. 下列各项，可以对已入账的固定资产原始价值进行调整的有(　　)。

A. 固定资产大修工程支出　　B. 将固定资产的一部分拆除

C. 发现原记的固定资产价值有误　　D. 增加补充设备

五、判断题

1. 固定资产是指同时具有以下特征的有形资产，一是使用寿命超过一个会计年度；二是企业单位价值较高的主要劳动资料。(　　)

2. 固定资产是企业的劳动资料，企业拥有的工具、模具、管理用具等，也属于劳动资料，所以，也应当列为固定资产进行核算。(　　)

3. 企业环保设备、安全设备等资产，有助于企业从相关资产获得经济利益，或者将减少企业未来经济利益的流出，只要符合固定资产定义和确认条件的，应将其确认为固定资产。(　　)

4. 固定资产建设工程在达到预定可使用状态前，由于某些特殊原因发生非正常中断的现象，其中断期间发生的借款费用，不计入所购建固定资产的成本。(　　)

5. 固定资产的入账价值，应当包括为取得固定资产而交纳的增值税、消费税、契税、耕地占用税、车辆购置税等相关税费。(　　)

6. 历史成本具有客观性和可验证性的特点，因而它成为固定资产的基本计量标准，同时它也是计提固定资产折旧的基本依据。(　　)

7. 固定资产进行改建、扩建，应将改建、扩建过程中取得的变价收入，也应冲减计入相应的固定资产入账价值。(　　)

8. 企业的购置旧的固定资产、接受捐赠旧的固定资产，其入账价值应是该项固定资产的净值。(　　)

9. 专项用于固定资产建设的长期借款、应付债券按期计提的应付利息，应计入所建的固定资产成本。(　　)

10. 企业消防设备、监控设备等是不能给企业带来直接经济利益的，所以不能作为固定资产进行核算。(　　)

11. 企业发生的借款费用属于专项用于固定资产建设的，并且是在竣工决算前的，应计入固定资产的入账价值，其余均应列为财务费用。(　　)

12. 企业融资租入固定资产应视同自有固定资产；季节性、大修理停用的固定资产，不在生产经营活动中发挥作用，应列为未使用固定资产。(　　)

13. 企业持有并准备增值后转让的房屋、土地使用权，是企业专项用于投资的资产，也应列为固定资产。(　　)

六、业务核算题

练习固定资产的计价

［资料］1. 某公司为一般纳税人企业，购置一台需要安装的设备，支付增值税专用发票所列的设备买价200万元，增值税26万元，支付专用发票所列的运费5 000元，增值税450元。设备安装过程中领用库存原材料1万元，购进该批物资时支付的增值税额为1 300元。设备安装过程中发生安装工程人员的职工薪酬为5万元。

2. 某公司为一般纳税人企业，购置一项生产设备，支付增值税专用发票所列的买价30万元，增值税39 000元；支付增值税专用发票所列的运输费2 000元，增值税180元；支付普通发票所列的包装费、保险费1 500元。设备当即投入安装，安装过程中领用工程物资2万元；领用生产用库存原材料实际成本5 000元，原增值税进项税额650元；领用自产库存商品生产成本6万元，市场售价9万元，增值税率为13%。设备安装完毕交付使用。

3. 某企业为小规模纳税人，购入一项生产设备，支付增值税专用发票所列的货款15万元，增值税19 500元；支付普通发票所列的运输费2 000元，包装费500元。应负担辅助生产车间自营安装的工程成本15 000元。设备安装完工交付生产使用。

［要求］根据资料，计算确定固定资产的入账价值。

第二节 固定资产的取得

一、填空题

1. “固定资产”账户期末借方余额反映____________；“在建工程”账户期末借方余额反映____________。

2. 企业应设置“____________”“____________”进行固定资产的明细分类核算。

3. “在建工程”账户可按照“______________”“____________”“____________”“______________”以及单项工程等进行明细核算。

4. 企业按合同向承建企业预付工程款，应借记“________”账户；固定资产达到预定可使用状态后剩余的工程物资，转作库存材料的会计处理是按其成本________。

二、单项选择题

1. 下列各项中，企业购入不需要安装生产设备，达到预定可使用状态的，应按其入账成本借记的账户是(　　)。

A. “工程物资”账户　　B. “在建工程”账户

C. “固定资产”账户　　D. “在建工程”或“固定资产”账户

2. 下列各项中，企业购买固定资产的价款超过正常信用条件而延期支付的，实质上具有融资性质，固定资产的入账成本是(　　)。

A. 购买价款　　B. 公允价值

C. 购买价款 + 融资费用　　D. 购买价款的现值

3. “固定资产卡片”是进行固定资产明细核算的账簿，它一般是按照(　　)设置的。

A. 固定资产项目　　B. 固定资产类别

C. 固定资产类别、项目　　D. 固定资产使用部门

4. 下列各项中，属于固定资产建设工程领用库存原材料，结转记入“在建工程”账户的依据是(　　)。

A. 实际成本 + 应负担的进项税额　　B. 实际成本

C. 市场价格 + 应负担的进项税额　　D. 市场价格

5. 下列各项中，属于固定资产建设工程领用自产产品，记入“在建工程”账户的依据是(　　)。

A. 市场价格　　B. 生产成本

C. 生产成本 + 售价 × 增值税税率　　D. 生产成本 + 应负担的进项税额

6. 下列各项中，属于“固定资产”账户和“在建工程”账户的期末借方余额反映的内容是(　　)。

A. 固定资产现有价值和在建工程成本

B. 固定资产净值和未达到可使用状态的在建工程成本

C. 固定资产原值和未达到可使用状态的在建工程成本

D. 固定资产原值和达到可使用状态的在建工程成本

7. 一般纳税人企业，购入需要安装的生产设备直接交付安装，专用发票所列的增值税额应记入的账户是(　　)。

A. “在途物资”账户　　B. “工程物资”账户

C. “在建工程——在安装设备”账户　　D. “应交税费——应交增值税”账户

8. 某公司为增值税一般纳税人，自营方式建造生产设施，领用工程物资成本的 300 万元，专用发票所列的增值税 39 万元；领用原材料一批，实际成本成本 20 万元，增值税进项税额 2.6 万元；领用本公司所生产的产品一批，成本为 80 万元，该产品适用增值税税率为 13%，销售价格为 100 万元；发生的在建工程人员的职工薪酬 50 万元。生产设施已达到预定可使用状态，不考虑其他因素，该项固定资产的入账成本为(　　)万元。

A. 511.6　　B. 465.6

C. 452.6　　D. 450

9. 某公司的注册资本为400万元，现接受乙公司以一台设备进行投资：设备的原价为200万元，已计提折旧30万元；投资各方经协商确认投入资产的价值为160万元（未取得增值税专用发票），合同约定乙公司的资本额为公司注册资本的25%。假定不考虑其他相关税费，此项投入固定资产的入账价值为(　　)万元。

A. 170　　B. 160

C. 130　　D. 100

10. 下列各项中，属于企业采用出包方式建造固定资产，按合同规定预付的工程款，应借记的账户是（　　）。

A. “应付账款”账户　　B. “预付账款”账户

C. “在建工程”账户　　D. “其他应收款”账户

11. 中大公司于年初从银行取得一项2年期借款500万元，专项用于自建一条流水生产线，年利率为6%。借款取得时一次全部用于工程建设。建设工程领用本企业生产的A产品一批，实际成本为16万元，产品售价为20万元，增值税税率13%；领用库存原材料一批，实际成本1万元，增值税进项税额为1 300元。工程建设期为一年，工程如期完工并达到预定可使用状态。该项固定资产的入账成本是(　　)万元。

A. 517　　B. 547

C. 549.13　　D. 551.13

12. 下列各项中，属于取得融资租入固定资产进行明细核算需要登记的是(　　)。

A. 固定资产卡片、固定资产登记簿　　B. 固定资产登记簿、固定资产备查簿

C. 固定资产备查簿、固定资产卡片　　D. 固定资产竣工单、固定资产备查簿

三、多项选择题

1. 下列各项中，应通过“在建工程”账户核算的有(　　)。

A. 融资租入不需要安装的固定资产　　B. 购入需要安装的固定资产

C. 固定资产的改、扩建工程　　D. 不应计入固定资产入账价值的后续支出

2. 下列各项中，以自营方式建造固定资产，应计入固定资产成本的有(　　)。

A. 工程领用库存原材料购进时的增值税进项税额

B. 工程人员的职工薪酬

C. 工程领用本公司商品产品的实际成本

D. 工程达到预定可使用状态前进行试运转时发生的支出

3. 一般纳税人企业购置固定资产发生的下列各项支出，应计入固定资产的入账价值的有(　　)。

A. 买价+运输费　　B. 增值税专用发票所列的增值税

C. 支付消费税、契税、车辆购置税　　D. 安装工程成本

4. 下列各项中，关于固定资产建造工程物资发生盘亏、报废、毁损的净损失的会计处理，正确的有(　　)。

A. 工程项目尚未达到预定可使用状态的，计入所建工程项目的成本

B. 工程项目已达到预定可使用状态后的，列为营业外支出

C. 工程项目已达到预定可使用状态后的，列为管理费用

D. 工程项目尚未达到预定可使用状态的，列为营业外支出

5. 下列各项中，不能列入“固定资产”账户进行核算的有(　　)。

A. 正在改、扩建中的固定资产

B. 经营性租入的设备

C. 融资租入的需要安装的设备，正在安装中

D. 预付的工程款

6. 下列各项中，关于固定资产的取得会计处理的表述，不正确的有(　　)。

A. 在建工程领用库存存货，一般纳税人企业需要进行增值税的账务处理

B. 购入需要安装设备直接交付安装的，应借记“在建工程——安装工程”账户

C. 购入旧的固定资产，其入账价值是出售单位该资产的原值

D. 自建固定资产结转形成固定资产的时间点是达到预定可使用状态

7. 下列各项中，属于进行固定资产明细核算应设置的账簿有(　　)。

A. 固定资产卡片　　B. 固定资产登记簿

C. 固定资产备查簿　　D. 固定资产盘点盈亏报告表

四、判断题

1. 企业购入需要安装的固定资产，应通过“在建工程”账户进行核算；企业购入不需要安装的固定资产，应通过“工程物资”账户进行核算。(　　)

2. 企业接受其他单位的固定资产投资时，“固定资产”账户和“实收资本”账户均应按照投资合同约定的价值入账。(　　)

3. 企业在建工程领用库存原材料，应按照其成本和增值税进项税额之和，计入在建工程成本。(　　)

4. 企业以一笔款项购买多项没有单独标价的固定资产时，应当按照各项固定资产公允价值比例对总成本进行分配，分别确定各项固定资产的入账价值。(　　)

5. 企业购建固定资产支付的增值税，全部可以列为“进项税额”进行抵扣，而不必计入固定资产的成本。(　　)

6. 企业在建工程领用本公司生产的商品产品，应按产品的成本和按销售价格确定增值税销项税额之和，计入在建工程成本。(　　)

7. 企业专项用于固定资产购建的长期借款发生的利息支出，在达到预定可使用状态前发生的（符合资本化条件），应计入固定资产的建造成本；在达到预定可使用状态后发生的，则应作为当期财务费用处理。(　　)

8. 企业外购固定资产取得专用发票的增值税是可以抵扣的，不计入固定资产成本；接受投资、接受捐赠、非货币资产交换取得的固定资产是不存在“进项税额”的。(　　)

9. “固定资产”账户可按固定资产类别和项目进行明细核算；“在建工程”账户可按单项工程项目进行明细核算。(　　)

10. 购入工程物资验收入库的，应借记“工程物资”账户；直接交付工程使用的，应

借记“在建工程”账户。（　）

五、业务核算题

（一）练习固定资产取得的核算

[资料] 某公司（一般纳税人企业）发生有关固定资产取得的经济业务如下：

1. 购买不需要安装生产设备一台，增值税专用发票所列的价款200万元，增值税税率为13%；普通发票所列不能单独计价的控制设施及软件等相关费用10万元。价税款以银行存款支付，设备交付生产使用。

2. 公司购入一台需要安装的机器设备一台，发生有关经济业务如下：

（1）购入设备，专用发票列明的货款为50万元，增值税65 000元；专用发票列明的运输费为3 000元，增值税270元。价税款以银行汇票支付，设备直接交付安装；

（2）安装设备时，领用本公司原材料一批，价值3万元，购进该批原材料支付的增值税额为3 900元；

（3）领用本公司所生产的产品一批，成本为5万元，市场售价7万元，增值税税率为13%；

（4）结转安装人员的职工薪酬15 000元；

（5）设备安装完毕交付车间使用。

3. 公司自行建造一条流水生产线（生产设施），发生有关经济业务如下：

（1）以存款购入为工程准备的各种物资300万元，专用发票所列增值税额为39万元；

（2）领用工程物资300万元；

（3）领用生产用的原材料一批，实际成本为6万元，购进的增值税为7 800元；

（4）结转工程人员的职工薪酬20万元；

（5）公司辅助生产车间为工程提供有关劳务，应分摊成本12万元；

（6）工程达到预定可使用状态，交付生产使用。

4. 公司以出包方式委托城西建筑公司购建一项固定资产，工程总造价为预计为300万元（不含增值税）。1月20日按规定预付工程款70万元；5月10日，结算工程进度款，取得的增值税专用发票所列的本期应付工程进度款200万元，增值税18万元，以存款结算支付本次工程进度价税款；7月20日工程达到预定可使用状态，审价确认的工程造价为320万元，以银行存款补付专用发票所列工程款120万元，增值税108 000元。固定资产经验收后交付生产使用。

[要求] 根据资料，编制必要的会计分录。

（二）继续练习固定资产取得的核算

［资料］某公司为一般纳税人企业，本期发生有关固定资产取得的经济业务如下：

1. 公司从交易市场购入一辆二手汽车，该汽车出售单位账面原值为45万元，已提折旧12万元，双方确认的售价为30万元，增值税为39 000元，取得增值税专用发票，价税款以银行存款支付，汽车交付使用。假定不考虑其他因素。

2. 公司的注册资本为800万元，接受乙公司以一台不需要安装设备进行投资，该台设备的原价为90万元，已计提折旧15万元，已计提固定资产减值准备3万元，投资合同约定的价值为70万元，并约定此项投资占公司注册资本的6%。此项业务未取得专用发票。

3. 公司接受乙公司捐赠的设备一台，该设备乙公司的账面原值为50万元，已提折旧10万元。捐赠设备未取得发票，经确认同类型设备市场售价55万元，按照新旧程度估计的折旧为12万元。5日收到捐赠设备，直接交付安装；20日设备达到预定可使用状态，以银行存款支付专用发票所列的安装费2万元，增值税1 800元。

4. 公司自建一条流水生产线（生产设备），购入工程建设所需的各种设备、物资150万元，支付的增值税额为19.5万元（取得专用发票），验收后一次全部直接用于工程建设；工程建设领用库存原材料一批，实际成本为3万元，购进的增值税进项额为3 900元；领用本企业生产的A产品一批，生产成本为20万元，产品售价为30万元，增值税税率为13%；工程人员应计职工薪酬18万元。工程完工并达到预定可使用状态，交付生产使用。

［要求］根据资料，编制必要的会计分录。

第三节　固定资产折旧

一、名词解释

1. 固定资产折旧

2. 预计净残值

3. 年限平均法

二、填空题

1. 固定资产由于____________和____________的客观存在，所以固定资产一般均应计提折旧。

2. 固定资产折旧是指在固定资产____________内，按照确定的方法对____________进行的系统分摊。

3. 固定资产折旧率是指固定资产折旧额与____________之比，它反映固定资产的损耗程度。可分为____________、____________、____________三种。

4. 固定资产折旧的计算方法有____________、____________、________________和____________四种，其中，快速折旧法是____________ 、____________。

三、单项选择题

1. 下列各项中，属于固定资产的应计折旧额（未发生减值）是(　　)。

A. 固定资产原值－实际净残值　　B. 固定资产原值－累计折旧

C. 固定资产原值＋预计清理费用　　D. 固定资产原值－预计净残值

2. 固定资产折旧率是指固定资产折旧额与固定资产原值之比。下列各项中，不是折旧率计算公式的是(　　)。

A. （1－预计净残值率）÷预计使用年限

B. {[固定资产原值×(1－预计净残值率)] ÷预计使用寿命}÷固定资产原价

C. 预计净残值÷原固定资产原价

D. 固定资产原值×(1－预计净残率)÷预计总工作量

3. "累计折旧"账户是"固定资产"账户的备抵账户，期末余额在贷方，但按照性质"累计折旧"账户属于(　　)账户。

A. 负债类　　B. 资产类

C. 双重性　　D. 权益类

4. 下列各项固定资产，不应计提折旧的是(　　)。

A. 季节性、大修理停用的固定资产　　B. 融资租入固定资产

C. 已提足折旧继续使用的固定资产　　D. 当月减少的固定资产

5. 下列各项固定资产，应计提折旧的是(　　)。

A. 当月购入并投入使用的机器　　B. 以经营租赁方式租入的生产用设备

C. 已提足折旧继续使用的厂房　　D. 未使用、不需用的固定资产

6. 以一个逐期递减的折旧率乘以一个固定基数计算各期固定资产应提折旧额的方法是(　　)。

A. 工作量法
B. 双倍余额递减法
C. 平均年限法
D. 年数总和法

7. 工作量法将固定资产折旧额与其使用期间的负荷相关联，有一定的合理性。它适用于(　　)。

A. 使用不均衡大型机械、大型施工设施、运输设备
B. 房屋、建筑物
C. 技术进步较快的生产设备
D. 预计使用寿命较短的固定资产

8. 某公司固定资产折旧采用年限平均法，6 月份期初应计提折旧的固定资产原值 9 000 万元，6 月份增加了一项固定资产入账成本为 600 万元，6 月份减少了固定资产原值为 200 万元。下列各项中，属于该公司 6 月应提折旧的固定资产原值是(　　)万元。

A. 9 000
B. 9 600
C. 8 800
D. 9 400

9. 某项固定资产原值为 31 000 元，预计使用寿命为 5 年，预计净残值为 1 000 元，按双倍余额递减法计提折旧，则第二年末该固定资产的账面净值为(　　)元。

A. 11 160
B. 12 640
C. 11 800
D. 13 000

10. 某项固定资产原值 400 万元，预计使用寿命为 5 年，预计净残值为 19.2 元，采用双倍余额递减法计提折旧。至 2019 年 12 月 31 日，该设备已使用 3 年，账面净值为 86.4 万元，未计提过固定资产减值准备，不考虑其他因素，该设备 2020 年应计提的折旧额为(　　)万元。

A. 43.2
B. 34.56
C. 33.6
D. 26.88

11. 某公司 2019 年 12 月 28 日自行建造的一条生产线投入使用，该生产线建造成本为 370 万元，预计使用年限为 5 年，预计净残值为 10 万元。采用年数总和法计提折旧，2020 年应计提的折旧额为(　　)万元。

A. 120
B. 123.33
C. 10
D. 72

12. 某公司一项机器设备采用工作量法计提折旧：原值为 200 万元，预计使用寿命为 10 年，预计生产产品产量为 800 万件，预计净残值率为 4%，本月生产产品 5 万件。则该台机器设备的本月折旧额为(　　)万元。

A. 8.33
B. 0.8
C. 1.2
D. 1.25

四、多项选择题

1. 下列各项中，属于固定资产折旧的影响因素有(　　)。

A. 固定资产原值
B. 固定资产预计使用寿命
C. 固定资产折旧方法
D. 固定资产预计净残值

2. 下列各项中，属于确定固定资产预计使用寿命，应当考虑的因素有(　　)。

A. 该资产的预计生产能力或实物产量

B. 该资产预计的有形损耗

C. 该资产使用的法律或者类似规定的限制

D. 该资产预计的无形损耗

3. 下列各项固定资产，不应计提折旧的有(　　)。

A. 融资租入固定资产　　B. 当月增加的固定资产

C. 已提足折旧继续使用的固定资　　D. 大修理停用的固定资产

4. 下列各项中，属于固定资产计提折旧一开始，就需要考虑其预计净残值的折旧方法有(　　)。

A. 年限平均法　　B. 工作量法

C. 双倍余额递减法　　D. 年数总和法

5. 下列各项固定资产，应计提折旧的有(　　)。

A. 未提足折旧提前报废的固定资产　　B. 经营性出租固定资产

C. 当月减少的固定资产　　D. 未使用的固定资产

6. 下列各种固定资产折旧计算方法，折旧率是固定的方法有(　　)。

A. 工作量法　　B. 年限平均法

C. 双倍余额递减法　　D. 年数总和法

7. 下列各种固定资产折旧计算方法，属于直线法的有(　　)。

A. 年限平均法　　B. 工作量法

C. 双倍余额递减法　　D. 年数总和法

8. 下列各项中，属于计提固定资产折旧可能列支的账户有(　　)。

A. “生产成本——基本生产成本”账户

B. “制造费用”账户

C. “其他业务成本”账户

D. “研发支出”账户

9. 2020年12月20日，某企业一项设备，原值为200万元，预计使用年限为10年，预计净残值为1万元。下列各项中，按双倍余额递减法计提折旧结果的表述正确的有(　　)。

A. 2021年的折旧额为19.9万元　　B. 应计提折旧总额为199万元

C. 年折旧率为10%　　D. 2021年的折旧额为40万元

五、判断题

1. 固定资产折旧是将企业固定资产的取得成本在其使用寿命内进行合理分摊，使之合理地收回投资，它与企业损益的计算确定是无关联的。(　　)

2. 固定资产使用寿命一般是指固定资产预期使用的年限，也可以用该资产所能生产的产品或提供服务的数量来表示。(　　)

3. 企业应当根据固定资产的性质和使用情况，确定固定资产的预计使用年限和预计

净残值，一经确定，不得随意变更。（ ）

4. 应计折旧额是指应当计提折旧的固定资产净值扣除其净残值后的金额。已计提减值准备的固定资产，还应当扣除已计提的固定资产减值准备累计金额。（ ）

5. 企业当月增加的固定资产，当月应计提折旧；当月减少的固定资产，当月不提折旧。（ ）

6. 年限平均法下，企业计提折旧固定资产的基数是月末应计提折旧的固定资产原值。（ ）

7. 企业融资租入固定资产应视同自有固定资产计提折旧；季节性、大修理停用的固定资产应列为未使用固定资产，不应计提折旧。（ ）

8. 固定资产折旧的双倍余额递减法是不考虑预计净残值的；年限平均法、工作量法和年数总和法是均应考虑固定资产的预计净残值。（ ）

9. 融资租入固定资产，租入企业需要计提折旧；经营性出租固定资产，出租企业应计提折旧。（ ）

10. 年限平均法和工作量法计提折旧的特点是每期提取的折旧额是相等的。（ ）

11. 采用直线法计提固定资产折旧，应该按照月初在用固定资产的账面原值乘以固定的月折旧率计算。（ ）

12. 采用年数总和法计提固定资产折旧，应该按照固定资产原值减去预计净残值后的余额乘以逐年递减的折旧率计算应提折旧额。（ ）

13. 固定资产折旧方法的年限平均法属于直线法，而工作量法、双倍余额递减法、年数总和法则属于加速折旧法。从收支配比的要求看直线法比加速折旧法更为合理。（ ）

14. 企业无论采用何种方法计提固定资产折旧，最终都是要考虑预计净残值的。（ ）

15. 双倍余额递减法是以不变的固定资产净值为基数，以逐年递减的折旧率计算各期折旧额，各期折旧额前多后少，逐年递减，体现加速折旧法的优点。（ ）

16. 已达到预定可使用状态，但尚未办理竣工决算的固定资产不应计提折旧。（ ）

六、业务核算题

（一）练习固定资产折旧计算年限平均法的运用

[**资料**] 某公司为一般纳税人，购入设备一台，专用发票所列的价款 25 万元，增值税 32 500 元；专用发票所列的运输费 1 000 元，增值税额为 90 元；普通发票所列的包装费、装卸费 800 元（含增值税）。设备当即投入安装，安装过程中领用库存原材料实际成本 2 000 元，原进项税额为 260 元；安装人员的职工薪酬 6 200 元。设备安装完毕交付使用。该项固定资产预计使用寿命为 8 年，预计净残值率为 4%。

[**要求**]

1. 计算该设备的入账成本；
2. 采用年限平均法计算该项固定资产的年折旧率、月折旧率、年折旧额、月折旧额。

（二）练习固定资产折旧工作量法的运用

［资料］某公司的一台设备原价为110万元，预计生产工时为8万小时，预计净残值率为4%，本月设备开动工时为700小时。

［要求］采用工作量法计算该台设备的本月折旧额。

（三）练习固定资产折旧年数总和法和双倍余额递减法的运用

［资料］

1. 某公司自行建造的一条生产线投入使用，该生产线建造成本为555万元，预计使用年限为5年，预计净残值为15万元，不考虑其他因素。

表6－1　各年折旧额计算表（年数总和法）　金额单位：万元

时间	尚可使用年限	原值—预计净残值	年折旧率	年折旧额	累计折旧	年末账面折余价值

2. 某公司一项生产设备，初始入账价值为10万元，预计使用寿命为5年，预计净残值率为2%，不考虑其他因素。

表6－2　各年折旧额计算表（双倍余额递减法）　金额单位：元

时间	年初账面净值	年折旧率	年折旧额	累计折旧	年末账面折余价值

3. 某公司2×20年6月购入一台设备，初始入账价值800万元，设备当月达到预定可使用状态，预计使用寿命为5年，预计净残值为8万元，不考虑其他因素。

［要求］

1. 根据资料1，采用年数总和法计算各期折旧额，并填入表6-1。
2. 根据资料2，采用双倍余额递减法计算各期折旧额，并填入表6-2。
3. 根据资料3，采用年数总和法计算2×21年该设备应计提的折旧额。

（四）练习计提固定资产折旧的账务处理

［资料］ 某公司5月份计提固定资产折旧的有关资料见表6-3。

表6-3　固定资产折旧计算汇总表　单位：元

使用部门	固定资产项目	上月折旧额	上月增加固定资产		上月减少固定资产		本月折旧额
			原值	月折旧额	原值	月折旧额	
基本生产车间	厂房	6 000					
	机器设备	59 000	230 000	2 400	116 000	1 500	
	小计	65 000	230 000	2 400	116 000	1 500	
无形资产研发	厂房	5 000					
	机器设备	12 000	175 000	2 100			
	小计	17 000	175 000	2 100			
厂部	房屋	13 000					
	设备设施	7 000	20 000	300	50 000	1 000	
	交通工具	5 000					
	小计	25 000	20 000	300	50 000	1 000	
专设销售机构	房屋	1 500					
出租	机器设备	3 000					
总　计							

［要求］ 根据资料计算完成表6-3，并据以编制本月计提固定资产折旧的会计分录。

第四节　固定资产的后续支出

一、填空题

1. 固定资产的后续支出可以分为两类：____________、____________。企业对原有固定资产的更新改造、装修工程等，一般属于____________的后续支出。

2. 固定资产不符合资本化条件的后续支出，应当在费用发生时直接计入________。车间发生的固定资产修理费用，属于________化的后续支出，应列入“________”账户。

二、单项选择题

1. 下列各项中，属于反映企业改扩建中固定资产的账户是(　　)。
A.“固定资产”账户　　B.“工程物资”账户
C.“在建工程”账户　　D.“固定资产清理”账户

2. 下列各项中，应计入购建固定资产入账成本的是(　　)。
A. 固定资产发生的大修理费用
B. 公司管理自行建造固定资产项目发生的管理费用
C. 固定资产改扩建工程人员的职工薪酬
D. 固定资产改扩建工程领用库存原材料应负担的增值税进项税额

3. 固定资产改建扩建过程中取得的残料变价收入，应记入的账户是(　　)。
A.“其他业务收入”账户　　B.“在建工程”账户
C.“营业外收入”账户　　D.“固定资产清理”账户

4. 下列各项中，属于专设销售机构固定资产修理费用计列的账户是(　　)。
A.“主营业务成本”账户　　B.“其他业务成本”账户
C.“销售费用”账户　　D.“管理费用”账户

5. 下列各项中，应列为长期待摊费用的是(　　)。
A. 经营性租入固定资产的改建（装修）支出
B. 生产经营用固定资产的（符合资本化条件）更新改造支出
C. 固定资产发生的大修理费用
D. 预付固定资产改扩建工程的工程款

6. 下列各项中，不必通过“在建工程”账户核算的是(　　)。
A. 正在进行改扩建固定资产的净值　　B. 需要安装的固定资产
C. 固定资产改扩建工程发生支出　　D. 固定资产费用化的后续支出

7. 某企业对一座办公楼进行更新改造，该办公楼原值 1 000 万元，已计提折旧 500 万元。更新改造过程中发生支出 300 万元（不含可以抵扣的增值税），被替换拆除部分的账面原值为 200 万元。则更新改造后办公楼的入账价值为(　　)万元。

A. 700　　B. 600

C. 1 100　　D. 1 300

三、多项选择题

1. 下列各项中，属于固定资产后续支出的有(　　)。

A. 对厂房进行改造其结构使其更加坚固耐用

B. 对生产设备更新改造，以提高设备的生产能力

C. 对原有固定资产进行装修

D. 对固定资产进行的修理和维护

2. 下列各项中，一般纳税人企业应计入固定资产入账价值的有(　　)。

A. 更新改造固定资产原账面价值

B. 固定资产更新改造工程发生的支出

C. 固定资产更新改造过程中回收残料价值

D. 固定资产更新改造工程、维护修理购入物资专用发票所列的增值税

3. 企业修理固定资产发生的费用（非小企业），可能列支的账户有(　　)。

A. 主营业务成本　　B. 管理费用

C. 制造费用　　D. 销售费用

四、判断题

1. 固定资产后续支出是指固定资产在使用过程中发生的更新改造、计提折旧、计提减值和进行修理等方面的支出。　(　　)

2. 与固定资产有关的后续支出，符合资本化条件的，应当计入固定资产成本；不符合资本化条件的，应当在发生时计入当期损益。　(　　)

3. 固定资产发生的后续支出，同时满足下列两个条件的，应列为资本化支出，计入固定资产成本：①支出达到取得固定资产成本 50% 以上；②使固定资产的使用寿命延长 2 年以上。　(　　)

4. 对原有固定资产进行改建、扩建，应将改建、扩建过程中发生的各项支出计入改建、扩建后固定资产的入账价值。对于改建、扩建过程中取得的变价收入，应作为固定资产清理净收益转入营业外收入。　(　　)

5. 固定资产修理费用（非小企业），无论大修理或中小修理，应当在费用发生时直接计入当期损益。　(　　)

6. 企业生产车间发生的固定资产日常修理费用应确认为制造费用。　(　　)

五、业务核算题

练习固定资产后续支出的账务处理

[资料] 某公司为增值税一纳税人，本期发生有关固定资产后续支出的经济业务

如下：

1. 公司决定对现有生产线设备进行更新改造，以提高其生产力能力，发生有关经济业务如下：

（1）生产线设备账面原值260万元，已计提折旧150万元。设备交付更新改造。

（2）设备进行更新改造，购入专用物资一批直接交付工程使用，以存款支付的专用发票列明的货款为50万元，增值税65 000元；发生的工程施工人员的职工薪酬为30万元；更新改造过程中取得的残料作为辅助材料验收入库，作价5万元。

（3）设备更新改造工程达到预定可使用状态，交付生产使用，结转工程成本。

2. 公司以自营方式对房屋进行维修，领用原材料（修理用备件）15 000元，发生修理人员职工薪酬3万元。其中车间厂房占30%；厂部用房占50%；专设销售机构用房占20%。

3. 月末结转辅助生产机修车间成本：生产车间设备修理应负担55 000元；对厂部设施修理应负担15 000元；出租设备修理应负担5 000元。

4. 公司对专设销售机构用房进行修理（修缮服务），以存款支付专用发票列明的修理费为2万元，增值税1 800元。

［**要求**］根据资料，编制必要的会计分录。

第五节　固定资产租赁

一、填空题

1. 固定资产租赁按其性质可以分为____________和____________两类。

2. 企业经营性租入固定资产，应列为________；经营性租入固定资产发生的初始直接费用（如合同签订、中介费等），应当列为________。

3. 一般企业（非融资租赁企业）出租固定资产应当作为____________在资产负债表中列示；经营出租固定资产取得的收入应列为____________；出租固定资产计提的折旧应列为____________。

二、单项选择题

1. 下列各项中，属于企业（非小企业）预付一年期以上经营租入固定资产租金，应计列的账户是(　　)。

A.“长期待摊费用”账户　　　　B.“其他应收款”账户

C.“预付账款”账户　　D.“未确认融资费用”账户

2. 下列各项中，属于企业经营性租入固定资产应付未付的租金，应计列的账户是(　　)。

A.“预付账款”账户　　B.“其他应付款”账户

C.“长期待摊费用”账户　　D.“长期应付款”账户

3. 企业用于赚取租金的房屋、建筑物，应确认为(　　)。

A. 固定资产——出租固定资产　　B. 长期股权投资

C. 投资性房地产　　D. 其他非流动资产

4. 企业融资租入固定资产达到预定可使用状态时，应进行的会计处理是(　　)。

A. 列为固定资产　　B. 列为代管物资

C. 列为在建工程　　D. 列为其他长期资产

5. 企业（非小企业）融资租入的固定资产，应按照(　　)加上初始直接费用作为其初始成本入账。

A. 租赁资产公允价值

B. 最低租赁付款额现值

C. 租赁资产公允价值与最低租赁付款额现值两者中较低者

D. 租赁资产公允价值与最低租赁付款额现值两者中较高者

6. 下列各项中，属于企业出租固定资产取得收入应计列的项目是(　　)。

A. 其他业务收入　　B. 营业外收入

C. 其他收益　　D. 资本公积

三、多项选择题

1. 下列各项中，应列为本企业固定资产的有(　　)。

A. 经营租入固定资产　　B. 经营租赁租入固定资产的改良工程支出

C. 融资租入固定资产　　D. 经营出租固定资产

2. 企业支付经营租入固定资产当期的租赁费，可能列支的账户有(　　)。

A. 制造费用　　B. 销售费用

C. 研发支出　　D. 管理费用

3. 下列各项中，关于融资租入固定资产的会计处理正确的有(　　)。

A. 列入“固定资产”账户

B. 与自有固定资产一样计提折旧

C. 这也是会计信息质量实质重于形式要求的体现

D. 融资租入固定资产的未确认融资费用也应计入固定资产入账价值

四、判断题

1. 经营性出租的固定资产，使用者是租入企业，所以，应由租入方计提折旧，出租方不必计提折旧。(　　)

2. 企业经营性租入的固定资产，支付租赁费用，应通过“长期待摊费用”账户，分摊计入各期成本费用。（　　）

3. 企业支付经营租入固定资产租赁费，取得增值税专用发票的增值税，应列为“进项税额”；企业出租固定资产收入应计的增值税，应列为的“销项税额”。（　　）

4. 企业融资租入的固定资产，最低租赁付款额与确认的固定资产初始入账成本的差额，应确认为未确认融资费用。（　　）

5. 企业经营租赁固定资产发生的直接费用和应交增值税以外的相关税费，应列为其他业务成本。（　　）

6. 企业租入固定资产的租赁费应列为制造费用或管理费用，出租固定资产计提的折旧应列为其他业务成本。（　　）

五、业务核算题

（一）练习固定资产经营租赁的核算

[**资料**] 甲公司将一项生产设备租赁给乙公司使用，发生的有关经济业务如下：

1. 甲公司（出租方）出租的生产设备（未使用）的有关经济业务为：

（1）生产设备原值245万元，预计使用寿命为20年，已提折旧100万元，设备交付乙公司，予以结转。

（2）租赁期5年，年租金为30万元，增值税税率为13%。第一年的价税款33.9万元收存银行。

（3）每月对此项设备计提折旧1万元。

（4）第二年租金已到约定收款期，乙公司未能如期支付，价税款33.9万元尚未收到。

（5）以存款支付此项设备应由出租方承担的专用发票所列的使用指导劳务费8 000元，增值税480元。

（6）租期满后公司收回此项设备，设备暂列为未使用固定资产。

2. 乙公司（租入方）租入生产设备的有关经济业务为：

（1）租入时，以银行存款支付专用发票所列相关直接费用9 000元，增值税540元。

（2）收到租入设备，交付生产车间使用。(不考虑安装工程)

（3）设备年租金30万元。以存款支付专用发票所列的第一年租赁费30万元，增值税39 000元。

（4）第二年合同约定租金付款期已到，出租方开出的专用发票已收到，因缺少货币资金而暂未支付价税款33.9万元。

（5）租期满后A公司收回设备。

[**要求**] 根据上述资料，编制必要的会计分录。

（二）练习融资租入固定资产的核算

［**资料**］和力公司融资租入一项固定资产，发生有关经济业务如下：

（1）公司以融资方式租入一台需要安装设备，设备公允价值为200万元，双方商定的最低租赁付款额为250万元（不含增值税），最低租赁付款额的现值为190万元，以存款支付普通发票所列的运杂费5 000元。租入设备收到验收后直接交付安装。

（2）以存款支付专用发票所列的租入设备安装费5万元，增值税4 500元。

（3）租入设备安装完成，达到预定可使用状态，交付生产使用。

（4）租赁期限5年，每年以存款支付租赁费50万元，增值税65 000元（取得增值税专用发票）。

（5）租赁期满，租入固定资产的所有权转归公司。

［**要求**］根据上述资料，编制必要的会计分录。

第六节　固定资产处置、清查和减值

一、填空题

1. 固定资产的处置是固定资产退出企业，包括固定资产的________、________、________、对外投资、重组债务、对外捐赠等。固定资产出售以外的处置清理，应通过“____________”账户进行核算。

2. 固定资产清理取得的残料收入、确认保险赔款等，应贷记“__________”账户；处置固定资产收入应交的增值税，应贷记“__________”账户。

3. 固定资产在使用过程中，由于存在有形损耗和无形损耗以及其他原因，导致其__________低于其__________，这种情况应确认为固定资产减值。

4. 企业出售固定资产的净损益，应列为__________；毁损报废固定资产的净损失，应列为__________。

二、单项选择题

1. 下列各项中，不属于固定资产清理的是(　　)。

A. 固定资产报废　　B. 固定资产毁损

C. 固定资产盘亏　　D. 固定资产对外投资

2. 下列各项中，属于企业发生固定资产毁损应通过的核算账户是(　　)。

A. “在建工程”账户　　B. “固定资产清理”账户

C. “待处理财产损溢”账户　　D. “管理费用”账户

3. 下列各项中，属于企业报废固定资产取得残值收入应贷记的账户是(　　)。

A. “营业外收入”账户　　B. “投资收益”账户

C. “固定资产清理”账户　　D. “其他业务收入”账户

4. 企业投资转出固定资产，符合非货币性资产交换条件的，转出资产净损益与投资确认价值的差额列为当期损益，计列为(　　)。

A. 营业外收入或营业外支出　　B. 资产处置损益

C. 其他业务收入或其他业务成本　　D. 投资收益

5. 企业发现固定资产盘盈，应作为前期会计差错处理，通过的核算账户是(　　)。

A. “待处理财产损溢”账户　　B. “营业外收入”账户

C. “以前年度损益调整”账户　　D. “长期应付款”账户

6. 下列各项中，属于固定资产盘亏净损失审批后结转应计列的账户是(　　)。

A. “其他业务成本”账户

B. “管理费用”账户

C. “营业外支出——盘亏损失”账户

D. “营业外支出——非常损失”账户

7. 已计提减值准备的固定资产，以后其可收回金额又高于其账面价值的，正确会计处理是(　　)。

A. 冲减已提减值准备　　B. 不得冲减已提减值准备

C. 将已提减值准备转为营业外收入　　D. 恢复固定资产账面价值

8. 某企业出售一项固定资产，原值32万元，已提折旧15万元，取得收入103 000元(其中应交增值税2 000元)，支付清理费用3 000元。不考虑其他因素，该企业出售此项固定资产的净损益是(　　)。

A. 资产处置损益（损失）70 000元　　B. 营业外收入72 000元

C. 营业外支出72 000元　　D. 资产处置损益（损失）72 000元

9. 企业已计提减值准备的固定资产报废清理，其已计提的减值准备，应结转计列的账户是(　　)。

A. “其他业务成本”账户　　B. “管理费用”账户

C. “固定资产清理”账户　　D. “营业外支出”账户

10. 下列各项中，属于企业预计将在近期出售，且满足划分为持有待售相关条件的固定资产应列为（　　　）。

A. 待处理非流动资产　　B. 持有待售资产

C. 固定资产清理　　D. 待处理流动资产

11. 某企业 2×19 年 12 月购置的一项生产设备，原值为 200 万元，预计使用寿命 10 年，预计净残值 10 万元，2×20 年 12 月计提减值准备 15 万元。不考虑其他因素，2×20 年 12 月末该企业此项设备的账面价值是(　　)万元。

A. 166　　B. 165

C. 175　　D. 181

三、多项选择题

1. 下列各项中，应通过“固定资产清理”账户核算的有(　　)。

A. 固定资产更新改造支出　　B. 报废固定资产的残值收入

C. 固定资产毁损的净损失　　D. 固定资产盘亏的账面价值

2. 下列各项中，结转固定资产清理净损益，可能借记或贷记的账户有(　　)。

A. “营业外支出——非流动资产毁损报废净损失”账户

B. “营业外收入——非流动资产毁损报废利得”账户

C. “营业外支出——非常损失”账户

D. “资产处置损益”账户

3. 下列各项中，属于“固定资产清理”账户借方登记的内容有(　　)。

A. 转入清理的固定资产净值　　B. 发生的清理费用

C. 结转固定资产清理的净损失　　D. 结转固定资产清理的净收益

4. 下列各项中，属于结转固定资产报废净损益可能计列的账户有(　　)。

A. “管理费用”账户　　B. “营业外收入”账户

C. “投资收益”账户　　D. “营业外支出”账户

5. 下列各项中，不属于“固定资产清理”账户核算内容的有(　　)。

A. 固定资产盘亏　　B. 出售划分为持有待售的固定资产

C. 固定资产对外捐赠　　D. 固定资产大修理

6. 下列各账户，计算确定固定资产账面价值应依据的账户有(　　)。

A. “固定资产”账户　　B. “累计折旧”账户

C. “固定资产减值准备”账户　　D. “在建工程”账户

7. 企业期末对固定资产进行检查，如果发现存在下列(　　)情况，应当计算固定资产的可收回金额，以确定资产是否已经发生减值，并计提相应的固定资产减值准备。

A. 企业所处经营环境，如技术、市场、经济或法律环境，在当期或近期发生重大变化，并对企业产生负面影响

B. 固定资产陈旧过时或发生实体损坏等

C. 固定资产预计使用方式发生重大不利变化，如企业计划终止或重组该资产所属的经营业务、提前处置资产等情形，而对企业产生负面影响

D. 固定资产市价大幅度下跌，其跌幅大大高于因时间推移或正常使用而预计的下跌，并且预计在近期内不可能恢复

四、判断题

1. 企业固定资产出售、报废、毁损的净损益，均应结转计入营业外收入或营业外支出。（　）

2. 企业清查发现的固定资产盘盈，应作为前期会计差错处理，通过“以前年度损益调整”账户进行核算。（　）

3. 企业固定资产盘盈是不通过“待处理财产损溢”账户核算的；但固定资产的毁损和盘亏，均应通过“待处理财产损溢”账户进行核算。（　）

4. 固定资产报废和毁损，均列为固定资产清理，无论是正常原因造成，还是非正常原因造成，其账务处理是相同的。（　）

5. 企业应定期对固定资产账面净值进行检查，如果账面净值低于其可收回金额的，应根据其差额计提固定资产减值准备。（　）

6. 企业发现盘盈、盘亏的固定资产，应通过“以前年度损益调整”账户进行核算。（　）

7. 固定资产出售、报废以及由于意外事故、自然灾害而产生的毁损，均应通过“固定资产清理”账户核算，发生的净损益，应直接转入本年利润。（　）

8. 企业出租固定资产和出售固定资产应交的增值税以外的税费，应列入“税金及附加”账户。（　）

9. 固定资产的报废、毁损、对外捐赠，应通过“固定资产清理”账户核算，其发生的清理净损益，应计列为营业外收支。（　）

10. 固定资产计提减值后，固定资产的账面价值发生变化，其以后期间应提折旧额、月折旧额均应加以调整计算。（　）

11. 企业出售持有待售固定资产的净损益应列为资产处置损益，未列为持有待售固定资产的出售、处置和报废毁损产生的净损益应列为营业外收支。（　）

五、业务核算题

（一）练习固定资产处置清理的账务处理

［资料］某公司为增值税一般纳税人，本期发生固定资产处置清理的经济业务如下：

1. 某设备（2008年6月购置）无法正常使用（已列为不需用）经批准予以报废，原值为60万元，已提折旧55万元，清理过程中以存款支付普通发票所列的清理费用3 000元，残料变价收入款共计26 780元存入银行（其中增值税780元）。报废清理完毕。

2. 某项已转为未使用的设备（2015年5月购置）经批准转为持有待售资产，原值为20万元，预计使用寿命为5年，累计已提折旧12万元，出售取得收入113 000元（含增值税，增值税税率为13%）存入银行；以银行存款支付专用发票所列的清理费用6 000元，增值税540元。设备出售清理完毕。

3. 公司以一台在用设备对甲公司进行投资，设备的原值为80万元，累计已计提折旧30万元，已计提固定资产减值准备1万元，双方经协商确认的投资价值为57万元。此项投资不符合非货币性资产交换的两个条件，无清理费用，投资设备已经交付甲公司。

4. 因遭受台风导致原值为100万元，已提折旧65万元的厂房报废；清理时以银行存款支付普通发票所列的费用2万元，取得残料作原材料入库，作价5万元银行存款（不考增值税）；公司财产已投保，保险公司赔偿清单注明赔偿金额为20万元，款未到账。此项净损失于当期结转。

[要求] 根据上述资料，编制必要的会计分录。

（二）练习固定资产盘点盈亏和减值的账务处理

[资料] 某公司为增值税一般纳税人，本期发生有关固定资产盘点盈亏和减值的经济业务如下：

1. 公司在财产清查中发现盘盈设备一台，其重置价值为15万元，有六成新，估计折旧6万元。

2. 清查发现盘亏一项生产设备，原值为30万元，已提折旧12万元。（不考虑增值税的计算结转）

3. 盘盈设备审批后进行结转。所得税税率为25%，法定盈余公积提取比例为10%。

4. 盘亏生产设备审批后结转完毕。

5. 年末，公司对一项使用不太正常的设备进行检测，发现存在减值迹象，设备账面原值60万元，预计净残值率为5%，预计使用寿命为8年，已提折旧为37.5万元。经确认设备公允价值（净值）为20万元，清理处置费用预计为5 000元；设备尚可使用期间和处置的预计未来现金流量的现值为21万元。确认其发生的减值。

6. 上述固定资产计提减值后，预计尚可使用年限为2年，预计净残值率不变。计算确定其计提减值后的年折旧额、月折旧额。

[要求] 根据上述资料，完成相关计算并编制必要的会计分录。

（三）继续练习固定资产取得、折旧和处置的核算

［**资料**］甲公司为一般纳税人，本期购建一套生产线设备，发生的有关经济业务如下：

1. 2×20年7月1日，为购建该生产线向建设银行专门借款300万元，款项存入银行。该借款期限为3年，年利率为7.2%，到期一次还本付息。次日用此项借款购入生产线设备：专用发票注明的买价为420万元，增值税54.6万元；专用发票注明的运输费70 000元，增值税6 300元；普通发票注明装卸费5 000元。价税款以存款支付，设备直接交付工程。

2. 生产线建设工程，领用本公司产品一批，该批产品实际成本为15万元，市场售价20万元，增值税税率为13%。

3. 工程施工人员应计职工薪酬159 500元。

4. 银行存款支付专用发票注明的工程施工费用70 000万元，增值税6 300元。

5. 2×20年12月31日，计提本年（半年）应计借款利息（本金按300万元计算）。

6. 2×20年12月31日，工程达到预定可使用状态，生产线投入生产使用。

7. 该生产线预计使用寿命6年，采用年限平均法按月计提折旧（预计净残值率为4%）。

8. 2×22年12月31日（2年后），甲公司该生产线设备予以出售，划转为持有待售固定资产。

9. 2×23年1月出售此项资产，以存款支付专用发票所列的出售此项资产的清理费用5万元，增值税4 500元；出售该生产线设备所得款项339万元（含增值税，增值税税率为13%），款项全部存入银行。设备清理完毕交付购买单位，结转此项出售资产的净损益。

［**要求**］根据上述资料，完成下列会计业务处理：

1. 2×20年度用此项借款，购建生产线设备及年末计提利息的会计分录。

2. 按年限平均法计算该生产线设备的年折旧额、月折旧额，并编制按月计提折旧的会计分录。

3. 2×22年底至2×23年1月出售该生产线设备有关的会计分录。

第七章 无形资产和长期待摊费用

第一节 无形资产

一、名词解释

1. 无形资产

2. 可辨认资产

3. 专利权

二、填空题

1. 无形资产是指企业拥有或控制，____________的可辨认的____________。

2. 无形资产一般包括________、________、________、________、________和________等。

3. 企业自行研究开发无形资产发生的支出，应当于发生时记入“________”账户。属于研究阶段的支出，应分期转入________________；开发阶段的发生符合资本化条件的支出，应结转记入“________________”账户。

4. 无形资产一般应自________________起，按________________进行摊销。

5. 企业出租无形资产的收入应列为________________，出租无形资产的摊销应列为________________。出售无形资产的净损益应列为________________。

三、单项选择题

1. 下列各项中，应列为无形资产的是(　　)。

A. 商誉　　B. 行政划拨的土地使用权

C. 政府授予的特许权　　D. 外购专利权

2. 下列各项中，属于无期限的无形资产是(　　)。

A. 非专利技术　　B. 专利权

C. 商标权　　D. 土地使用权

3. 下列各项中，属于企业自行研发并依法申请取得的无形资产，申请取得前研究阶段发生的费用，应计入的项目是(　　)。

A. 无形资产价值　　B. 研发支出

C. 长期待摊费用　　D. 制造费用

4. 企业自行研发非专利技术共发生支出700万元，其中：研究阶段发生支出200万元；开发阶段发生支出500万元，其中符合资本化条件的支出为320万元。不考虑其他因素，该研发活动应计入当期损益的金额为(　　)万元。

A. 200　　B. 320

C. 380　　D. 520

5. 下列各项中，属于出租无形资产的收入应计列的账户是(　　)。

A. 营业外收入　　B. 资本公积

C. 其他业务收入　　D. 主营业务收入

6. 下列各项中，关于企业行政划拨未入账的土地使用权有偿转让，按规定补交的土地出让金的会计处理，正确的是(　　)。

A. 作为固定资产价值处理　　B. 作为无形资产处理

C. 作为当期损益处理　　D. 作为长期待摊费用处理

7. 下列各项中，属于“研发支出”账户的期末借方余额反映的内容是(　　)。

A. 企业正在进行研发项目费用化的支出

B. 企业研发项目发生成本

C. 企业正在进行研发项目满足资本化条件的支出

D. 企业正在进行研发项目发生的各项支出

8. 无形资产预期不能为企业带来经济利益的，应予以报废，其账面价值应计列入(　　)。

A. 营业外支出　　B. 管理费用

C. 其他业务成本　　D. 资产减值损失

9. 下列各项中，不会引起无形资产账面价值发生增减变动的是(　　)。

A. 对无形资产计提减值准备　　B. 摊销无形资产

C. 无形资产可收回金额大于账面价值　　D. 转让无形资产所有权

10. 出售无形资产的净收益，应列为(　　)。

A. 其他业务收入　　B. 资本公积
C. 资产处置损益　　D. 投资收益

11. 下列各项中，应列为管理费用的是(　　)。
A. 开发无形资产发生的支出　　B. 生产经营用无形资产的摊销
C. 出售无形资产的净损益　　D. 计提无形资产减值准备

12. 投资者投入无形资产的入账成本是(　　)。
A. 无形资产的公允价值　　B. 投资方无形资产的账面价值
C. 投资合同或协议约定的价值　　D. 同类或类似无形资产的市价

13. 企业结转自行研发无形资产发生的费用化支出，应借记的账户是(　　)。
A. “研发支出”账户　　B. “管理费用”账户
C. “无形资产”账户　　D. “营业外支出”账户

14. 确定无形资产摊销期限，对来源于合同性权利或者其他法定权利，而且合同规定或法律规定有明确使用年限的，其摊销期限（预计使用寿命）的确定是(　　)。
A. 合同规定或法律规定的年限
B. 参考历年经验，合理加以估计
C. 不应超过合同规定或法律规定的年限
D. 不应超过10年

15. 下列各项中，关于无形资产摊销的表述不正确的是(　　)。
A. 使用寿命不确定的无形资产不必进行摊销
B. 无形资产应当自取得当月起进行摊销
C. 无形资产有预计残余价值的，应在摊销时应予以扣除
D. 无形资产的摊销是不可能计入相关资产成本的

16. 无形资产减值是无形资产可收回金额低于其(　　)的差额。
A. 公允价值　　B. 账面余额
C. 账面价值　　D. 预计未来现金流量

17. 下列各项中，关于无形资产的会计处理表述正确的是(　　)。
A. 出售无形资产的净损益计入营业外收支
B. 出租无形资产的摊销计入其他业务成本
C. 外购和自创商标权均应列为无形资产
D. 已确认的无形资产减值在以后的会计期间可以转回

四、多项选择题

1. 下列各项中，属于无形资产基本特征的有(　　)。
A. 有偿取得　　B. 是可辨认的资产
C. 未来经济利益的不确定性　　D. 必须是企业自用的

2. 下列各项中，应列为无形资产的有(　　)。
A. 外购著作权
B. 行政划拨的土地使用权

C. 有偿取得的土地使用权

D. 自行研究开发无形资产研究过程中发生的支出

3. 下列各项中，关于无形资产摊销的表述正确的有(　　　　)。

A. 无形资产应当自取得当月起进行摊销

B. 无形资产的应摊销金额为其入账价值（成本）

C. 需要摊销的无形资产，仅是使用寿命确定的无形资产

D. 无形资产摊销的预计使用寿命，是按合同规定或法律规定的年限确定的

4. 下列各项中，属于无形资产摊销可能列支的账户有(　　　　)。

A. “其他业务成本”账户　　B. “管理费用”账户

C. “制造费用”账户　　D. “销售费用”账户

5. 下列各项中，属于应计入自行研发取得专利权入账价值的有(　　　　)。

A. 取得专利权发生的注册费　　B. 取得专利权发生的聘请律师费

C. 研究阶段发生的费用　　D. 开发阶段发生的符合资本化条件的支出

6. 下列各项中，关于无形资产会计处理的表述正确的有(　　　　)。

A. 无形资产均应确定预计使用年限并分期摊销

B. 有偿取得的自用土地使用权应确认为无形资产

C. 研发无形资产开发阶段支出应全部确认为无形资产

D. 无形资产减值损失一经确认在以后会计期间不得转回

7. 下列各项中，关于自行研发无形资产的表述不正确的有(　　　　)。

A. 研究阶段的支出，应当资本化，确认为无形资产

B. 研究阶段的支出，应当费用化，月末转入当期损益

C. 研发支出，应当区分研究阶段支出与开发阶段支出

D. 开发阶段的支出，一律资本化，确认为无形资产

8. 下列各项中，能引起无形资产账面价值发生增减变动的有(　　　　)。

A. 摊销无形资产　　B. 转让无形资产所有权

C. 发生无形资产的后续支出　　D. 对无形资产计提减值准备

9. 企业自行研发项目开发阶段的支出，确认为无形资产应同时满足的条件有(　　　　)。

A. 具有完成该无形资产并使用或出售的意图

B. 归属于该无形资产开发阶段的支出能够可靠地计量

C. 完成该无形资产以使其能够使用或出售在技术上具有可行性

D. 有足够的技术、财务资源和其他资源支持，以完成该无形资产的开发，并有能力使用或出售该无形资产

10. 某公司为增值税一般纳税人，2×20年1月10日购入一项无形资产，增值税专用发票所列的价款为990万元，增值税59万元，该项无形资产的预计使用寿命为5年，按月进行摊销，预计净残值为零。下列关于该项无形资产的会计处理中，正确的有(　　　　)。

A. 2×20年1月10日取得该项无形资产的入账成本为990万元

B. 该项无形资产应自2×20年2月起开始摊销

C. 该项无形资产的预计净残值为零，应计摊销额为1 049万元

D. 至2×20年12月末该项无形资产的累计摊销为198万元

五、判断题

1. 无形资产的取得成本应该能够可靠地计量。凡是取得成本不能可靠计量的不具有实物形态的资产，不能确认为无形资产。 ( )

2. 企业无形资产不论是外购的，还是自创的，都是受法律保护的。 ( )

3. 企业拥有或控制的土地使用权、商标权，都应作为无形资产入账核算。 ( )

4. 无形资产出租和无形资产出售的收入均应列为其他业务收入。 ( )

5. 当无形资产预期不能为企业带来经济利益的，应将该项无形资产的账面价值予以转销，计入转销当月的营业外支出。 ( )

6. 企业选择无形资产的摊销方法，应当反映与该项无形资产有关的经济利益预期实现方式。无法可靠确认预期实现方式的，应当采用直线法摊销。 ( )

7. 企业确认为无形资产的非专利技术，在生产过程中使用与某种产品制造密切相关，其摊销金额应记入制造费用。 ( )

8. 企业自行开发无形资产，发生的研究开发费用，会计核算上应将其全部列为当期管理费用。 ( )

9. 商誉是不具有实物形态的资产，并也能够给企业带来经济利益，但其存在无法与企业自身分离，不具有可辨认性，所以，不能列为无形资产。 ( )

10. 企业需要摊销的无形资产仅是指使用寿命有限的那部分，使用寿命不确定的无形资产不必进行摊销。 ( )

11. 企业无法可靠区分研究阶段和开发阶段支出的，应当将其所发生的研发支出全部费用化，计入当期损益。 ( )

12. 企业所持有的无形资产其账面成本低于其可收回金额的，其差额应确认为无形资产减值，记入“资产减值损失”账户。无形资产减值损失一经确认，在以后会计期间不得转回。 ( )

13. 商标权是指企业专门在某种指定的产品或商品上使用特定的名称、图案和标记的权利。企业拥有的商标权均应列为无形资产。 ( )

14. 无形资产确认入账后发生的后续支出，符合资本化条件的应计入“无形资产”账户；不符合资本化条件的则计入当期损益。 ( )

15. 某项无形资产不再受法律保护，且不能给企业带来经济利益，则应将其账面价值结转计列为资产处置损益。 ( )

16. 无形资产的应摊销金额为其成本扣除预计残值后的金额。已经计提减值准备的无形资产，还应扣除已累计计提的无形资产减值准备。 ( )

六、业务核算题

（一）练习无形资产取得的核算

［资料］某公司为增值税一般纳税人，本月发生有关无形资产的经济业务如下：

1. 从技术市场购入一项商标权，专用发票所列的价款 16 万元，增值税 9 600 元；普通发票所列的注册登记费、律师费用等5 000元。价税款以银行存款支付，该项专利权已投入使用。

2. 接受H公司以某项非专利技术向本企业投资，投资协议确定的价值25万元，按比例确认的资本额为15万元，取得的票据为普通发票。该项非专利技术已投入使用。

3. 本公司接受外单位捐赠一项著作权，捐赠单位提供专用发票确认的价值为8万元，增值税4 800元。并以存款支付普通发票所列的相关费用7 000元。

4. 为适应生产经营的需要，公司有偿取得一项土地的使用权，使用年限为50年，以存款支付增值税普通发票所列的土地出让金6 000万元。已办妥相关手续。

5. 公司自行研究开发一项新技术，研究阶段研究试验过程中领用原材料10万元，应付职工薪酬25万元，应负担的固定资产折旧费2万元。

6. 月末，将上述研究阶段发生的支出予以转销。

7. 公司上述自行开发项目，取得初步成功，进入开发阶段，发生应付职工薪酬15万元；以存款支付增值税专用发票所列的专项服务费5万元，增值税3 000元。经确认开发阶段支出全部符合资本化条件。

8. 上述自行开发项目，取得成功，申请取得专利权。以存款支付专用发票所列登记及律师费用16 000元，增值税960元，并结转开发阶段的资本化支出。

[要求] 根据上述经济业务，编制必要的会计分录。

（二）练习无形资产出租、出售和处置等业务的核算

[资料] 某公司为增值税一般纳税人，本月发生有关无形资产的经济业务如下：

1. 本月公司无形资产摊销资料如下（见表7－1）：

表7－1 **无形资产摊销表**

2×20年6月 金额单位：元

项目	无形资产账面余额	摊销期限	每月摊销
土地使用权	60 000 000	50年	100 000
专利权A	216 000	5年	3 600
商标权	165 000	10年	1 375
著作权（出租）	86 400	6年	1 200
合计	60 467 400	/	106 175

2. 公司出租的著作权，本月取得出租收入3万元，增值税1 800元，款项转存银行。以存款支付普通发票所列的此项出租业务的技术指导费7 000元，应付职工薪酬6 000元。

3. 公司出售一项商标权，账面余额165 000元，累计摊销为49 500元，取得收入15万元，增值税税率为6%（其他税费略），价税款收存入银行。此项商标权未计提过减值

准备。

4. 公司于检查发现某项专利权 A 由于技术进步等原因已不能为企业带来经济利益，应予以报废转销。该专利权账面成本 216 000 元，已累计摊销 129 600 元，已计提无形资产减值准备 1 万元。

5. 年末公司对现有无形资产进行检查，各项无形资产的账面价值与可收回金额对比资料如下（见表 7－2）。计算提取本期应计提的无形资产减值准备。

表 7－2

项　目	账面价值确定				可收回金额	减值
	账面成本	累计摊销	已提减值准备	余 额		
土地使用权	60 000 000	3 600 000	/	56 400 000	90 000 000	
著作权	86 400	35 200	8 000	43 200	35 040	8 160
非专利技术	250 000	（使用寿命不确定）	20 000	230 000	220 000	10 000

6. 公司用于出租的著作权，账面成本 86 400 元，预计使用年限为 6 年，已使用 3 年，累计已计摊销 35 200 元，已提减值准备 16 160 元，重新估计尚可使用 2 年，确定该项专利权从下月起每月应计的摊销额，并对其进行账务处理。

［要求］ 根据上述经济业务，编制必要的会计分录。

（三）继续练习无形资产的核算

［资料］ 大源公司发生有关无形资产的业务如下：

1. 2×20 年 1 月购入一项特许经营权，以存款支付专用发票所列的价款 170 万元，增值税 10.2 万元，并以存款支付普通发票所列的相关费用 10 万元。该项无形资产交付使用。

2. 上述购入的特许经营权合同约定的有效使用年限为 8 年，公司确定的预计使用寿命为 6 年。按月进行该项无形资产的摊销。

3. 2×20 年 12 月 31 日，由于与该无形资产相关的经济因素发生不利变化，致使其发生减值，公司估计可收回金额为 147 万元。计提此项无形资产的减值准备。

4. 计提减值后，该无形资产的预计使用寿命不变，2×21 年 1 月起按月进行此项无形资产的摊销。

5. 2×21 年 12 月 31 日，由于与该无形资产相关的经济因素发生继续不利变化，致使其继续发生减值，公司估计的可收回金额为 111.6 万元。

6. 2×21 年 12 月计提减值后，该无形资产公司估计的预计使用寿命为 5 年，即还可使用 3 年。2×22 年 1 月起按月进行此项无形资产的摊销。

7. 2×23 年 12 月 31 日公司将此项无形资产出售，取得含税收入 371 000 元，其中增值税 21 000 元（不考虑其他税费）。价税款收存银行，资产交付购买单位。

［要求］根据上述经济业务，编制必要的会计分录。

第二节　长期待摊费用

一、填空题

1. 长期待摊费用是指企业____________，应由____________负担的，摊销期在1年以上的____________。

2. 企业经营租赁租入固定资产改良支出的摊销期限是____________。车间经营租赁方式租入固定资产改良支出的摊销应计入____________。

二、单项选择题

1. 下列各项中，应列为长期待摊费用的是(　　)。

A. 开办费

B. 经营性租入固定资产的改良支出

C. 购入1年期以上债券的交易费用

D. 长期借款的应付利息

2. 企业预付租入固定资产1年以上的租赁费应列为(　　)。

A. 主营业务成本　　B. 长期待摊费用

C. 固定资产或无形资产　　D. 制造费用或管理费用

3. 下列各项中，关于长期待摊费用会计处理的表述，不正确的是(　　)。

A. 长期待摊费用的摊销期一定在1年以上

B. 长期待摊费用是一项非流动资产

C. 长期待摊费用核算的正确与否，会影响企业资产，但不会影响企业利润

D. “长期待摊费用”账户可按费用项目进行明确核算

4. 下列各项中，关于经营性租入固定资产改良支出的摊销期限正确的是(　　)。

A. 租赁期限

B. 租赁资产尚可使用年限

C. 租赁期限与租赁资产尚可使用年限两者孰短的期限

D. 租赁期限与租赁资产尚可使用年限两者较长的期限

三、多项选择题

1. 下列各项中，应列为长期待摊费用的有(　　　)。
A. 预付租入固定资产 2 年的租金
B. 经营性租入固定资产改良支出
C. 固定资产大修理费用
D. 分期摊销法下，领用使用期为 24 个月的生产工具
2. 关于长期待摊费用，下列说法正确的有(　　　)。
A. 长期待摊费用的确认与摊销是权责发生制核算基础的具体体现
B. 小企业长期待摊费用的内容与执行具体准则的企业是不同的
C. 长期待摊费用的摊销是按照费用项目，在其受益期平均摊销
D. 企业经营性租入固定资产改良支出的摊销期限是租赁期限
3. 下列各项中，不应列为长期待摊费用的有(　　　)。
A. 生产车间固定资产更新改造支出　　B. 融资租入固定资产应付租赁费
C. 间隔期为 3 年的固定资产大修理支出　D. 预付租入固定资产 3 年的租赁费

四、判断题

1. 企业已经发生，应由以后各期负担的，摊销期在 1 年以上的各项费用，均应列为长期待摊费用。(　　)
2. 企业经营性租入固定资产的改良支出应在租赁期限内平均摊销。(　　)
3. 无形资产摊销和长期待摊费用摊销都应计入管理费用。(　　)
4. 企业发生修理间隔期在 1 年以上的大修理费用，领用使用期限在 1 年以上的低值易耗品，应列为长期待摊费用。(　　)

五、业务核算题

练习长期待摊费用的核算

[资料] 某公司为增值税一般纳税人，发生长期待摊费用的有关经济业务如下：

1. 公司专设销售机构租入经营用房屋两间，合同约定租赁期为 5 年，承租日以存款一次支付前 3 年的房租 27 万元（取得普通发票），房屋已交付使用。分别进行预付租赁费和 3 年租赁期内摊销租赁费的账务处理。

2. 生产车间以经营租赁方式租入一项生产设备，租赁期为 5 年，预计尚可使用年限为 10 年，公司对该设备进行改良。改良工程购入工程物资一批直接交工程使用，专用发票所列的买价 20 万元，增值税 26 000 元；应付职工薪金 4 万元。工程完工交付生产使用。分别进行发生工程支出、完工结转和分月摊销改良工程支出的账务处理。

[要求] 根据上述经济业务，编制必要的会计分录。

第八章
流动负债

第一节　流动负债概述

一、名词解释

1. 负债

2. 流动负债

二、填空题

1. 负债是指企业在________下已承担的义务；负债是企业承担的能够以__________的义务；企业现行的负债代表着企业__________的流出。

2. 企业负债按其流动性可分为__________和__________两大类。流动负债是指企业将在________内或者__________内偿还的各种债务。

三、单项选择题

1. 下列各项中，不属于流动负债的是(　　)。

A. 应交税费　　　　B. 应付职工薪酬

C. 应付及预收款　　　　D. 预计负债

2. 流动负债通常是按(　　)计价入账的。

A. 未来应付金额 B. 未来现金流量

C. 未来应付金额的现值 D. 负债本金加应付利息

3. 企业负债的形成是(　　)。

A. 现在的交易或者事项

B. 未来的交易或者事项

C. 过去的交易或者事项

D. 1 年或超过 1 年的一个营业周期的交易或者事项

4. 负债的实质是(　　)。

A. 企业承担的未来义务 B. 企业承担的现时义务

C. 企业承担和未承担的债务 D. 企业缺乏货币资金

5. 关于负债确认，正确的说法是(　　)。

A. 确认负债应同时满足下列两个条件：①与该义务有关的经济利益很可能流出企业；②未来流出利益的金额能够可靠地计量

B. 确认负债应符合定义，并是企业承担的现时义务

C. 符合负债定义并同时满足下列两个条件的，应确认为负债：①与该义务有关经济利益很可能流出企业；②未来流出利益的金额能够可靠地计量

D. 确认负债应同时满足下列两个条件：①符合负债定义；②与该义务有关的经济利益很可能流出企业

四、多项选择题

1. 下列各项中，属于负债的有(　　)。

A. 预收账款 B. 预付账款

C. 递延所得税负债 D. 盈余公积

2. 下列各项中，应列为流动负债的有(　　)。

A. 应付股利 B. 应付债券

C. 应交税费 D. 一年内到期的长期借款

3. 下列各项中，关于负债的说法正确的有(　　)。

A. 负债是能够用货币计量的

B. 负债是企业承担的现时义务

C. 企业承担的不能用货币计量的义务，也应确认为负债

D. 负债也是企业一项资金来源

4. 下列各项中，关于流动负债特点的表述，正确的有(　　)。

A. 偿还期限短

B. 是一年内必须偿还的债务

C. 举借目的是为了满足生产经营资金周转的需要

D. 需要用资产、提供劳务或者举借新的负债来偿还

五、判断题

1. 流动负债是指过去的交易、事项形成的现时义务，发生该义务预期会导致经济利益流出企业。（　）

2. “预计负债”是预先计提的负债，其实质是一项费用，而不是真正的负债。（　）

3. 负债是企业承担的现时义务，企业现时未承担（或不能）承担的义务不能确认为负债。（　）

4. 企业承担的不能用货币计量的义务（或承诺）不能确认为负债，但可以列为预计负债。（　）

5. 流动负债是指企业将在1年内偿还的各种债务。企业超过1年未能偿还的应付账款应转为非流动负债。（　）

第二节　短期借款和应付款项

一、名词解释

1. 应付账款

2. 预收账款

二、填空题

1. 短期借款是企业向银行或其他金融机构借入期限在____________的各种借款；短期借款的利息支出，应作为____________，计入当期损益。

2. 短期借款利息是按季支付的，或者是在借款到期时连同本金一起支付，且数额较大的，应通过“____________”账户，按月预提计入____________。

3. 应付账款的入账时间为________________________；应付账款的入账金额为____________；“应付账款”账户可按____________进行明细核算。

4. “预收账款”账户的期末贷方余额反映________；期末借方余额反映________。

5. 应付票据到期，如果企业无力支付票款，属于商业承兑汇票的，应转为____________；属于银行承兑汇票的，应转为____________。

三、单项选择题

1.“应付账款”账户属于双重性账户，其期末借方余额反映的是(　　)。

A. 预付的款项（应收款项）　　B. 预收的款项

C. 应付未付的款项　　D. 多付的应付账款

2. 企业应付票据到期，属于银行承兑汇票的，票款由承兑银行垫付，企业应将其票面金额转为(　　)。

A. 应付账款　　B. 其他应付款

C. 短期借款　　D. 财务费用

3. 企业购入物资过程中，因供应单位责任造成的途中短缺。经确认应由供应单位赔偿的款项，应记入的账户是(　　)。

A.“应收账款”账户　　B.“应付账款”账户

C.“其他应收款”账户　　D.“其他应付款”账户

4. 下列各项中，属于企业支付短期借款利息应借记的账户是(　　)。

A.“应付利息”账户　　B.“财务费用”账户

C.“短期借款”或“财务费用”账户　　D.“财务费用”或“应付利息”账户

5. 企业转销确实无法支付的应付账款，应按其账面余额结转记入的账户是(　　)。

A.“管理费用”账户　　B.“其他业务收入”账户

C.“财务费用”账户　　D.“营业外收入”账户

6.“预收账款”账户所属有关明细账户的期末借方余额，编制“资产负债表”时，应列入的项目是(　　)。

A.“应收账款”项目

B.“预付账款”项目

C.“预收账款”项目的抵减（或红字）

D.“应付账款”项目

7. 下列各项中，不应通过“应付账款”账户核算的是(　　)。

A. 购进材料、商品应付的价款

B. 购进材料、商品支付的增值税

C. 购进材料、商品已验收入库，但至月末仍未收到发票账单的暂估价款

D. 应付租金

8. 下列各项中，企业向投资者分配利润（应付股利）的会计处理正确的是(　　)。

A. 应付金额肯定的流动负债　　B. 应付金额视经营情况而定的流动负债

C. 应付金额须予以估计的流动负债　　D. 是一种长期负债

9. 下列各项中，属于企业签发并承兑的商业承兑汇票到期无法偿付的票款，应当进行的会计处理是(　　)。

A. 转作应付账款　　B. 转作短期借款

C. 不进行账务处理　　D. 转作其他应付款

10. 下列各项中，属于预收货款业务不多的企业，发生的预收货款应通过的核算账户

是(　　)。

A.“应收账款”账户　　B.“应付账款”账户

C.“预付账款”账户　　D.“其他应收款”账户

11. 下列各项中，企业购进材料、商品发生现金折扣的处理正确的是(　　)。

A. 实际发生时计入当期财务费用　　B. 按扣除现金折扣的金额确认应付款项

C. 实际发生时计入当期管理费用　　D. 列为营业外支出

12. 下列各项中，企业支付银行承兑汇票的承兑手续费应计列的是(　　)。

A. 营业外支出　　B. 财务费用

C. 管理费用　　D. 应付票据

13. 下列各项中，不应列财务费用的是(　　)。

A. 支付银行承兑汇票的承兑手续费　　B. 带息应付票据支付的票据利息

C. 短期借款的利息支出　　D. 专设销售机构人员的工资

14. 某公司本月从盛业公司购原材料一批，专用发票所列的货款10万元，增值税13 000元，材料已验收入库，款项尚未支付。合同中规定的现金折扣条件为：5/10，3/20，N/30，计算现金折扣不考虑增值税。不考虑其他因素，该公司应付账款的入账价值为(　　)元。

A. 100 000　　B. 113 000

C. 108 000　　D. 107 350

四、多项选择题

1. 下列各项中，应列入“应付账款”账户核算的有(　　)。

A. 不设“预付账款”账户企业，预付的款项

B. 不设“预收账款”账户企业，预收的款项

C. 接受劳务供应应付的款项

D. 货物验收入库，至月终仍未收到发票账单的暂估应付款

2. 下列各账户，属于双重性的账户有(　　)。

A.“预收账款”账户　　B.“应付账款”账户

C.“短期借款”账户　　D.“应付利息”账户

3. 下列各项中，关于应付款项的表述正确的有(　　)。

A. 企业支付电费、水费及其可以抵扣的增值税应借记的账户应是“应付账款”“应交税费——应交增值税（进项税额）”账户

B. 企业购入材料，货物验收入库，发票账单尚未收到的，应按合同价暂估入账

C.“应付账款”账户，可按债权人（对方单位）进行明细核算

D. 应付租金、存入保证金、代扣款应列为其他应付款

4. 下列各项中，应列为财务费用的有(　　)。

A. 实际发生并确认的购货现金折扣　　B. 支付银行承兑汇票手续费

C. 短期借款利息支出　　D. 支付职工社会保险费

5. 下列各项中，属于“其他应付款”账户核算内容的有(　　)。

A. 应付未付的包装物租金　　B. 应付未付的借款利息
C. 存入保证金　　D. 经营性租入固定资产发生的改良支出

6. 下列各项中，引起“应付票据”账户金额发生增减变动的有(　　)。
A. 开出承兑商业承兑汇票购买原材料
B. 转销到期无力支付票款的商业承兑汇票
C. 转销到期无力支付票款的银行承兑汇票
D. 支付银行承兑汇票的承兑手续费

五、判断题

1. 短期借款的利息应在支付时计入财务费用，不必通过“短期借款”账户核算。(　　)

2. 应付账款附有现金折扣的，企业应按照扣除现金折扣后的应付账款净额入账。(　　)

3. 企业接受外部供电、供水、供气、供热等劳务或产品，应在期末根据权责发生制核算基础的要求，结算应付数，并计列在“应付账款”账户的贷方。(　　)

4. “应付票据”“应付账款”和“预收账款”账户均属于负债类账户，总分类账和各有关明细账户的期末余额必定是在贷方的。(　　)

5. 企业可以将预收账款并入“应收账款”账户核算，这样“应收账款”账户有关明细账户的期末贷方余额，反映的就是企业的预收账款。(　　)

6. 不带息应付票据和带息应付票据，均应按票面金额计价入账。(　　)

7. 存入保证金是一项其他应收款，存出保证金是一项其他应付款。(　　)

8. 预收账款是企业的一项负债，所以“预收账款”账户的期末余额，一定是反映企业负债的。(　　)

9. 企业采购货物，货物已验收入库，但发票账单至月终仍未收到，应在月终按暂估价值借记“原材料”账户，贷记“应付账款”账户。(　　)

10. 企业在签发并承兑的商业承兑票据到期无力支付票款的，应当将应付票据转为应付账款。(　　)

11. “应付账款”“应交税费”是负债类账户，它们是不会出现期末借方余额的。(　　)

12. 企业持未到期的商业汇票向银行贴现，无论银行是否附有追索权，均应贷记“短期借款”账户。(　　)

13. 企业购入货物应付的款项，超过1年以上未能归还的，就应列为长期应付款。(　　)

14. 企业年度内分月计提经营租入固定资产的应付租金，发放职工工资结转的代扣款，都属于其他应付款。(　　)

六、业务核算题

（一）练习短期借款的核算

［资料］大华公司发生有关短期借款的经济业务如下：

1. 3月1日，因生产经营需要，从工商银行五湖支行取得一项为期3个月的临时借款30万元，年利率为4.8%；借款利息因数额不大，于6月1日借款到期时一并以存款还本付息。

2. 4月1日，公司因生产经营需要，从建设银行四海支行取得一项为期半年的生产周转借款200万元，年利率6%，借款利息按月提取，按季支付，到期还本。

（1）4月1日取得借款。

（2）4月和5月末计提利息。

（3）6月末支付此借款本季应付利息。

（4）7月和8月末计提借款利息。

（5）9月末归还借款本金、支付本季借款利息。

［要求］根据上述经济业务，编制必要的会计分录。

（二）练习应付账款和预收账款的核算

［资料］大华公司为增值税一般纳税人，本期发生有关应付账款和预收账款的经济业务如下：

1. 8月1日，公司从利丰公司购入原材料一批，专用发票所列货款10万元，增值税税率为13%。材料已验收入库，价税款尚未支付，合同规定的现金折扣（按货款）比例为“5/10，3/20，N/30”。公司原材料按实际成本计价核算。

2. 8月2日，公司按合同向五星公司预收货款6万元，款项收存银行。公司预收货款单独设置账户核算。

3. 8月10日，公司以存款支付东南公司上月购入原材料应付未付的款项33 900元。

4. 8月15日，公司向五星公司发售产品，计货款8万元，增值税10 400元。

5. 8月18日，以存款向利丰公司购入原材料的价税款（属10天以后、20天内付款），应计现金折扣3 000元，付款110 000元。

6. 8月20日，收到五星公司补付的购货款2万元，剩余款项五星公司拟下月付给。

7. 8月25日，公司经核准将一项确实无法支付的数年前应付盛利公司的购货款15 000元予以转销。

8. 8月26日，公司从和丰公司购入原材料一批，材料已验收入库，合同所列货款5万元，增值税6 500元。因发票账单尚未收到而暂时无法支付。

9. 8月31日，月末结计本月应付电费（城西电力公司）29 000元，其中，生产车间产品生产动力用电2万元，车间照明用2 000元，厂部照明用3 000元，开发无形资产项目用4 000元。

10. 8月31日，8月26日向和丰公司购入并验收入库的原材料，至月终仍未收到发票账单，按合同价款5万元暂估入账。

11. 9月1日，将向和丰公司购入材料上月末的暂估应付款予以冲销。

12. 9月5日，接银行通知本期电费30 00元，增值税3 900元，已从存款户划付。

13. 9月7日，8月26日向和丰公司购入的原材料，发票账单收到，货款55 000元，专用发票所列增值税7 150元，价税款先以存款支付5万元，其余暂欠。

［要求］

1. 根据上述经济业务编制必要的会计分录。

2. 设置并登记“预收账款——五星公司”的丁字形账户。

（三）练习应付票据和其他应付款的核算

［资料］大华公司为增值税一般纳税人，本期发生有关应付票据和其他应付款的经济业务如下：

1. 公司从A企业购入甲材料一批，专用发票所列货款5万元，增值税6 500元。材料已验收入库（按实际成本计价核算），企业签发并承兑一张为期3个月、不带息的商业承兑汇票支付价税款。

2. 公司从C企业购入乙材料一批，专用发票所列货款6万元，增值税7 800元，材料已验收入库（按实际成本计价核算）。价税款以公司签发并经开户银行承兑的一张为期2个月的带息银行承兑汇票支付，票面利率5.4%。银行承兑手续费1 200元（取得普通发票）以银行存款支付。

3. 向新星公司出租包装物一批，收取押金7 910元存入银行。

4. 公司上月从A企业购入材料的应付款款为39 000元，经协商公司签发并承兑一张为期1个月、不带息的商业承兑汇票抵付。

5. 期末，结转专设销售机构向达美公司租入房屋的本期应付租金3万元（不含增值税）。

6. 公司从C企业购入乙材料签发并经银行承兑的商业汇票到期，面值67 800元，应计利息610.20元（67 800×5.4%÷12×2），共计68 410.20元，以银行存款予以支付。

7. 公司从A企业购入甲材料签发并承兑的期限为3个月、面值为56 500元的不带息商业承兑汇票到期，公司无力支付票款。

8. 向新星公司出租的包装物逾期不能收回，没收其押金7 910元，应计增值税910元，其余（不考虑其他税费）转为其他业务收入。

9. 以前月份签发并经开户银行承兑的不带息商业汇票（收款人为G企业），到期公司无力兑付，票据面值为18 000元，票款由承兑银行工行城西支行支付。

10. 公司从中大集团（非金融企业）借款50万元，约定期限为6个月，月利率0.50%。款项转入存款账户。

11. 达美公司开来专用发票收取专设销售机构向其租赁房屋的租金9万元（三期），增值税8 100元。价税款存款支付。

［要求］根据上述经济业务，编制必要的会计分录。

第三节　应付职工薪酬

一、名词解释

1. 职工薪酬

2. 短期职工薪酬

3. 离职后福利

4. 扣缺勤法

二、填空题

1. 按现行规定：月制度工作日为________天；月制度计薪天数为________天。

2. 职工薪酬包括____________、____________、____________、____________。

3. 职工薪酬核算的原始记录主要有____________、____________、____________。

4. 社会保险费中属于短期职工薪酬的有________、____________、____________；属于设定提存计划的是____________、____________。

三、单项选择题

1. 下列各项中，不属于职工薪酬的是(　　)。

A. 出差途中伙食补助　　B. 长期带薪缺勤

C. 设定提存计划　　D. 非货币性福利

2. 下列各项中，属于短期职工薪酬的是(　　)。

A. 辞退福利　　B. 基本养老保险

C. 职工福利费　　D. 失业保险

3. 下列各项中，不组成职工工资总额的是(　　)。

A. 计件工资　　B. 津贴和补贴

C. 工作服、工作手套费用　　D. 奖金

4. 下列各项中，属于职工福利费的是(　　)。

A. 辞退福利　　B. 住房公积金

C. 短期带薪缺勤　　D. 职工生活困难补助费

5. 下列各项中，属于计算计件工资产品数量的是(　　)。

A. 合格品数量　　B. 合格品数量 + 不合格品数量

C. 合格品数量 + 工废品数量　　D. 合格品数量 + 料废品数量

6. 下列各项中，应列为“其他应付款”的是(　　)。

A. 代扣职工个人应交的社会保险费　　B. 代扣代缴的个人所得税

C. 扣回代垫款　　D. 确认累积带薪缺勤

7. 下列各项中，属于期末结转支付给提前终止劳动合同职工的辞退福利，应计列的账户是(　　)。

A.“管理费用”账户　　B.“生产成本”账户

C.“营业外支出”账户　　D.“制造费用”账户

8. 下列各项中，不属于向职工发放（支付）职工薪酬的是(　　)。

A. 通过银行打卡发放职工奖金　　B. 发放工资，结转应收回代垫款项

C. 发放工资，结转各项代扣款项　　D. 企业向工会拨交工会经费

9. 企业职工休婚假、产假、探亲假、病假期间的工资，通常属于非累计带薪缺勤，其会计处理方式一般是(　　)。

A. 不必作专门的账务处理　　B. 列为职工福利费

C. 列为社会保险费　　D. 列为营业外支出

10. 下列各项中，属于职工福利费的是(　　)。

A. 住房公积金　　B. 职工异地安家费

C. 退休金　　D. 津贴与补贴

11. 企业专门从事无形资产研究和开发人员的工资应记入(　　)账户。

A. 管理费用　　B. 生产成本

C. 无形资产　　D. 研发支出

12. 某企业本期支付给职工的计时工资 210 000 元，计件工资 150 000 元，综合奖

70 000元，技术性津贴20 000元，生活困难补助费8 000元，退休金12 000元。该企业本期的工资总额为(　　)元。

A. 470 000　　B. 458 000

C. 462 000　　D. 450 000

13. 下列各项中，关于职工工资计算表述正确的是(　　)。

A. 计时工资制下，日工资应按30天计算的，双休日和法定节假日，不付工资

B. 计时工资制下，日工资应按21.75天计算的，双休日和法定节假日，照付工资

C. 计时工资制下，日工资应按20.83天计算的，缺勤期间的节假日，不计扣工资

D. 计时工资制下，日工资应按21.75天计算的，缺勤期间的双休日，不计扣工资

14. 下列各项中，不通过“应付职工薪酬”账户核算的是(　　)。

A. 结转厂部管理人员的累计带薪缺勤　　B. 向工会支付计提的工会经费

C. 支付住房公积金个人缴纳部分　　D. 支付职工生活困难补助

15. 下列各项中，属于企业将自产商品用于职工生活福利，其增值税应列的是(　　)。

A. 销售税额　　B. 进项税额

C. 进项税额转出　　D. 减免税额

16. 下列各项中，属于“应付职工薪酬”账户期末贷方余额反映的内容是(　　)。

A. 应付未付的职工薪酬　　B. 本期实际已支付的职工薪酬

C. 多付的职工薪酬　　D. 本期应付的职工薪酬

17. 下列各项中，应记入“应付职工薪酬”账户贷方的是(　　)。

A. 发放职工工资

B. 支付职工培训费

C. 缴存职工基本医疗保险、基本养老保险

D. 确认因解除与职工劳动关系应给予的补偿

18. 某家电生产企业，本月以其生产的每台成本为150元的加湿器作为福利发放给职工，发放数量为500台，该型号的加湿器每台市场价格为200元（不含税），增值税税率为13%。不考虑其他因素，该企业确认职工薪酬的金额为(　　)元。

A. 113 000　　B. 100 000

C. 88 000　　D. 75 000

四、多项选择题

1. 下列各项中，属于职工薪酬的有(　　)。

A. 职工在职期间的薪酬　　B. 职工离职后的福利

C. 企业提供给职工配偶、子女的福利　　D. 职工退休后领取的退休金

2. 下列各项中，属于职工薪酬的“职工”应包括的有(　　)。

A. 与企业订立劳动合同的全职职工

B. 与企业订立劳动合同的临时职工

C. 由企业正式任命的人员

D. 通过企业与劳务中介签订合同而向企业提供服务的人员

3. 下列各项中，属于短期职工薪酬的有(　　)。

A. 住房公积金　　B. 工会经费和职工教育经费

C. 基本养老保险、失业保险　　D. 基本医疗保险、失业保险

4. 下列各项中，属于社会保险费的有(　　)。

A. 生育保险费　　B. 短期带薪缺勤

C. 基本医疗保险费　　D. 基本养老保险费

5. 下列各项中，属于应由企业和职工个人共同交纳的社会保险费有(　　)。

A. 工伤保险费　　B. 失业保险费

C. 基本养老保险费　　D. 基本医疗保险费

6. 下列各项中，应列为辞退福利的有(　　)。

A. 职工劳动合同未到期，企业决定解除与职工的劳动关系而给予的补偿

B. 职工劳动合同未到期，为鼓励职工自愿接受裁减而给予的补偿

C. 职工劳动合同到期，企业不再聘用而领取的失业保险金

D. 企业职工满退休年龄，从社保机构领取的基本养老保险金

7. 下列各项中，属于职工福利费的有(　　)。

A. 企业集体福利部门的职工薪酬、维持经费

B. 职工外出参加专业技能培训学习的培训费用

C. 生活困难补助、抚恤费

D. 年休假、产假、探亲假、病假期间的工资或提供的补偿

8. 企业发放职工工资的形式不是唯一的，下列各项中，属于发放职工工资的形式有(　　)。

A. 以货币资金发放工资　　B. 结转代扣代交的个人所得税

C. 计提职工福利费　　D. 结转代扣、代垫款

9. 下列各项中，不属于职工福利费的有(　　)。

A. 职工负伤就医路费（不能列“医保”的）

B. 设定受益计划（离职后福利）

C. 支付提前辞退员工的辞退福利

D. 支付职工培训学习费用

10. 期末分配结转职工薪酬时，可能借记的账户有(　　)。

A.“研发支出”账户　　B.“制造费用”账户

C.“管理费用”账户　　D.“财务费用”账户

11. 下列各项中，属于职工工资的有(　　)。

A. 加班加点工资　　B. 住房公积金

C. 计件工资　　D. 高温有毒作业的营养费

12. 下列各项中，属于离职后福利的有(　　)。

A. 基本养老保险费　　B. 基本医疗保险费

C. 失业保险费　　D. 辞退福利

五、判断题

1. 职工薪酬包括企业给予职工在职期间的薪酬和离职后的福利，还包括企业提供给职工配偶、子女、受赡养人以及其他受益人等的福利。（ ）

2. 短期薪酬是指企业在职工提供相关服务的年度报告期间需要全部予以支付的职工薪酬。（ ）

3. 职工福利是企业对职工劳动补偿的辅助形式，主要是企业提供职工本人的福利，不包括提供给职工配偶、子女或其他被赡养人的福利。（ ）

4. 职工离职后福利，如基本养老保险、失业保险等，是在职工离开企业后才能享受的，所以它是一种设定受益计划，应列为长期职工薪酬。（ ）

5. 企业因终止劳动合同、辞退职工而支付的补偿款应列为辞退福利。企业发生的辞退福利应分期列为管理费用。（ ）

6. 企业将拥有（或租赁）的房屋无偿提供给职工使用也属于非货币性福利。（ ）

7. 其他长期职工福利是指除短期薪酬、离职后福利、辞退福利之外所有的职工薪酬，包括长期带薪缺勤、长期残疾福利、长期利润分享计划等。（ ）

8. 企业支付给职工的工作服、工作手套、高温有毒作业的营养费等劳动保护方面的支出，以及向职工支付安家费、无偿向职工提供住房等均属于职工薪酬。（ ）

9. 企业职工福利费是按照工资总额的14%计提后专项控制使用的，超过部分，在企业所得税后列支。（ ）

10. 企业对职工支付的各种奖金、津贴和补贴、福利补助、退休金均组成职工工资总额，都应通过“应付职工薪酬”账户核算。（ ）

11. 企业日工资是按月制度计薪天数21.75天计算的，各月内的双休日、法定节假日是不计工资的，因而，缺勤期间的双休日、节假日也不应扣工资。（ ）

12. 计件工资是根据完成产品数量和规定的计件单价计算工资的。这里的产品数量应为实际完成的合格品数量。（ ）

13. 企业当月实际发放工资，就是“工资结算汇总表”中的“以现金发放工资”项目的数额。（ ）

14. 企业代扣代缴的个人所得税属于代缴性质的款项，应作为其他应付款处理，不必通过“应交税费”账户核算。（ ）

15. 企业向订立正式劳动合同的职工支付的报酬属于职工薪酬，而向未与企业订立正式劳动合同的人员支付的报酬，则不应列为职工薪酬。（ ）

16. 目前，企业职工的社会保险费包括基本养老保险费、基本医疗保险费、失业保险费、工伤保险费和生育保险费五种。（ ）

17. 职工福利费、社会保险费、住房公积金、辞退福利、职工教育经费、劳动保护费均属于职工薪酬，应通过“应付职工薪酬”账户进行核算。（ ）

18. 企业某职工经批准休探亲假5天，根据企业规定确认为非累积带薪缺勤，该企业应当在其休假期间确认与非累积带薪缺勤相关的职工薪酬。（ ）

六、业务核算题

（一）练习应付职工工资的计算

［资料］大华公司本月发生有关应付工资计算的经济业务如下：

1. 职工李宁一8月份实际工作207小时，月制度工作日为20.83天，每天工作时间为8小时。公司对加班时间实行按月统算。

2. 职工张山丰月基本工资5 220元，本月请事假4天（其中2天休息日）；病假2天，工龄5年，病假扣发工资比例为20%；本月休息日加班2天（无法安排调休），法定节假日加班1天；本月应计津贴、补贴150元，奖金800元。

3. 职工洪灿本月加工甲零件980件，计件单价为4.60元，经验收发现甲零件料废20件，工废10件，合格品950件；加工乙零件205件，计件单价为3.80元，经验收均为合格品。

4. 某生产班组由4名成员共同完成A产品的加工任务，本月全组共加工完成A产品5 360件，经验收发现料废50件，工废60件，合格品5 250件，计件单价5.00元，各人月基本工资和实际工作时间见表8－1。

表8－1 计件工资计算表

姓名	月基本工资（元）	小时工资（元/小时）	实际工时（小时）	计时工资（元）	分配率	应得计件工资（元）
邱一新	5 220	30	175	5 250		6 562.50
何向阳	4 872	28	180	5 040		6 300
施健	6 090	35	176	6 160		7 700
张军	4 350	25	190	4 750		5 937.50
合计	/	/	721	21 200	1.25	26 500

注：小时工资＝月基本工资÷(21.75×8)

［要求］

1. 根据资料1，按“月制度工作日”计算李宁一8月份的加班天数。
2. 根据资料2，“月制度计薪天数”计算日工资及应付的计时工资。
3. 根据资料3和资料4，分别计算个人计件工资和集体计件工资。

（二）练习职工工资结算与分配的核算

[资料] 大华公司2×20年9月工资结算资料见表8－2。公司根据“工资结算汇总表”进行工资结算。该公司本月实发工资与应付工资相差不大，为简化核算，月末工资分配以当月实际发放工资为依据。

1. 签发支票，通过开户银行以打卡方式发放本月工资。
2. 结转代垫款和代扣款项。
3. 以存款上交本月代扣代缴的个人所得税。
4. 月末根据“工资结算汇总表”，进行本月工资费用的分配。

表8－2 **大华公司工资结算表**

2×20年9月

单位：元

车间及部门		计时工资	计件工资	奖金		加班加点工资	各种津贴		缺勤扣款		应付工资	代垫款	代扣款					以现金发放工资
				综合类	单项类		夜班津贴	岗位津贴	事假	病假		水电费	住房公积金5%	医疗险2%	养老险8%	失业险0.5%	个人所得税	
生产车间	生产工人	281 200	250 000	77 000	11 000	6 500	3 200	7 000	4 700	1 200	630 000	2 600	31 500	12 600	50 400	3 150	560	529 190
	管理人员	75 320		1 500	800	500	200	400	600	120	78 000	200	3 900	1 560	6 240	390	60	65 650
厂部		198 900		12 000	3 000	1 300	800	1 200	1 000	200	216 000	600	10 800	4 320	17 280	1080	700	181 220
在建工程人员		20 200		3 500	900	400	100	200	300		25 000	100	1 250	500	2 000	125	30	20 995
专设销售机构人员		14 850		2 000	700	500	100	100	250		18 000	50	900	360	1 440	90		15 160
无形资产研发人员		14 930		2 500	700	600	200	150		80	19 000	50	950	380	1 520	95	70	15 935
合计		605 400	250 000	98 500	17 100	9 800	4 600	9 050	6 850	1 600	986 000	3 600	49 300	19 720	78 880	4 930	1 420	828 150

[要求] 根据上述资料，编制工资结算与工资分配的有关会计分录。

（三）练习职工福利费等其他职工薪酬的核算

[资料] 大华公司2×20年9月发生有关职工福利费等其他职工薪酬的经济业务如下：

1. 公司以库存现金支付职工李平等生活困难补助9 800元。
2. 公司托儿所（生活福利部门）领用库存原材料6 000元，应负担的增值税780元。
3. 以库存现金支付提前解除劳动合同的职工陈军等按规定应付的辞退补贴12 000元。
4. 组织单位职工进行专业技术培训，以银行存款支付增值税专用发票所列的培训费25 000元，增值税1 500元。
5. 新江公司在册职工人数178人，本月应计职工福利费每人450元。计算编制职工福利计算表（见表8－3）并据以进行账务处理。

表 8－3　　职工福利费计算表

2×20 年 9 月　　单位：元

部门及人员类别		职工人数	计算标准	计提数额
生产车间	生产工人	120		54 000
	管理人员	12		5 400
厂部管理人员		35		15 750
在建工程人员		5		2 250
专设销售机构人员		3		1 350
无形资产研发人员		3		1 350
合计		178	450	80 100

6. 根据本月工资总额 986 000 元，按规定比例 2% 计提工会经费。

7. 以存款向公司工会拨交本月工会经费。

8. 本月按规定比例计提职工基本医疗保险、基本养老保险、生育保险、工伤保险等各项社会保险费的数额汇总见表 8－4，按规定予以计提结转。

表 8－4　　大华公司社会保险费计提汇总表

2×20 年 9 月　　单位：元

部门	基数	短期薪酬						设定提存计划（离职后福利）						住房公积金	
		基本医疗保险费		工伤保险费	生育保险费	小计		基本养老保险		失业保险		小计			
		企业缴纳 10.5%	个人缴纳 2%	企业缴纳 0.8%	企业缴纳 1.2%	企业缴纳 12.5%	个人缴纳 2%	企业缴纳 14%	个人缴纳 8%	企业缴纳 0.5%	个人缴纳 0.5%	企业缴纳 14.5%	个人缴纳 8.5%	企业缴纳 5%	个人缴纳 5%
车间生产工人	630 000	66 150	12 600	5 040	7 560	78 750	12 600	88 200	50 400	3 150	3 150	91 350	53 550	31 500	31 500
车间管理人员	78 000	8 190	1 560	624	936	9 750	1 560	10 920	6 240	390	390	11 310	6 630	3 900	3 900
厂部人员	216 000	22 680	4 320	1 728	2 592	27 000	4 320	30 240	17 280	1 080	1 080	31 320	18 360	10 800	10 800
在建工程人员	25 000	2 625	500	200	300	3 125	500	3 500	2 000	125	125	3 625	2 125	1 250	1 250
专设销售机构人员	18 000	1 890	360	144	216	2 250	360	2 520	1 440	90	90	2 610	1 530	900	900
无形资产研发人员	19 000	1 995	380	152	228	2 375	380	2 660	1 520	95	95	2 755	1 615	950	950
合　计	986 000	103 530	19 720	7 888	11 832	123 250	19 720	138 020	78 880	4 930	4 930	142 970	83 810	49 300	49 300

9. 根据表 8－4，本月按规定比例计提职工设定提存计划（基本养老保险、失业保险）

10. 根据表 8－4，本月按规定比例计提职工住房公积金。

11. 根据表 8－4，以存款交纳单位缴纳和个人缴纳的社会保险费。

12. 根据表 8－4，以存款交纳单位缴纳和个人缴纳的设定提存计划（基本养老保险、失业保险）。

13. 根据表8－4，以存款交纳单位缴纳和个人缴纳的住房公积金。

14. 根据职工工资总额986 000元，按6%的比例预提结转职工教育经费。

15. 根据资料3，将本月支付的辞退福利12 000元予以结转。

［要求］ 根据资料，计提职工福利费、工会经费、职工教育经费、社会保险费、设定提存计划等，并编制必要的会计分录。

（四）练习其他有关职工薪酬的核算

［资料］ 大华公司2×20年12月发生有关职工薪酬的业务如下：

1. 大华公司现有职工178人，公司实行累计带薪缺勤制度，职工每年可享受7个工作日的带薪年休假，未使用的年休假可以转下一年度，超过一年未使用的作废。2×20年度职工当年平均未使用带薪年休假为2天，预计2×21年将有150人将享受不超过7天的带薪年休假，其余28人每人将平均享受9天的带薪年休假，这28人为车间生产工人20人，车间管理人员2人，厂部管理人员4人，无形资产研发人员2人，职工平均日工资为240元。

2. 2×21年上述28人中，有20人享受了9天年休假（以存款支付），其余8人（均为车间生产工人）只享受了7天年休假，其未使用的带薪年休假将按规定予已作废。年末进行相关账务处理。

3. 公司租入一项房屋，用于无偿提供给外来职工居住，本期应付此项房屋的租金10万元，其中车间生产工人占70%，厂部管理人员占30%。

4. 公司的自产商品作为福利发放给职工，各部的职工人数及商品售价见表8－5。（增值税税率为13%）

表8－5　　大华公司自产商品发放汇总表

2×20年12月　　金额单位：元

部门	职工人数	商品数量（件）	商品售价	商品生产成本
车间生产工人	120	240	48 000	36 000
车间管理人员	12	24	4 800	3 600
厂部管理人员	35	70	14 000	10 500
在建工程人员	5	10	2 000	1 500
专设销售机构人员	3	6	1 200	900
无形资产研发人员	3	6	1 200	900
合　计	178	356	71 200	53 400

注：列为非货币性福利的金额为售价＋增值税。

5. 以银行存款支付本期租入无偿提供给职工使用房屋的租金 10 万元。

[**要求**] 根据资料，编制必要的会计分录。

第四节　应交税费

一、名词解释

1. 应交费用

2. 进项税额

3. 进项税额转出

二、填空题

1. 增值税的纳税人按照________及________，分为一般纳税人和小规模纳税人两类。

2. 一般纳税人企业应交增值税的基本计算公式为：应交增值税额 =________________；小规模纳税人企业应交增值税的基本计算公式为：应纳增值税额 =________。

3. 一般纳税人企业“应交税费——应交增值税”账户，一般应设置________、________、________、________、________、销项税额抵减、减免税款、出口退税、转出多交增值税等专栏。

4. 关于增值税的会计处理，生活福利部门领用库存外购材料增值税为

________________；自产库存商品用于对外投资，是以销售价格计算增值税的销项税额，即____________；自产库存商品用于职工生活福利、对外投资，应按售价（或公允价值）计列“主营业务收入”，同时，将成本转为“主营业务成本”，即________________。

5. 企业销售商品（产品）应纳消费税应记入“________________”账户；销售商品（产品）、提供劳务应纳城市维护建设税、教育费附加应记入“________________”账户；购置车辆应纳的车辆购置税应记入“________________”账户。

三、单项选择题

1. 下列各项应交税费，不必通过“应交税费”账户核算的是(　　)。

A. 土地增值税　　B. 小规模纳税人企业应交增值税

C. 教育费附加　　D. 印花税

2. 下列各项中，属于“应交税费”账户期末借方余额反映的内容是(　　)。

A. 尚未缴纳的税费　　B. 多交的税费

C. 尚未抵扣的税金　　D. 多交的税费或尚未抵扣的税金

3. 下列各项中，属于增值税“出口退税”退回的税金是(　　)。

A. 出口产品应交纳的增值税

B. 出口产品企业实际已交纳的税金

C. 企业出口产品、采购货物、接受劳务或服务等已支付的进项税额（增值税）

D. 出口产品企业应交未交的税费

4. 下列各项中，属于一般纳税人企业应确认增值税“进项税额转出”的是(　　)。

A. 固定资产建设工程领用库存原材料

B. 无形资产研发领用库存原材料

C. 库存原材料对外销售

D. 库存原材料、库存商品因管理不善发生非正常损失

5. 一般纳税人企业购进免税农产品，根据买价和规定扣除率计算确定的增值税额，应列为(　　)。

A.“销项税额”　　B.“进项税额”

C.“销项税额转出”　　D.“待抵扣进项税额”

6. 企业委托加工应税消费品，加工收回物资用于连续生产的，其支付的由受委托方代收代缴的消费税，应记入的账户是(　　)。

A.“应交税费——应交消费税”账户　　B.“委托加工物资”账户

C.“税金及附加”账户　　D.“生产成本”账户

7. 下列各项中，属于企业出售固定资产、无形资产应交土地增值税、城建税、教育费附加，应记入的账户是(　　)。

A.“税金及附加”账户

B.“固定资产清理”账户

C.“营业外收入”或“营业外支出”账户

D. 取得收入时直接抵减

8. 一般纳税人企业，购进货物支付的下列税费，不构成取得资产价值的是(　　)。

A. 车辆购置税　　B. 进口环节的消费税

C. 进口环节的关税　　D. 取得专用发票的增值税

9. 一般纳税人企业期末应交未交的增值税，应结转的账务处理是(　　)。

A. 借：应交税费——应交增值税（未交增值税）
　　贷：应交税费——应交增值税（转出未交增值税）

B. 借：应交税费——应交增值税（转出未交增值税）
　　贷：应交税费——未交增值税

C. 借：应交税费——未交增值税
　　贷：应交税费——应交增值税（转出未交增值税）

D. 借：应交税费——应交增值税（销项税额）
　　贷：应交税费——未交增值税

10. 下列各项中，关于应交税费的会计处理正确的是(　　)。

A. 小规模纳税人企业购进货物、接受劳务或服务支付的增值税是不必进行抵扣的

B. 一般纳税人购进货物企业取得专用发票的增值税一定是可以进行抵扣的

C. 企业出租固定资产、无形资产应交纳的增值税、城建税、教育费附加应列入“税金及附加”账户

D. 企业购进材料专用发票所列的增值税是列为“进项税额”的，所以材料出售应交纳的增值税应列为“进项税额转出”

11. 下列各项中，不属于一般纳税人“应交税费——应交增值税”明细账应设置的项目是(　　)。

A. “预交增值税”　　B. “进项税额转出”

C. “转出多交增值税”　　D. “减免税款”

12. 企业在建工程领用生产用库存原材料，其应负担的增值税的处理是列为(　　)。

A. “销项税额”　　B. “已交税金”

C. “进项税额转出”　　D. 不必进行“进项税额转出”处理

13. 某企业收购免税农产品，实际支付的价款为 2 万元，增值税扣除率为 9%，此项购进存货的成本是(　　)元。

A. 20 000　　B. 18 200

C. 21 638　　D. 21 800

14. 委托加工应税消费品收回后，直接用于销售的，其由受托方代扣代缴的消费税，应记入的账户是(　　)。

A. “生产成本”账户　　B. “应交税费”账户

C. “委托加工物资”账户　　D. “主营业务成本”账户

15. 下列各项中，属于应交增值税“销项税额”的是(　　)。

A. 在建工程领用库存商品应计列的增值税额

B. 对外投资转出库存商品应计列的增值税额

C. 医务福利部门领用库存材料应计列的增值税额

D. 购进免税农产品应计列的增值税额

16. 下列各项中，应记入“税金及附加”账户的是(　　)。

A. 主营业务、其他业务应交纳的增值税

B. 主营业务、其他业务应交的城建税、教育费附加

C. 应交的车辆购置税

D. 出售无形资产应交纳的增值税、城建税

17. 企业将自产商品用于职工生活福利，其应交增值税应列为(　　)。

A. 销售税额　　B. 进项税额

C. 进项税额转出　　D. 减免税额

18. 下列各项中，增值税一般纳税人当期发生确认准予以后会计期间抵扣的进项税额，应记入的账户是(　　)。

A. “应交税费——未交增值税”账户　B. “应交税费——应交增值税”账户

C. “应交税费——待抵扣增值税”账户　D. “应交税费——待转销项税额”账户

四、多项选择题

1. 下列各项中，属于增值税一般纳税人，“应交税费”账户应设置的明细账有(　　)。

A. “待抵扣进项税额”　　B. “未交增值税”

C. “简易计税”　　D. “销项税额抵扣”

2. 下列各项中，属于增值税一般纳税人“应交税费——应交增值税”明细账内应设置的专栏（项目）有(　　)。

A. 进项税额　　B. 销项税额

C. 出口退税　　D. 转出未交增值税

3. 企业应交城市维护建设税和教育费附加可能列支的账户有(　　)。

A. “税金及附加”账户　　B. “固定资产清理”账户

C. “营业外支出”账户　　D. “管理费用”账户

4. 下列各项中，属于一般纳税人企业增值税“销项税额”的有(　　)。

A. 生活福利部门领用库存原材料　　B. 在建工程项目领用库存商品

C. 自产库存商品用于职工福利　　D. 自产库存商品用于对外投资

5. 下列各项中，属于一般纳税人企业增值税“进项税额转出”的有(　　)。

A. 在建工程项目领用库存原材料

B. 库存商品、原材料因管理原因造成非正常损失

C. 出口产品退税额低于购进时取得专用发票的进项税额的差额

D. 库存原材料用于集体福利

6. 下列各项中，属于企业应交消费税可能计列的账户有(　　)。

A. “税金及附加”账户　　B. “在建工程”账户

C. “生产成本”账户　　D. “营业外支出”账户

7. 下列各项应交税费中，不必通过“应交税费”账户核算(　　)。

A. 车辆购置税　　B. 印花税

C. 购进货物应交的消费税关税　　D. 代扣代缴的个人所得税

8. 下列各项中，属于非房地产开发企业应交土地增值税可能列支的账户有(　　)。

A.“固定资产清理”账户　　B.“税金及附加”账户

C. 直接抵减　　D.“营业外支出”或“营业外收入”账户

9. 下列各项中，应记入“税金及附加”账户的有(　　)。

A. 应交的房产税、土地使用税

B. 自产自用产品应交纳的资源税

C. 房地产开发企业应交的土地增值税

D. 提供劳务、服务业务应交的城建税、教育费附加

10. 下列各项中，属于一般纳税人企业购入货物时，就能认定其支付的增值税（取得专用发票）不能抵扣的有(　　)。

A. 购进工程物资、固定资产　　B. 购入的货物直接用于免税项目

C. 购入的货物用于无形资产研发　　D. 购入的货物直接用于非应税项目

11. 下列企业各项应交的税金，不应记入“税金及附加”账户的有(　　)。

A. 自产自用应税品应交的消费税　　B. 应交增值税

C. 出售无形资产应交的土地增值税　　D. 企业销售部门使用车辆应交的车船税

12. 下列企业应交的税费，不通过“应交税费”账户核算的有(　　)。

A. 印花税　　B. 土地使用税

C. 教育费附加　　D. 车辆购置税

13. 下列各项中，应计入所购货物的成本的有(　　)。

A. 进口原材料交纳的进口关税

B. 一般纳税人购入房屋，支付增值税专用发票所列的增值税

C. 进口小轿车支付的消费税、车辆购置税

D. 增值税一般纳税人购入材料未取得增值税专用发票，所支付的增值税

14. 下列各项中，关于增值税一般纳税人会计处理表述正确的有(　　)。

A. 自产商品用于对外捐赠，应贷记“应交税费——应交增值税（销项税额）”账户

B. 已单独确认进项税额的购进货物用于对外投资，应贷记“应交税费——应交增值税（进项税额转出）”账户

C. 企业固定资产建设工程领用本企业生产的产品，应贷记“应交税费——应交增值税（销项税额）”账户

D. 已单独确认进项税额的购进货物因管理原因发生非正常损失，应贷记“应交税费——应交增值税（进项税额转出）账户

五、判断题

1. 小规模纳税人企业，应交增值税应直接根据不含增值税的销售额乘以征收率计算的，不必考虑增值税进项税额。(　　)

2. 企业“应交税费”账户的期末贷方余额反映尚未缴纳的税费；期末借方余额则反映多交的税费。(　　)

3. 增值税是一种价外税，企业购进货物、接受劳务或服务的增值税进项税额是可以抵扣的；消费税是一种价内税，其税额是不能进行抵扣的。（ ）

4. 增值税的纳税人应按照经营规模，划分为增值税一般纳税人和小规模纳税人。（ ）

5. 增值税一般纳税人购进原材料、固定资产、无形资产取得专用发票的增值税均可以在当期进行抵扣。（ ）

6. 企业固定资产建设工程、大修理工程领用库存原材料不必进行“进行税额转出”会计处理。（ ）

7. 企业“应交税费”账户是负债类账户，所以期末不会出现借方余额。（ ）

8. 企业“应交税费”账户应按照应交税金、费用的种类设置明细账户，进行明细分类核算。（ ）

9. 增值税一般纳税人对外捐赠自制、委托加工的商品，属于视同销售计税；而库存商品用于职工生活福利、对外投资则属于视同销售。两者均应计列增值税的销项税额，但会计处理是不同的。（ ）

10. 企业应交消费税、资源税应计入“税金及附加”账户，并通过“应交税费”账户进行核算。（ ）

11. 小规模纳税人购进货物的增值税不必（或不能）抵扣；一般纳税人购进货物取得专用发票的增值税一定是可以抵扣的。（ ）

12. 一般纳税人企业购进货物、接受劳务或服务取得专用发票的增值税一般是可以进行抵扣的；而消费税是一种价内税，一定不存在抵扣的问题。（ ）

13. 企业应交的房产税、土地使用税、车船税、印花税是列入“税金及附加”账户的；企业应交的城建税、教育费附加应分别情况列入“税金及附加”“固定资产清理”账户，或者在取得收入时直接抵减。（ ）

14. 应交税费是指企业按国家法律规定应交纳的各种税金和费用，企业应交的各种税金和费用，均应通过“应交税费”账户核算。（ ）

15. 增值税一般纳税人购进货物支付取得专用发票的增值税，可列为进项税额，从销项税额中抵扣；小规模纳税人购进货物支付的增值税是直接计入有关货物的成本。（ ）

16. 企业在建工程、职工福利领用库存材料和领用本企业生产的产品，其应交纳或应负担的增值税，都属于“进项税额转出”。（ ）

17. 增值税的出口退税，是指国家税务机关退还企业出口产品已交纳的增值税，如果出口产品未交纳过增值税的，则不存在出口退税。（ ）

18. 企业应交增值税列入“应交税费——应交增值税”账户；应交消费税、资源税、城建税列入“税金及附加”账户。（ ）

六、业务核算题

（一）练习应交增值税的核算

[资料] A公司为增值税一般纳税人，增值税税率为13%，原材料按实际成本计价核

算，本月发生有关增值税（本题不考虑应交的其他税费）的经济业务如下：

1. 购进生产用原料及主要材料一批，取得的增值税专用发票注明买价 60 万元，增值税 78 000 元；专用发票所列的运输费 2 万元，增值税 1 800 元。材料已验收入库，价税款及运输费以银行汇票结算支付。

2. 收购免税农产品一批，用于产品生产（计税抵除率为 10%），收购价 15 万元，产品已验收入库，收购价款以银行存款支付。

3. 购进流水生产线建设工程用设备一项，增值税专用发票注明货款为 70 万元，增值税 91 000 元；专用发票所列的运输费 3 万元，增值税 2 700 元。物资验收入库，价税款及运输费签发并承兑为期 3 个月的商业承兑汇票付给。

4. 以公司自制商品一批对外进行投资（长期股权投资），按同类商品公允价值确认的收入为 12 万元，产品生产成本为 9 万元，增值税税率 13%。

5. 公司以自制库存商品一批用于公益性捐赠，成本 6 万元，市场销售价格为 8 万元。

6. 销售产品一批，计销售收入 150 万元，增值税 195 000 元，价税款收存银行。

7. 公司流水生产线建设工程领用生产用原材料一批，成本 8 万元。

8. 委托加工材料应付加工费 5 万元，增值税 6 500 元，取得增值税专用发票，款项尚未支付。

9. 库存原材料一批因管理不善被毁损，成本 2 万元，应负担的增值税 2 600 元。事项在报批准过程中，等待处理。

10. 出售材料一批，取得收入 10 万元，增值税 13 000 元，价税款收存银行。

11. 职工集体福利领用库存原材料一批，成本 4 万元，应负担的增值税 5 200 元。

12. 以存款支付专用发票所列的业务咨询费 3 万元，增值税 1 800 元。

13. 公司出租商标权取得收入 6 万元，增值税 3 600 元。

14. 以银行存款 3 万元交纳本月增值税。

15. 假定公司“应交税费——应交增值税”账户月初余额为零，结计本月增值税的“销项税额”“进项税额”“进项税额转出”等项目，确定公司本月应交的增值税、未交增值税。

销项税额 =

进项税额 =

进项税额转出 =

本月应交增值税 =

未交增值税 =

16. 期末结转应交未交的增值税。

［要求］

1. 根据上述经济业务，编制必要的会计分录。

2. 设置“应交税费——应交增值税”账户，并根据经济业务登记本月发生额，并结出账户期末余额。

（二）继续练习应交增值税的核算

［资料］G公司为增值税小规模纳税人，增值税征收率为3%，原材料按实际成本计价核算，本月发生有关增值税（不考虑应交其他税费）的经济业务如下：

1. 购入原材料一批，专用发票注明货款10万元，增值税13 000元；普通发票所列的运输费3 000元。价税款及运输费以银行汇票支付，材料已验收入库（按实际成本计价）。

2. 购入一项不需要安装的固定资产，专用发票注明货款20万元，增值税26 000元；专用发票所列的运输费5 000元，增值税450元。设备交付使用，上述款项以存款支付。

3. 以存款支付委托加工材料的加工费5 650元，取得增值税普通发票。

4. 销售产品一批，取得含税销售收入154 500元，开出普通发票，其中5万元价款收存银行，其余尚未收到。

5. 取得一项劳务（其他业务）收入51 500元（含税），开出普通发票，款项收存银行。

6. 以存款缴纳本月应交增值税。

［要求］根据资料，计算G公司应交增值税，并编制必要的会计分录。

（三）练习应交消费税的核算

［资料］大华公司本月发生有关消费税的经济业务如下：

1. 委托技巧公司加工材料一批（系应税消费品），发出原料及主要材料的实际成本为75 000元；加工费15 000元，增值税1 950元（取得专用发票），受托方代扣代交消费税10 000元，共计26 950元以存款支付；收回的加工材料60%拟用于继续生产产品，40%直接用于出售。

（1）发出原材料委托加工；

（2）以存款支付加工费和由受托方代扣代交消费税；

（3）收回委托加工物资（收回物资为辅助材料）。

2. 销售产品（应税消费品）一批，取得销售收入95万元，增值税税率13%，价税款收存银行50%，其余50%尚未收到。

3. 公司固定资产建设工程领自产产品（应税消费品）一批，市场售价为10万元，增值税税率为13%，消费税税率为10%，生产成本为7万元。

4. 本月无其他销售业务，根据产品销售收入95万元，按10%的消费税税率计算结转本月应交消费税。

5. 根据本月销售产品、自产自用、委托加工等业务，计算确定本月应交的消费税，并以存款交纳。

［要求］根据资料，计算公司本月应交消费税，并编制必要的会计分录。

（四）继续练习应交税费的核算

［资料］大华公司本月发生有关应交税费的经济业务如下：

1. 公司购入自用汽车一辆，以银行存款支付增值税专用发票所列买价 30 万元，增值税 39 000 元，并以存款交纳 10% 的车辆购置税。购入汽车交付使用。

2. 公司以存款购买印花税票 1 500 元。

3. 公司出售旧房屋一间（未转为持有待售资产），取得价款 500 万元（含税）存入银行，购置原价为 185 万元（“营改增”前），增值税按简易征收 5% 的征收率计税（此项业务不考虑应交土地增值税，应交城建税、教育费附加在业务 7 一并计算）。

4. 公司出售一项商标权，取得价款 53 万元存入银行，其中收入 50 万元，增值税 3 万元。该商标权账面金额 70 万元，已计摊销 30 万元，未计提过减值准备。城建税税率为 7%，教育费附加征收率 5%（含地方教育费附加 2%）。出售的商标权已办妥相关手续。

5. 公司本年度应纳房产税的余值为 500 万元，按 1.2% 房产税税率计算应交纳的房产税为 6 万元；本年应纳车船税 9 000 元。结转公司本期应纳的房产税和车船税。

6. 以存款 69 000 元交纳上述应交的房产税和车船税。

7. 公司本月主营业务应纳增值税为 30 万元，消费税 10 万元；租赁业务、非工业性劳务等应纳增值税 3 万元；出售不动产应纳增值税 15 万元。城市维护建设税税率 7%，教育费附加征收率 5%（含地方教育费附加 2%）。计算结转公司本月的城市维护建设税和应交教育费附加。

8. 公司以存款交纳上述应交城市维护建设税、应交教育费附加。

［要求］根据资料，编制必要的会计分录。

第九章
非流动负债

第一节　非流动负债概述

一、名词解释

1. 非流动负债

2. 借款费用

二、填空题

1. 非流动负债主要包括________、________、________、________等。

2. 企业为购建固定资产而借入的专门借款所发生的借款费用，在所购建的固定资产达到________________所发生的，应当予以资本化，计入________；在所购建的固定资产达到预定可使用状态以后所发生的，应于发生当期直接计入________。

3. 企业因借入资金而发生的借款费用有________和________两种处理方法。

三、单项选择题

1. 下列各项中，属于专项用于无形资产研究开发的非流动负债发生的符合资本化条件的借款费用，应计列的账户是(　　)。

A. “管理费用”账户　　　　B. “研发支出”账户

C. “财务费用”账户　　D. “无形资产”账户

2. 下列各项中，属于公司开办期间发生的不符合资本化条件的借款费用应计入的项目是(　　)。

A. 营业外支出　　B. 管理费用

C. 清算损益　　D. 财务费用

3. 下列各项中，属于借款费用开始资本化条件之一的是(　　)。

A. 借款已经取得　　B. 购建或生产经营活动已经结束

C. 资产支出已全部发生　　D. 借款费用已经发生

4. 下列各项中，不应暂停借款费用资本化的是(　　)。

A. 由于劳务纠纷而造成连续超过 3 个月的固定资产建造活动的中断

B. 由于资金周转困难而造成连续超过 3 个月的固定资产建造活动的中断

C. 由于发生安全事故而造成连续超过 3 个月的固定资产建造活动的中断

D. 由于可预测的气候影响而造成连续超过 3 个月的固定资产建造活动的中断

5. 企业发生的借款费用，可直接归属于符合资本化条件的资产购建或生产的，应当予以资本化。这里所述符合资本化条件的资产，不包括(　　)。

A. 固定资产　　B. 投资性房地产

C. 存货　　D. 债权投资

6. 下列各项中，属于非流动负债应付利息计算确定的依据应当是(　　)。

A. 摊余成本与实际利率　　B. 负债余额与实际利率

C. 摊余成本与合同利率　　D. 负债余额与合同利率

四、多项选择题

1. 下列各项中，属于非流动负债的有(　　)。

A. 应付债券　　B. 一年内到期的长期借款

C. 期限超过一年的应付账款　　D. 预计负债

2. 下列各项中，属于借款费用的有(　　)。

A. 外币借款产生的汇兑差额　　B. 发行债券所产生的溢价或折价的摊销

C. 借款辅助费用　　D. 超过偿还借款期限的罚款支出

3. 下列各项中，属于发生借款费用可能计列的账户有(　　)。

A. 财务费用　　B. 制造费用

C. 在建工程（或固定资产）　　D. 研发支出

4. 下列各项中，应直接计入当期财务费用的有(　　)。

A. 取得非专项用于固定资产建设的借款而发生的辅助费用

B. 固定资产购建活动发生非正常中断，中断时间连续超过 3 个月，其中断期间的借款费用

C. 为购建固定资产而借入的外币专门借款（建设期间）的汇兑差额

D. 为购建固定资产而借入的专门借款，在固定资产达到预定可使用状态后的应付利息

5. 下列各项中，属于借款费用开始资本化必须同时满足的三个条件是(　　)。

A. 资本支出已经发生

B. 建设工程已经完工

C. 借款费用已发生

D. 为使资产达到预定可使用状况所必要的购建活动已经开始

6. 符合资本化条件的资产在购建或者生产活动是中发生非正常中断且中断时间连续超过3个月的，应当暂停借款费用的资本化。下列各项中，属于非正常中断的有(　　)。

A. 发生安全事故导致的中断　　B. 工程用料没有及时供应导致的中断

C. 企业资金周转产生困难导致的中断　　D. 进行质量或者安全检查导致的中断

五、判断题

1. 非流动负债是指偿还期限在1年或超过1年的一个营业周期以上的债务，所以，超过1年未偿还的应付账款、短期借款等也应列为非流动负债。　　(　　)

2. 企业为购建固定资产而取得专门借款所发生的非流动负债费用（借款费用），予以资本化，列入固定资产购建成本。　　(　　)

3. 符合资本化条件的某项固定资产的购建活动发生非正常中断，并且其中断时间连续超过1年的，应当暂停借款费用的资本化，其中断期间所发生的借款费用，直接计入当期财务费用。　　(　　)

4. 购建符合资本化条件的资产达到预定可使用时，借款费用应当停止资本化。停止资本化后发生的借款费用，应当费用化，计入财务费用。　　(　　)

5. 借款费用是指企业因借款而发生的利息及其他相关成本，包括借款利息、发行债券的折价或溢价、辅助费用以及债务重组损失等。　　(　　)

6. 企业应付账款、其他应付款等流动负债，即使超过了1年，仍然属于流动负债；非流动负债中如果有将于1年内到期的，则应视为流动负债。　　(　　)

六、业务核算题

[资料] 四海公司于2×20年1月1日正式动工建设一幢厂房，工期预计为1年。工程采用出包方式，分别于2×20年1月1日和2×20年7月1日支付工程进度款。

公司为建造厂房于2×20年1月1日专门借款1 000万元，借期为3年，年利率为6%。2×20年1月1日支付工程支出500万元，剩余500万元借款用于购买为期6个月的信托产品，年收益率为5%；2×20年7月1日又取得专门借款2000万元，借期为4年，年利率为7.2%。2×20年7月1日支付工程支出2 500万元。借款利息按年支付，合同利率与实际利率差异很小。

[要求] 计算确定四海公司建造厂房2×20年的下列各项内容：

(1) 借款费用资本化期间：

(2) 2×20年专门借款发生的借款利息 =

(3) 2×20年利用专门借款短期投资取得收益 =

(4) 2×20年专门借款利息资本化金额 =

第二节 长期借款

一、填空题

1. 长期借款是指企业向__________借入的、期限在_____________的各种借款。

2. 长期借款应付未付的利息，应通过“________”账户进行核算。“长期借款”账户，应按贷款单位和贷款种类，并分别___________、________等进行明细核算。

3. 长期借款按借款的条件划分，可分为________、________和________。

二、单项选择题

1. 下列各项中，属于计提长期借款应付未付利息应贷记的账户是(　　)。

A. “应付账款”账户　　B. “应付利息”账户

C. “长期借款”账户　　D. “其他应付款”账户

2. 下列各项中，关于长期借款的表述正确的是(　　)。

A. 长期借款应付未付的利息，无论采取何种付息方式，均应通过“应付利息”账户进行核算

B. 筹建期间的长期借款利息计入长期待摊费用

C. 到期一次还本付息长期借款，计提的应付利息应记入“长期借款”账户

D. 长期借款应按摊余成本和合同利率计算确定其利息费用

3. 长期借款专项用于需要经过相当长时间的生产经营才能达到可以销售状态的存货，符合资本化条件的应付利息，应借记的账户是(　　)。

A. “财务费用”账户　　B. “长期待摊费用”账户

C. “制造费用”账户　　D. “生产成本”账户

4. 下列各项中，属于计提长期借款应付利息费用，借记方不可能涉及的账户是(　　)。

A. “生产成本”账户　　B. “研发支出”账户

C. “财务费用”账户　　D. “在建工程”账户

5. 某公司本年1月1日向银行借入1 000万元，借款利率为6%，借款期限为3年，每年年末偿还借款利息。该项借款专项用于建造厂房，工程款900万元（不含借款利息），本年1月1日支付500万元；本年7月1日支付400万元。该厂房于本年12月31日达到预定可使用状态，不考虑其因素，厂房的入账成本为(　　)万元。

A. 942　　B. 954

C. 1 042　　D. 960

三、多项选择题

1. “长期借款”账户可按贷款单位和贷款的种类设置的明细分类账户，并分别对(　　　)进行明细核算。

A. 本金　　　　B. 利息调整

C. 面值　　　　D. 应付利息

2. 下列各项中，关于长期借款利息费用会计处理的表述，正确的有(　　　)。

A. “长期借款”账户的借方、贷方和余额反映的均是借款的本金

B. 计提长期借款利息，确认利息费用和“应付利息”账户贷方金额应当是一致的

C. 日常生产经营活动的长期借款利息支出是计入财务费用的

D. 符合资本化条件的长期借款利息计入相关资产成本

3. A 公司于 2×20 年 1 月 1 日向银行借入两年期借款 800 万元，当即用于生产厂房的建设，年利率为 6%，利息按月计提，按年支付。工程于 2×21 年 6 月末达到预定可使用状态。下列各项说法正确的有(　　　)。

A. 2×20 年 1 月末“应付利息”账户贷方余额为 4 万元

B. 2×20 年 1 月末计息借记“在建工程”账户

C. 2×21 年 7 月末计息借记“财务费用”账户

D. 到期还本付息共需支付 848 万元

四、判断题

1. 长期借款是指企业借入的、期限在 1 年以上（含 1 年）的各种借款。　(　　)

2. 企业长期借款所发生的利息支出，应在支付时计入在建工程或计入当期损益。　(　　)

3. 专项用于固定资产建设和无形资产研发的长期借款按期计提的应付利息，应计入所形成是固定资产和无形资产的成本。　(　　)

4. 长期借款专项用于购建固定资产的，在固定资产尚未达到预定可使用状态前，发生的符合资本化条件利息支出，应计入所购建的固定资产成本。　(　　)

5. 资产负债表日，企业应按长期借款本金和实际利率计算确定利息费用，按本金和合同利率计算确定应付未付的利息，其差额，记入“长期借款——利息调整”账户。　(　　)

6. 长期借款应付未付的利息是计列入“长期借款”账户的，所以，“长期借款”账户期末贷方余额，反映尚未偿还长期借款的本金。　(　　)

五、业务核算题

（一）练习长期借款业务的核算

［资料］大华公司 2×20 年 1 月 1 日为开发无形资产，从建设银行文欣支行借款 200

万元，借款期 2 年，年利率为 6%，借款期内实际利率与合同利率差异很小，每半年计息一次，按年支付利息，到期还本，无形资产研究开发工作于第 1 年末达到预定可使用状态。

（1）2×20 年 1 月 1 日取得借款存入银行。

（2）2×20 年 6 月 30 日，计提上半年计息（第 1 年符合资本化条件）。

（3）2×20 年 12 月 31 日，计提下半年利息，并以存款支付第 1 年利息。

（4）2×21 年 6 月 30 日、12 月 31 日分别计提利息。

（5）2×21 年末，以存款支付第 2 年利息，并归还借款本金。

[要求] 根据资料，编制长期借款取得、使用、计息及归还的会计分录。

（二）继续练习长期借款业务的核算

[资料] 大华公司为增值税一般纳税人，为更新生产设备，从开发银行高新支行取得为期二年，年利率为 6% 的借款 400 万元，借款期合同利率与实际利率差异很小。建设工程一年，本年 1 月 1 日以取得借款 400 万元存入银行；同日以此项借款 300 万元购入设备，设备直接交付安装，专用发票所列设备价款 300 万元，增值税为 39 万元；7 月 1 日以借款 100 万元支付专用发票所列的工程安装费，增值税为 9 万元；次年 1 月 1 日工程如期达到预定可使用状态，交付生产使用；借款利息每年计提一次，借款期满一次还本付息。

（1）本年 1 月 1 日，取得借款存入银行。

（2）本年 1 月 1 日，购入设备直接交付安装，以存款支付价税款 339 万元。

（3）本年 7 月 1 日，以存款支付工程安装费及其增值税 109 万元。

（4）本年末，计提借款利息。

（5）本年末，工程达到预定可使用状态，交付生产使用。

（6）第 2 年末，计提借款利息。

（7）第 2 年末，借款到期，以银行存款一次还本付息。

[要求] 根据资料，编制长期借款取得、使用、计息及归还的会计分录。

第三节　应付债券

一、填空题

1. 债券的发行方法有三种方式：________、________、________。当票面利率等于市场利率时，债券________发行；当票面利率大于市场利率时，债券________发行。

2. “应付债券”账户可设置________、________、________等进行明细核算。

3. 应付债券的利息有________________和________________两种支付方式。

二、单项选择题

1. 影响债券发行价格的因素主要有：债券面值、票面利率、债券期限、利息支付方式及市场利率等。在其他因素不变的情况下，下列各项中，对债券发行价格起决定作用的因素是(　　)。

A. 市场利率　　B. 票面利率

C. 债券期限　　D. 利息支付方式

2. 溢价发行债券是债券的票面利率(　　)市场利率。

A. 低于　　B. 高于

C. 等于　　D. 与票面利率无关

3. 下列各项中，属于分期计提债券利息和进行债券溢价摊销时，借记“财务费用”或“在建工程”等账户的金额是(　　)。

A. 应计利息　　B. 折价摊销额

C. 应计利息与溢价摊销额的差额　　D. 应计利息与溢价摊销额之和

4. 下列各项中，属于企业发行一年期或一年期以下的债券，应设置的核算账户是(　　)。

A. “交易性金融负债”账户　　B. “应付债券——短期债券”账户

C. “合同负债”账户　　D. “短期借款”账户

5. 2×20年7月1日，甲企业按面值发行3年期到期一次还本付息的债券，债券年利率6%（不计复利），面值总额为5 000万元。该债券票面利率与实际利率相差很小。2×21年12月31日“应付债券”账户的账面余额为(　　)万元。

A. 5 150　　B. 5 600

C. 5 000　　D. 5 450

6. 下列各项中，属于“应付债券”账户期末贷方余额反映的内容是(　　)。

A. 尚未偿还的长期债券摊余成本

B. 尚未归还的长期债券面值

C. 尚未归还的长期债券的本金和利息

D. 尚未归还的长期债券的本息和未摊销的溢折价

三、多项选择题

1. 下列各项中，属于影响债券发行价格的因素有(　　　　)。

A. 债券面值　　　　B. 票面利率

C. 债券期限　　　　D. 市场利率

2. 下列各项中，关于企业发行债券的账务处理正确的有(　　　　)。

A. 按债券面值记入“应付债券——面值”账户

B. 按面值与实际收到款项的差额记入“应付债券——利息调整”账户

C. 按实际利率计算的利息费用记入“应付债券——应计利息”账户

D. 按实际利率计算的利息费用记入相关资产的成本或“财务费用”账户

3. 下列各项中，属于应付债券计提利息和分摊溢折价可能借记的账户有(　　　　)。

A. “应付债券——利息调整”　　　　B. “在建工程”

C. “制造费用”　　　　D. “财务费用”

4. 下列各项，属于“应付债券”账户贷方核算的内容有(　　　　)。

A. 应付债券的面值　　　　B. 应付债券的溢价

C. 应付债券的折价摊销　　　　D. 应付债券的溢价摊销

四、判断题

1. 当债券票面利率高于发行时的市场利率，债券会溢价发行；反之，债券则折价发行。(　　)

2. 公司溢折价发行债券产生的溢价或折价，并不是收益或损失，而是在整个债券存续期间对利息费用的一项调整。(　　)

3. 应付债券的利息费用是按摊余成本和实际利率计算确定的，并分期于计提利息时记入“应付债券——应计利息”账户。(　　)

4. 债券溢价在计提利息调整时会增加利息费用，债券折价在计提利息调整时会减少利息费用。(　　)

5. 企业发行债券时支付给债券发行商的佣金和手续费，如果发行债券是专项用于固定资产购建的，则应计入在建工程成本。(　　)

6. 债券发行费用小于发行期间冻结资金所产生的利息收入的，应列为营业外收入。(　　)

五、业务核算题

（一）练习面值发行债券的核算

［**资料**］某公司为更新设备，于2×21年1月1日，按面值发行债券500万元，债券款收存银行；债券票面利率为6%，期限为2年，债券存续期内名义利率与实际利率差异很小；取得的发行债券款一次专项用于固定资产建设（工程支出业务略，下同），工程建

设期1年，期满工程达到预定可使用状态；每年年末计息一次，到期一次还本付息。

1. 收到债券存入银行。
2. 第1年末计息。
3. 第2年末计息。
4. 债券到期以存款还本付息。

［**要求**］根据资料，编制面值发行债券的有关会计分录。

（二）练习溢价发行债券的核算

［**资料**］某公司为筹集新厂房建设，于2×21年1月1日，发行3年期债券一批，债券面值为900万元，实收债券款930万元，存入银行；债券票面利率7%，每年年末计息一次并分摊债券溢价，到期一次还本付息，债券存续期间内名义利率与实际利率差异很小；工程建设期为1年（发行债券款一次全部用于工程建设），期满工程达到预定可使用状态；债券期满一次以存款还本付息。

1. 发行债券收到债券款存入银行。
2. 第1年末计息及分摊溢价。
3. 第2年、第3年末计息及分摊溢价。
4. 债券到期以存款还本付息。

［**要求**］根据资料，编制溢价发行债券有关的会计分录。

（三）练习折价发行债券的核算

［**资料**］某公司为补充生产经营资金，于2×21年1月1日，发行2年期债券一批，债券面值900万元，实收债券款885万元存入银行；债券票面利率5%，每年年末计算一次并分摊债券折价，并按年支付债券利息，到期还本；债券存续期内名义利率与实际利率相差很小。

1. 发行债券收到债券款存入银行。
2. 第1年末计息及分摊折价。
3. 第1年、第2年末以存款支付的债券利息。
4. 债券到期以存款支付本金。

［**要求**］根据资料，编制折价发行债券有关的会计分录。

第四节　长期应付款

一、单项选择题

1. 企业采用分期付款方式购入固定资产发生的应付款项，应列为(　　)。

A. 长期借款　　B. 应付账款

C. 专项应付款　　D. 长期应付款

2. 下列各项中，属于企业融资租入需要安装的固定资产，以及发生的安装调试费，应借记的账户是(　　)。

A. “在建工程”账户　　B. “管理费用”账户

C. “未确认融资费用”账户　　D. “财务费用”账户

3. 下列各项中，关于企业融资租入固定资产，贷记“长期应付账款”账户的金额正确的是(　　)。

A. 租赁资产的公允价值

B. 最低租赁付款额

C. 租赁资产的公允价值和最低租赁付款额的现值两者较高者

D. 租赁资产的公允价值和最低租赁付款额的现值两者较低者

4. 甲企业以融租赁方式租入N设备，该设备的公允价值为100万元，最低租赁付款额为120万元，最低租赁付款额的现值为93万元。甲企业在租赁谈判和签订租赁合同过程中发生手续费、律师费等合计为2万元，发生的安装成本为10万元。该项融资租入固定资产的入账成本为(　　)万元。

A. 103　　B. 105

C. 110　　D. 132

5. 企业融资租入的固定资产不具有资产的所有权，但应当作为固定资产入账，这体现的会计信息质量要求是(　　)。

A. 谨慎性要求　　B. 实质重于形式要求

C. 相关性要求　　D. 真实性要求

6. 下列各项中，关于长期应付款的利息支出和相关费用的会计处理正确的是(　　)。

A. 列为当期财务费用　　B. 计入相关资产取得成本

C. 按照借款费用的规定进行处理　　D. 列为未确认融资费用

二、多项选择题

1. 下列各项中，应通过“长期应付款”账户核算的有(　　　　)。

A. 应付引进设备款　　B. 分期付款方式购入固定资产的应付账款

C. 应付融资租赁款　　D. 超过偿还期限1年以上的其他应付款

2. 下列各项中，属于融资租赁的优点有(　　　　)。

A. 融资与融物相结合，能迅速获得长期资产使用权

B. 可以避免长期借款所附加的各种限制性条款

C. 融资与引进设备都由经验丰富，市场熟悉的租赁公司承担，减少了引进费用，降低了设备成本

D. 租赁期满后，出租方收回设备使用权

3. 下列各项中，属于“长期应付款”账户贷方登记是内容有(　　　　)。

A. 应付补偿贸易补偿登记引进设备款及其应付利息

B. 未确认融资费用

C. 应付融资租入固定资产的租赁费

D. 长期应付款的利息支出和相关费用

三、判断题

1. 融资租赁方式下，固定资产的入账价值始终与长期应付款的入账价值应保持一致。(　　)

2. 企业融资租入的固定资产，固定资产入账价值与最低租赁付款额的差额，确认为借款费用，计入财务费用。(　　)

3. 企业购入设备发生的具有融资性质的，超过正常信用条件延期支付的价款，应确认为长期应付款。(　　)

4. 分期付款购入固定资产，应按购买价款的现值与应付金额的差额，借记“固定资产”或“在建工程”账户。(　　)

5. 融资租入固定资产，“固定资产”或“在建工程”账户的入账价值和“长期应付款”账户入账价值的差额，应确认为“未确认融资费用”。(　　)

6. 融资租入固定资产发生的未确认融资费用，应分摊计入财务费用。(　　)

四、业务核算题

练习应付融资租赁款的核算

［资料］某公司从达美公司以融资租赁方式租入一套生产设备，协议确定的最低租赁付款额为750万元，其最低租赁付款额的现值为700万元，租赁开始日确认的此项资产的公允价值为710万元；租赁设备直接交付安装，以存款支付专用发票所列的安装费10万元，增值税9 000元；租赁期5年，每年支付租赁费150万元，租赁期满设备所有权转归

企业；未确认融资费用在租赁期内平均摊销。

1. 融资租入设备验收后直接交付安装。

2. 以存款支付安装费。

3. 设备安装完工，达到预定可使用状态，交付生产使用。

4. 租赁期内每年分摊未确认融资费用。

5. 租赁期内每年以存款支付融资租赁的租赁费及增值税，取得专用发票，增值税税率为13%。

6. 租赁期满，设备所有权转归企业。

［**要求**］根据上述资料，编制融资租赁固定资产的有关会计分录。

第五节 债务重组

一、单项选择题

1. 债务重组会涉及债务人和债权人，债务重组作出让步的是（ ）。

A. 债务人　　B. 债权人

C. 债务人和债权人　　D. 债务人或债权人

2. 以低于应付债务的现金资产偿还债务，债务人应将支付的现金与重组债务账面价值的差额，确认为（ ）。

A. 资本公积　　B. 财务费用

C. 营业外收入　　D. 营业外支出

3. 债务人以固定资产抵偿债务，应将固定资产公允价值与其账面价值和清理费用的差额作为转让固定资产的损益处理，计列为（ ）。

A. 资产处置损益　　B. 营业外收入

C. 其他收益　　D. 其他业务收入

4. 债务人非现金资产抵偿某项债务债权人应按重组债权的账面价值与受让的非现金资产的公允价值的差额，确认为当期损益，计入（ ）。

A. 资产减值损失　　B. 营业外支出

C. 资本公积　　D. 资产处置损益

5. 债务人将其债务转为资本，重组的结果是，债务人由此而增加股本（实收资本），债权人因此而取得（ ）。

A. 债权投资　　B. 其他债权投资

C. 长期股权投资　　D. 交易性金融资产

二、多项选择题

1. 下列各项中，属于债务重组的方式有(　　　　)。

A. 以资产清偿债务　　B. 将债务转为资本

C. 修改其他债务条件　　D. 债务人企业申请破产

2. 下列各项中，属于债权人作出让步的有(　　　　)。

A. 债权人减免债务人部分债务本金

B. 债权人免去债务人全部应付利息

C. 债权人同意债务人以公允价值高于重组债务账面价值的股权清偿债务

D. 债权人同意债务人以公允价值低于重组债务账面价值的非现金资产清偿债务

3. 债务重组是债权人在求偿权上的让步。所以，债务重组一般会使(　　　　)。

A. 债务人获得重组收益　　B. 债务人发生重组损失

C. 债权人获得重组收益　　D. 债权人发生重组损失

三、判断题

1. 债务人发生财务困难、债权人作出让步是债务重组的基本特征。若债权人没有作出让步，则不属于债务重组。(　　)

2. 债务重组是债务人发生财务困难情况下进行的，它会涉及债务人和债权人两个方面的利益，并必须要获得债权人的同意与认可。(　　)

3. 债务人破产清算时发生的债务处置，也属于债务重组。(　　)

4. 债务人以固定资产抵偿债务，应将固定资产公允价值与其账面价值和清理费用的差额作为转让固定资产的损益处理，列为营业外支出。(　　)

5. 债务重组将债务转为资本的，债务人按享有的股份面值总额确认为股本，股份公允价值总额与股本之间的差额确认为营业外收入。(　　)

四、业务核算题

练习债务重组的核算处理

[**资料**] 远信公司本期与债权人达成的有关债务重组的事项如下：

1. 公司3年前欠广发公司货款56 000元经协商广发公司同意本公司以46 000元现款偿还这项债务。款已从开户银行划出。

2. 公司欠四海公司货款37万元（本息之和），逾期数年未能偿还，经协商四海公司同意本公司以一辆汽车抵偿这一债务，汽车账面原值38万元，已提折旧6万元，汽车公允价值为30万元。远信公司按设备公允价值和13%税率开具的增值税专用发票，资产已交付四海公司。

3. 公司四年前欠金鑫公司购货款20万元，经协商金鑫公司同意以本公司所产产品一批偿还，该批产品账面成本12万元，当前销售价格15万元，增值税税率13%。不考虑其他因素，产品已交付金鑫公司。

4. 公司欠兴业投资公司（非金融机构）为期3年借款200万元（本息之和），逾期较长时间未能偿还，经协商兴业投资公司同意将上述债权转为对本公司的股权，确认的股本金额为100万元，其公允价值为180万元，已办妥有关结转手续。

[**要求**] 根据资料，分别编制债务人（远信公司）和债权人必要的会计分录。

第十章 所有者权益

第一节 所有者权益概述

一、名词解释

1. 所有者权益

2. 利得

二、填空题

1. 所有者权益其来源包括____________、____________和____________等。

2. 股份制企业的所有者权益又称为____________；所有者权益是企业对____________负担（承担）的____________。

3. 所有者权益与负债的区别主要有________、________、________、________。

三、单项选择题

1. 企业所有者权益金额取决于(　　)。

A. 资产的计量　　B. 负债的计量

C. 资产和负债的计量　　D. 资产总额的多少

2. 下列各项中，会引起所有者权益总额发生变化的是(　　)。

A. 从净利润中提取盈余公积　　B. 用盈余公积补亏
C. 用盈余公积转增资本　　D. 向投资者分配现金股利
3. 下列各项中，关于企业所有者权益的表述，正确的是(　　)。
A. 企业所有者（投资人）对企业的资产不具有优先要求权
B. 所有者权益包括实收资本（或股本）、资本公积、盈余公积和净利润等四个部分
C. 所有者权益的投资人享有分配利润的权利，但不具有参与企业经营管理的权利
D. 投资者投入资本的收益是具有确定性的
4. 下列各项中，不属于所有者权益的是(　　)。
A. 资本公积　　B. 盈余公积
C. 未分配利润　　D. 公允价值变动损益
5. 所有者权益是企业所有者（投资人）对企业(　　)的要求权。
A. 全部资产　　B. 全部负债
C. 全部权益　　D. 净资产
6. 下列各项中，属于所有者权益构成内容的是(　　)。
A. 其他综合收益　　B. 其他收益
C. 计入当期损益的利得　　D. 投资收益

四、多项选择题

1. 下列各项中，不会引起企业所有者权益发生增减变动的有(　　)。
A. 用资本公积转增资本　　B. 用盈余公积弥补亏损
C. 提取盈余公积金　　D. 用法定盈余公积分配现金股利
2. 负债（债权人）与所有者权益（投资人）的主要区别有(　　)。
A. 产生的效益不同　　B. 偿还期限不同
C. 享受的权利不同　　D. 对资产要求权的顺序不同
3. 下列各项中，属于所有者权益的有(　　)。
A. 实收资本（或股本）　　B. 资本公积
C. 未分配利润　　D. 其他综合收益
4. 下列各项中，属于所有者权益特征的有(　　)。
A. 所有者（投资人）凭借所有者权益能够参与企业的利润分配
B. 企业清算时，只有在清偿所有负债后，所有者权益才会返还给所有者
C. 除非发生减资、清算或分配现金股利，企业不需要偿还所有者权益
D. 所有者权益对资产的要求权不具有优先性
5. 下列各项中，关于所有者权益的表述，正确的有(　　)。
A. 所有者权益是企业投资者对企业净资产的所有权（要求权）
B. 所有者权益等于企业资产总额减去负债总额后的余额
C. 所有者权益是企业净资产的公允价值
D. 所有者权益无确定的偿还期限，但一定是能够偿还的
6. 下列各所有者权益账户中，与企业生产经营直接关系的有(　　)。

A. “利润分配——未分配利润” 账户　B. “盈余公积——任意盈余公积” 账户
C. “资本公积——资本溢价” 账户　D. “实收资本” 账户

五、判断题

1. 所有者权益包括投入者投入的资本、企业取得利得和发生的损失、累计形成的盈余公积和未分配利润。（　）

2. 所有者权益和负债都是对企业资产的要求权，从总体上说它们的性质和享有的权利是相同的。（　）

3. 投资者向企业投入的资本，在一般情况下不需直接偿还，并可以长期周转使用。（　）

4. 投资者投入的资本是不得随意抽资或撤回的，所以，企业的实收资本（股本）是不会发生减少的。（　）

5. 所有者权益是企业对投资人负担的经济责任，所以，企业投资人（所有者）对企业的全部资产享有优先要求权。（　）

第二节　投入资本

一、单项选择题

1. 企业接受投入者投入的材料物资、固定资产、无形资产等非现金资产，记入“实收资本”账户的金额应是(　　)。

A. 投资合同或协议约定的资产价值

B. 投资合同或协议约定的资产价值，加上增值税专用发票所列的增值税

C. 投资合同或协议约定的投资者在企业注册资本中所占的份额

D. 投入资产的公允价值

2. 某企业接受投入厂房一幢，原账面原值 70 万元，已提折旧 20 万元，投资合同各方确认的资产价值为 80 万元，确认投入者在企业注册资本中所占的资本额为 50 万元。企业接受此项投资支付相关税费 1 万元。“实收资本” 的入账价值为(　　)元。

A. 500 000　B. 800 000
C. 510 000　D. 810 000

3. 股份有限公司股东投入企业的资本，应通过的核算账户是(　　)。

A. “实收资本” 账户　B. “资本公积” 账户
C. “盈余公积” 账户　D. “股本” 账户

4. 企业重组或有新投资者加入时，新加入投资者的出资额应(　　)其在企业注册资本中占有的份额。

A. 小于　B. 大于

C. 等于　　D. 大于或等于

5. 下列各项中，不会引起实收资本增加的是(　　)。

A. 接受现金资产投资　　B. 对被投资单位追加现金投资

C. 资本公积转增资本　　D. 盈余公积转增资本

6. A公司收到甲企业作价投入的原材料一批，投资各方约定资本额按照资产价值确定，约定该批原材料的成本为100万元，增值税额为13万元。下列各项中，属于A公司应记入“实收资本”账户的金额是(　　)万元。

A. 13　　B. 100

C. 113　　D. 87

7. 下列各项中，属于企业因严重亏损进行减资补亏，应贷记的账户是(　　)。

A.“实收资本”账户　　B.“本年利润”账户

C.“盈余公积”账户　　D.“利润分配——未分配利润”账户

二、多项选择题

1. 下列各项中，属于企业实收资本增加的途径有(　　)。

A. 投资者的投入　　B. 盈余公积转增资本

C. 资本公积转增资本　　D. 银行借入

2. 下列各项中，能引起企业实收资本（股本）发生增减变动的有(　　)。

A. 企业原股东将其所持本企业的股权转让给其他投资者

B. 企业增资扩股

C. 盈余公积转增资本

D. 接受投资者追加投资

3. 下列各项中，属于企业可以吸收投资者作为投入资本的有(　　)。

A. 现金资产　　B. 固定资产

C. 租赁资产　　D. 无形资产

4. 下列各项中，关于投入资本核算的表述，不正确的是(　　)。

A. 接受一台设备投资，其原始价值为200万元，已提折旧15万元，资产和资本均应以账面净值入账

B. 吸收新投资者加入时，其资本份额按其实际投入金额的入账

C. 投资者以外币投入的资本，不得以外币入账

D. 企业发生连续、重大亏损，短期内无力用盈余公积、利润弥补的，可按程序和要求进行减资补亏

5. A公司由甲、乙分别出资30万元、60万元组建，经营两年后，丙投资者协议出资80万元对A公司进行投资；投资各方约定公司注册资本调增为150万元，其中丙投资者享有40%的投资比例。下列各项中，关于此项投资的会计处理正确的有(　　)。

A. 丙投资后，甲持有A公司的投资比例为20%

B. A公司接受丙投资，应贷记“实收资本”600 000元

C. A公司接受丙投资，应贷记“实收资本”800 000元

D. 丙投资后，乙持有A公司的注册资本仍为600 000元

6. 下列各项中，属于上市公司增加股本的途径（方式）有(　　　　)。

A. 分派股票股利　　　　B. 公司增资扩股

C. 回购本公司股票　　　　D. 可转换公司债券转为股本

三、判断题

1. 接受投入的非现金资产，应按原资产账面价值作为“实收资本”入账。　(　　)

2. 对于一个企业来说，投资者投入的资金，并不一定全部构成实收资本。　(　　)

3. 投资者向企业投入的资本，在一般情况下不需偿还，并可供长期周转使用。　(　　)

4. 投资者投入的资本是不得随意抽资或撤回的，所以，企业的实收资本是不会发生减少的。　(　　)

5. 我国注册资本实行认缴登记制，所以，企业注册资本和实收资本在数额上一定是相等的。　(　　)

6. 注册资本是企业在办理工商登记是注册登记确定资本额，它反映公司的规模和实力，所以，应该一次认缴到位，并提交验资报告。　(　　)

四、业务核算题

[**资料**] 有关公司均为一般纳税人企业，发生有关投入资本的经济业务如下：

1. A、B两投资者共同投资设立甲公司，注册资本为200万元，A、B分别按60%和40%出资。投资者一次交足的款项存入银行。

2. 甲公司接受永盛公司投入一项专利权，投出单位账面余额360万元，已累计摊销200万元，投资合同确认价值为180万元，已办妥产权转移手续，并投入生产使用。投资各方约定资本额按照资产价值确定（取得普通发票）。

3. 甲公司接受D公司投入不需要安装设备一台，出资各方确认的资产价值和资本额均为65万元。公司以银行存款支付运费1 000元，设备投入生产使用（取得普通发票）。

4. 甲公司收到投资者投入的原料及主要材料甲材料一批，投资各方确认的不含税价值为50万元，专用发票列明的增值税为65 000元。投资各方约定资本额按照资产价值确定。

5. 2×20年1月，兴隆公司委托某证券公司承销发行普通股股票2 000万股，每股面值1元，发行价格6元。协议规定，证券公司按发行收入的2%收取承销费用，直接从发行收入中扣除。1月25日，收到证券公司转交的股票发行扣除承销费用后的净价款，存入开户银行。

[**要求**] 根据资料，编制必要的会计分录。

第三节 资本公积

一、单项选择题

1. 下列各项中，属于股份有限公司发行股票的净溢价收入应计列的项目是(　　)。

A. 资本公积　　B. 股本

C. 营业外收入　　D. 盈余公积

2. 下列各项中，不属于资本公积内容的是(　　)。

A. 资本净溢价

B. 股东对企业的捐赠

C. 长期股权投资权益法下，被投资单位其他股东的资本性投入

D. 接受捐赠资产的公允价值

3. 下列各项中，属于资本溢价的是(　　)。

A. 投资人出资额大于其所占资本的差额

B. 企业财产清查发现的设备盘盈

C. 投资人所占资本大于其出资额的差额

D. 企业接受的非现金资产的投资

4. 下列各项中，关于股份有限公司溢价发行股票的会计处理表述正确的是(　　)。

A. 发行股票溢价计入盈余公积

B. 发行股票相关的印花税计入股票成本

C. 发行股票取得的款项全部计入股本

D. 发行股票相关的手续费应从股票溢价中抵扣

5. 企业发行普通股 20 000 股，面值 1 元/股，发行价格为 7.20 元/股，发行股票交易费用 1 080 元。不考虑其他因素，发行股票时企业应确认的资本公积为(　　)元。

A. 1 080　　B. 124 000

C. 142 920　　D. 122 920

6. 某公司由甲、乙、丙三位股东投资设立，设立时的实收资本为 2 000 万元，甲、乙、丙三位股东所占的比例为 5∶3∶2，经过 3 年的经营，企业所有者权益总额为 3 000 万元。现有丁投资者愿意加入，并表示愿意出资 1 200 万元，享有 20% 的股份，各股东均表示同意，某公司注册资本相应调整手续办妥，丁投资者的出资额已转入公司存款账户。

(1) 该企业设立时，乙股东的出资额为(　　)万元。

A. 2 000　　B. 1 000

C. 600　　D. 400

(2) 该公司接受丁投资者投入后，乙股东的出资比例为(　　)。

A. 40%　　B. 20%

C. 24%　　D. 16%

（3）该公司接受丁投资者的投资时，记入“资本公积”账户的金额为（　　）万元。

A. 1 200　　B. 600

C. 700　　D. 500

（4）该公司接受丁投资者的投资后，“实收资本——丁股东”账户余额为（　　）万元。

A. 600　　B. 500

C. 700　　D. 400

二、多项选择题

1. 下列各项中，属于资本公积来源的有（　　）。

A. 盈余公积转入　　B. 其他资本公积

C. 从企业实现的净利润提取　　D. 资本溢价或股本溢价

2. 下列各项中，属于“资本公积”账户应设置的明细账户有（　　）。

A. “资本公积——其他资本公积”　　B. “资本公积——非现金资产投入”

C. “资本公积——股权投资准备”　　D. “资本公积——资本溢价”

3. 下列各项中，关于资本公积的表述，正确的有（　　）。

A. 资本公积应当区别不同的来源，分别进行账务处理

B. 资本公积具有资本的性质，与企业的净利润无关

C. 资本公积具有特定来源，只是由于法律的规定而不能直接以资本的名义出现

D. 资本公积与盈余公积一样都有特定来源，与企业净利润无关

4. 下列各项中，不会引起企业资本公积增加的有（　　）。

A. 确实无法支付的应付账款　　B. 接受捐赠的无形资产

C. 溢价发行股票　　D. 盘盈固定资产

5. 下列各项中，应通过“资本公积”账户核算的有（　　）。

A. 股份有限公司发行股票产生的净溢价

B. 投资者出资超出其在企业注册资本中所占份额的部分

C. 资本公积转增资本

D. 盈余公积转增资本

6. 其公司由甲、乙投资者各出资100万元设立。为扩大经营规模，该公司注册资本由200万元增加到250万元，丙企业以现金出资100万元享有公司20%的注册资本，不考虑其他因素，该公司接受丙企业出资相关的会计处理结果正确的有（　　）。

A. 贷记“实收资本”账户100万元　　B. 贷记“资本公积”账户50万元

C. 贷记“盈余公积”账户100万元　　D. 贷记“实收资本”账户50万元

三、判断题

1. 资本公积的实质属于投入资本范畴，因此所有资本公积均可直接用于转增资本和向投资者分配现金股利。（　　）

2. 资本公积的形成与企业净利润无直接联系；资本公积由全体股东共同享有。（　　）

3. 资本公积是所有者权益的构成内容之一。企业的资本公积可以转增资本，也可以用于弥补亏损。（　　）

4. 资本公积包括资本溢价、股本溢价以及直接计入当期损益的利得和损失。（　　）

5. 当企业用资本公积转增资本时，会引起“实收资本”的增加和“资本公积”的减少，但所有者权益的总额是不发生变动的。（　　）

6. 企业收到的投资者超出其在企业注册资本中所占份额的投资，应直接计入当期损益。（　　）

四、业务核算题

［**资料**］有关公司均为一般纳税人，发生有关经济业务如下：

1. 大华公司原由 A、B、C 三位股东各投资 200 万元人民币设立，设立时的注册资本为 600 万元，经过几年的经营，公司留存收益已达 400 万元。现投资者 D 要加入公司，并表示愿出资 300 万元，投资各方约定其享有的资本额为 200 万元。D 投资者投入的 300 万元收存银行。

2. 某公司持有太极公司 30% 的股份，能够对太极公司施加重大影响。太极公司为上市公司，当期太极公司的母公司给予其捐赠 20 万元，该捐赠实质上属于资本性投入（不考虑其他因素）。

3. 某公司收到甲公司作为资本投入的生产设备一台，投出单位设备原值 100 万元，已提折旧 40 万元，投资各方约定的资产价值 80 万元，确认的资本额为 50 万元，此项设备投资未取专用发票。以银行存款支付专用发票所列的运输费 5 000 元，增值税 450 元。生产设备收到直接交付安装。

4. 某公司收到大华公司投入的原材料 A 材料一批，投资各方确认的材料不含税价值为 6 万元，专用发票所列的增值税 7 800 元。投资各方约定的资本额为 5 万元。

5. 大华公司经核准将资本公积 60 万元用于转增资本，公司已按规定程序办理完增资手续。按 A、B、C、D 四投资者的出资比例 25% 转增资本。

［**要求**］编制根据资料，编制必要的会计分录。

第四节　留存收益

一、单项选择题

1. 按现行规定，法定盈余公积可以依法定的程序转增资本，但转增资本后，(　　)。

A. 企业法定盈余公积金部分不受限制

B. 企业法定盈余公积金不得高于注册资本的25%

C. 企业法定盈余公积金不得低于注册资本的25%

D. 企业任意盈余公积金必须为零

2. 某企业2×21年年初未分配利润为50万元，盈余公积30万元。本年净利润为200万元，按10%计提法定盈余公积，按20%计提任意盈余公积，宣告发放现金股利为25万元，该企业2×21年年末留存收益为(　　)万元。

A. 115　　B. 195

C. 255　　D. 175

3. 某企业本年度提取盈余公积60万元，以资本公积20万元、盈余公积16万元转增资本，投资者追加投资100万元。该企业本年度所有者权益净增加额是(　　)万元。

A. 196　　B. 160

C. 100　　D. 36

4. 下列各项中，关于企业发放股票股利的结果的表述，正确的是(　　)。

A. 资产减少，所有者权益减少　　B. 资产减少，所有者权益增加

C. 所有者权益总额不变　　D. 以上三者都不正确

5. 下列各项中，不会引起留存收益总额发生变化的是(　　)。

A. 将盈余公积转增资本　　B. 分配现金股利

C. 分派股票股利　　D. 以盈余公积弥补亏损

6. 下列各项中，属于年终结转后“利润分配——未分配利润”账户贷方余额反映的内容是(　　)。

A. 本年可供分配的利润　　B. 本年可供投资者分配的利润

C. 历年累积未分配利润　　D. 历年累积未弥补亏

7. 某股份有限公司年初未分配利润为10万元，本年实现净利润为300万元，本年提取法定盈余公积30万元，本年以可供分配利润发放的现金股利为120万元。假定不考虑其他因素，年终结转后，“利润分配——未分配利润”账户的期末余额是(　　)。

A. 借方160万元　　B. 贷方160万元

C. 借方140万元　　D. 贷方140万元

8. 某公司年初“利润分配——未分配利润”账户的借方余额为60万元，本年实现净利润为1 000万元，本年提取法定盈余公积100万元。假定不考虑其他因素，该公司当年可供分配的利润是(　　)万元。

A. 1 060　　B. 960
C. 940　　D. 900

二、多项选择题

1. 下列各项中，属于企业盈余公积可以使用的内容有(　　)。
A. 转增资本　　B. 弥补亏损
C. 对外捐赠　　D. 分配股利
2. 下列各项中，属于企业弥补亏损的渠道有(　　)。
A. 减少资本（股本）弥补亏损　　B. 用盈余公积弥补
C. 以后年度实现的利润弥补　　D. 用资本公积弥补
3. 下列各项中，属于企业留存收益的有(　　)。
A. 法定盈余公积　　B. 任意盈余公积
C. 资本公积　　D. 未分配利润
4. 下列各项中，会引起企业留存收益总额发生变化的有(　　)。
A. 将盈余公积转增资本　　B. 以可供分配的利润分配现金股利
C. 以盈余公积弥补亏损　　D. 以可供分配的利润分配股票股利
5. 下列各项中，可以直接用于转增资本的有(　　)。
A. 资本公积　　B. 未分配利润
C. 盈余公积　　D. 其他综合收益

三、不定向选择题

甲公司由 A 和 B 两股东出资成立，实收资本 500 万元，2×21 年度的有关业务如下：

（1）1 月 5 日，大力公司出资 200 万元加入甲公司，投资合同约定，大力公司的出资额按 150 万元计列为实收资本。

（2）甲公司年初未分配利润为 100 万元，2×21 年度甲公司实现净利润为 300 万元。

（3）甲公司决定，按照规定比例 10% 计提 2×21 年度的法定盈余公积；股东会决议按照 20% 的比例计提 2×21 年度的任意盈余公积。

（4）股东会批准 2×21 年度甲公司的利润分配方案，方案确定向投资者分配现金股利 230 万元，其中动用可供投资者分配的利润 200 万元、盈余公积 30 万元。

[要求] 根据上述资料，不考虑其他因素，分析回答下列各小题。

1. 根据资料（1），下列各项中，关于大力公司出资 200 万元，150 万元计入“实收资本”账户，其差额 50 万元，应计列的账户是(　　)。
A.“盈余公积”账户　　B.“投资收益”账户
C.“资本公积”账户　　D.“其他综合收益”账户
2. 根据资料（2）和资料（3），下列各项中，属于甲公司本期可供分配的利润是(　　)万元。
A. 300　　B. 400

C. 310　　　　D. 370

3. 根据资料（3）和资料（4），下列各项中，应借记“利润分配”账户的是(　　)。

A. 提取法定盈余公积

B. 提取任意盈余公积

C. 以可供投资者分配的利润向投资者分配现金股利 200 万元

D. 以盈余公积向投资者分配现金股利 30 万元

4. 根据资料（2）至资料（4），下列各项中，关于年终结转后有关账户期末余额的表述，正确的是(　　)。

A. “本年利润”账户应无余额

B. “利润分配——提取法定盈余公积”账户应无余额

C. “利润分配——未分配利润”账户借方余额，表示累积未分配利润

D. “利润分配——未分配利润”账户贷方余额，表示累积未弥补亏损

5. 公司 2 × 20 年度年终结转后，“利润分配——未分配利润”账户的期末余额是(　　)。

A. 借方 110 万元　　　　B. 贷方 110 万元

C. 贷方 80 万元　　　　D. 贷方 160 万元

四、判断题

1. 企业提取的法定盈余公积和任意盈余公积，可以用于企业发展生产、弥补亏损和职工生活福利的改善。(　　)

2. 企业法定盈余公积金是按利润总额的 10% 计提的；任意盈余公积的计提比例企业可以自行确定。(　　)

3. 年终结转后，“本年利润”账户的贷方余额，反映企业实现的净利润；“利润分配——未分配利润”账户的贷方余额，反映历年累积的未分配利润。(　　)

4. 未分配利润就是本年实现净利润尚未分配，留待以后年度进行分配处理的利润。(　　)

5. 企业用盈余公积转增资本时，不会引起所有者权益总额的增减变动。(　　)

6. 企业计提盈余公积的基数是不包括年初未分配利润的；如果以前年度有亏损的，应先弥补以前年度亏损再计提盈余公积。(　　)

7. 企业提取的盈余公积和历年结存的未分配利润都属于留存收益，均可以用于弥补亏损、转增资本、偿还债务和发放现金股利。(　　)

五、业务核算题

[资料] 有关公司发生有关留存收益的经济业务如下：

1. 企业本年实现利润 400 万元（利润总额），无纳税调整事项，所得税税率 25%，按规定程序核准按税后利润 10% 计提法定盈余公积，并按 12% 提取任意盈余公积。

2. 企业按程序核准，以法定盈余公积 20 万元转增资本，已办妥转增手续。

3. 经股东大会批准，用任意盈余公积 50 万元向投资者分派现金股利。

4. 用提取的盈余公积弥补以前年度亏损 5 万元。

5. 达美公司于 2×19 年 1 月由甲、乙两公司各占股 50% 投资设立，原注册资本 80 万元。经营两年后，丙公司加入，投入货币资金 40 万元，占该企业调整后注册资本 100 万元的 20%。2×20 年年初“利润分配——未分配利润”账户贷方余额 60 万元，年末结算企业本年实现净利润 200 万元，按规定提取法定盈余公积，向投资者分配利润 90 万元，并将资本公积 50 万元按持股比例转增资本。

（1）公司接受丙公司投资 40 万，款项存入银行。

（2）按规定比例 10% 提取法定盈余公积。

（3）按持股比例向投资者分配利润 90 万元。

（4）将资本公积 60 万元按持股比例转增资本。

（5）计算确定期末的未分配利润。

[**要求**] 编制根据资料，编制必要的会计分录。

第十一章 收入、费用及利润

第一节 收入

一、名词解释

1. 收入

2. 销售折让

3. 投入法

二、填空题

1. 收入按性质不同，可以分为____________、________和________________。
2. 企业应当在履行了合同中的________，即在客户取得相关________时确认收入。
3. 收入确认和计量大致可分为五步，第一步、第二步和第五步主要与收入的________有关，第三步和第四步主要与收入的________有关。
4. 企业与客户建立合同关系过程中发生的成本主要有____________和____________。

三、单项选择题

1. 收入是从“企业日常活动”中形成的，下列各项中，属于企业日常活动的是(　　)。

A. 处置固定资产和无形资产　　B. 非货币性资产交换

C. 出售交易性金融资产　　D. 出售原材料、出租无形资产

2. 企业出租固定资产、出租无形资产的收入，应计列为(　　)。

A. 主营业务收入　　B. 提供劳务收入

C. 其他业务收入　　D. 营业外收入

3. 下列各项中，属于确认收入的时点是(　　)。

A. 收到购货方的货款时　　B. 客户取得相关商品控制权时

C. 发出商品时　　D. 签订合同并发出商品时

4. 执行新收入准则的企业，根据合同向客户预收的货款，应确认为(　　)。

A. 合同负债　　B. 合同资产

C. 预收账款　　D. 商品销售收入

5. 下列各项中，属于工业企业其他业务收入的是(　　)。

A. 存款利息收入　　B. 出售固定资产、无形资产收入

C. 原材料、周转材料销售收入　　D. 出售工程物资收入

6. 企业采用委托代销安排方式销售商品，企业收到受托方商品销售代销清单，应按(　　)确认收入。

A. 商品售价　　B. 商品售价与手续费之差

C. 商品售价与手续费之和　　D. 商品售价和增值税之和

7. 下列各项中，属于企业已发出但客户没有取得商品控制权（未满足收入确认条件）商品的成本应记入的账户是(　　)。

A.“合同履约成本”账户　　B.“合同取得成本”账户

C.“发出商品”账户　　D.“库存商品”账户

8. 下列各项中，企业支付给受托方的委托代销商品手续费应计入(　　)。

A. 财务费用　　B. 其他业务成本

C. 主营业务成本　　D. 销售费用

9. 下列各项中，关于企业销售商品现金折扣会计处理的表述，正确的是(　　)。

A. 在实际发生时冲减当期商品销售收入

B. 在确认商品收入时加以预计，冲减商品销售收入

C. 在实际发生时列为当期的财务费用

D. 在实际发生时列为当期的销售费用

10. 下列各项中，关于企业确认收入后发生销售折让的会计处理，正确的是(　　)。

A. 冲减当期营业收入　　B. 列为当期销售费用

C. 计入当期主营业务成本　　D. 列为会计差错处理

11. 企业取得合同发生的、预计能够收回的增量成本，应计列为(　　)。

A. 合同资产　　B. 合同取得成本

C. 合同履约成本　　D. 其他业务成本

12. 企业销售业务中发生的下列各项，应计入财务费用的是(　　)。

A. 商业折扣　　B. 现金折扣

C. 销售折让　　D. 销售退回

13. 某公司于2×20年12月1日与山水公司签订一项为期3个月的安装工程合同，合同总价为400万元，增值税36万元。至年底已预收工程款150万元，实际发生工程成本90万元，估计还将发生工程成本210万元。该安装业务构成单项履约义务，且该履约义务满足在某一时段内履行的条件，公司按照实际发生成本占预计总成本的比例确定履约进度。2×20年12月31日应确认的劳务收入为(　　)万元。

A. 150　　B. 120

C. 250　　D. 280

14. 下列各项中，属于核算企业已向客户转让商品有权收取对价的权利，且该权利取决于时间流逝之外的其他因素的账户是(　　)。

A. "应收账款"账户　　B. "合同负债"账户

C. "合同履约成本"账户　　D. "合同资产"账户

15. 企业将商品控制权转移给客户，首先判断履约义务是否满足在某一时段内履行的条件，如不满足的，则属于下列各项中的(　　)。

A. 未满足收入确认条件的履约义务　　B. 未完全履行的履约义务

C. 综合履行的履约义务　　D. 在某一时点履行的履约义务

16. A公司为客户安装设备的合同约定6个月完工，交易价格为固定金额600万元；若提前1个月完工，客户将额外奖励20万元，A公司估计工期提前1个月完工的概率为95%，则此项交易价格的总价是(　　)万元。

A. 620　　B. 600

C. 580　　D. 619

17. 某公司3月份共增加银行存款450万元。其中：出售库存商品收入350万元，增值税59.5万元；出售库存原材料收入20万元，增值税26 000元；出售固定资产取得价款56.5万元，其中增值税6.5万元；出租无形资产收入10万元，增值税6 000元；对外提供运输劳务取得收入7万元，增值税6 300元；没收逾期未退还出借包装物押金2.26万元，其中应计增值税0.26万元；则该月营业收入总额为(　　)万元。

A. 450　　B. 389

C. 387　　D. 439

18. 下列各项中，不属于在某一时段履行履约义务的是(　　)。

A. 客户在企业履约的同时即取得并消耗企业履约所带来的经济利益

B. 企业履约过程中所产生的商品具有不可替代用途，且该企业在整个合同期间内有权就累计至今已完成的履约部分收取款项

C. 客户已接受该商品

D. 客户能够控制企业履约过程中在建的商品

四、多项选择题

1. 下列各项中，属于收入按性质分类的类别有(　　)。

A. 商品销售收入　　B. 提供劳务收入

C. 让渡资产使用权收入　　D. 其他业务收入

2. 下列各项中，不应确认为收入的有(　　)。

A. 销售商品收取的增值税　　B. 出售自制半成品、不合格品取得的收入

C. 销售商品收回代垫运费　　D. 代客户销售的委托代销商品

3. 企业日常活动包括经常性活动和与经常性活动相关的活动。下列各项中，属于企业经常性活动取得的收入有(　　)。

A. 商品流通企业销售商品收入　　B. 安装公司提供安装服务收入

C. 租赁公司取得的租金收入　　D. 出售无形资产所取得的价款

4. 企业应当在履行了合同中的履约义务，即在客户取得相关商品控制权时确认收入。下列各项中，属于取得相关商品控制权应同时包括的三要素是(　　)。

A. 拥有现时权利　　B. 有能力主导该商品的使用

C. 能够获得几乎全部的经济利益　　D. 订立书面形式的合同

5. 收入确认的前提条件是要求企业与客户之间的合同同时满足五项条件。下列各项中，属于这五项条件内容的有(　　)。

A. 合同各方已批准该合同并承诺将履行各自义务

B. 该合同明确了合同各方与所转让商品相关的权利和义务

C. 该合同具有商业实质

D. 企业因向客户转让商品而有权取得的对价很可能收回

6. 下列各项中，属于收入的特征有(　　)。

A. 收入是从“企业日常活动”中产生，而不是从“偶然的交易或事项”中产生的

B. 收入是与所有者投入资本无关的经济利益的总流入

C. 收入会导致企业所有者权益的增加

D. 收入只包括本企业的经济利益总流入，不包括为第三方或客户代收的款项

7. 对价是指交易双方以权利义务为基础所允诺认可的价格。下列各项中，关于对价的表述正确的有(　　)。

A. 对价是在合同约定中产生的　　B. 对价是交易双方接受的价格

C. 合同中承诺的对价金额是固定的　　D. 对价一定是公允价值

8. 下列各项中，属于让渡本企业资产使用权应确认收入的有(　　)。

A. 让渡本企业（金融企业）货币资金使用权按期计提的利息收入

B. 合同约定按销售收入一定比例收取的专利权使用费收入

C. 出售自制半成品所取得的收入

D. 出租固定资产所取得的收入

9. 下列各项中，可能影响企业销售商品收入金额的有(　　)。

A. 企业与购货方签订合同的交易价格　　B. 合同约定的激励措施、奖励积分

C. 企业与购货方协商的商业折扣　　D. 代垫购货方的运杂费

10. 下列各项中，属于工业企业的其他业务收入有(　　)。

A. 出租闲置生产设备的租金收入　　B. 随同产品出售单独计价的包装物收入

C. 对外提供运输服务取得收入　　D. 债权投资的利息收入

11. 对于在某一时点履行的履约义务，企业应当在客户取得相关商品控制权时点确认收入。在判断客户是否已取得商品控制权时，企业应当考虑的迹象有(　　)。

A. 客户已拥有该商品的法定所有权

B. 客户就该商品负有现时付款义务

C. 客户已取得该商品所有权上的主要风险和报酬

D. 客户能够控制企业履约过程中在建的商品

12. 下列各项中，属于产出法下企业确定履约进度时可采用的指标有(　　)。

A. 实际测量的完工进度　　B. 时间进度

C. 投入材料数量　　D. 发生的生产工时或机器工时

13. 收入的确认计量应采用“五步法”，即通过五个步骤对收入进行确认计量。下列各项中，属于“五步法”涉及的步骤有(　　)。

A. 识别与客户订立的合同　　B. 识别合同中的单项履约义务

C. 确定交易价格　　D. 将交易价格分摊至各单项履约义务

14. 2020 年 11 月 30 日，甲公司与乙公司签订一项为期 3 个月安装合同，合同总价为 80 万元。当日，甲公司预付合同款 30 万元，至当年 12 月 31 日，甲公司累计发生与合同相关的工程成本 27 万元，估计还将发生 33 万元。甲公司按照已经发生的成本占估计总成本的比例确认合同的履约进度，并作为某一时段内履行的履约义务确认收入。下列各项中，不考虑其他因素，关于甲公司 2020 年 12 月 31 日的会计处理结果正确的有(　　)。

A. 履约进度为 45%　　B. 确认收入为 30 万元

C. 结转成本为 27 万元　　D. 对影响营业利润的影响额为 9 万元

五、判断题

1. 企业发生收入往往表现为货币资产的流入，但是并非所有货币资产的流入都是企业的收入。(　　)

2. 收入会导致企业所有者权益的增加，所以，导致企业所有者权益增加的都属于收入。(　　)

3. 企业的收入是企业经济利益的总流入，它包括主营业务收入、其他业务收入、营业外收入和投资收益。(　　)

4. 企业与客户之间的合同同时满足收入确认五项前提条件的，企业应当在客户取得商品控制权时确认收入。(　　)

5. 企业与客户签订合同，向其销售商品并提供安装服务，若该安装复杂且商品需要按客户定制要求修改，则合同中应将销售商品和安装服务分为两项履约义务。(　　)

6. 合同条款所确定的交易价格，可以是固定金额、可变金额的，也可以是两者兼有。（　）

7. 收入可能表现为企业资产的增加，也可能表现为企业负债的减少，或者两者兼而有之。（　）

8. 企业已收或应收客户对价而向客人转让商品的义务，应确认为合同资产。（　）

9. 企业取得合同发生的、预计能够收回的增量成本，应通过“合同履约成本”账户核算。（　）

10. 企业在销售商品时，如有商业折扣、现金折扣的，应按扣除商业折扣、现金折扣后的净额确认商品销售收入。（　）

11. “主营业务收入”账户的借方是登记发生的销售折让和销售退回而冲减的收入和期末结转至“本年利润”账户的收入，结转后该账户是无余额的。（　）

12. 委托代销安排方式下，发出商品时，委托企业不应确认收入；受托企业售出商品，客户取得商品控制权，委托企业收到货款或取得收取货款的权利时，予以确认收入。（　）

13. 现金折扣应在实际发生时计入当期财务费用；销售折让应在实际发生时冲减当期销售收入。（　）

14. 其他经营业务应交的除增值税以外的消费税、城市维护建设税、教育费附加等税费，应计入“税金及附加”账户。（　）

15. 企业在某一时段内履行的履约义务，企业应按照履约进度确认收入。企业应当考虑商品的性质，采用产出法或投入法确定恰当的履约进度。（　）

16. 合同取得成本和合同履约成本都是与销售业务有关的，均应分摊计入当期损益，记入“销售费用”账户。（　）

17. 附有销售退回条件的销售，企业应当在客户取得商品控制权时，按照预期有权收取的对价金额扣除预计退还的金额的差额确认收入。（　）

18. 附有客户额外购买选择权的销售包括销售激励、客户奖励积分等。客户行使该选择权购买额外商品时，应与原购买商品合并作为一项履约义务。（　）

六、业务核算题

（一）练习商品销售业务的核算

[资料] 某公司于8月7日向前进公司销售甲产品5 000件，单位售价20元（不含增值税），增值税税率为13%，单位成本为12元，企业为购货方提供的商业折扣为10%（不含增值税）。该项销售为单项履约义务并属于在某一时点履行的履约义务，前进公司已取得商品控制权。合同约定的现金折扣条件为5/10，3/20，n/30，现金折扣按货款计算。

1. 8月7日，公司销售产品，确认收入。
2. 公司于8月15日，收到前进公司汇付的价税款，款项转存银行。
3. 如果公司于8月25日，收到前进公司汇付的价税款，款项转存银行。
4. 如果公司于8月30日，收到前进公司汇付的价税款，款项转存银行。

5. 8月末结转该批已销售商品的成本。

[要求] 根据资料，编制商品销售、收款和结转成本的会计分录。

（二）继续练习商品销售业务的核算

[资料] 某公司5月8日向大华公司销售甲产品一批，售价10万元，增值税税率为13%，成本70 000元。合同约定现金折扣条件（全部价款）为2/10，1/20，n/30；购买方于5月16日付款。如果该批产品于6月5日因质量问题其中一半被退回，按合同条款同意退货，款项以存款划付，退回产品验收入库，商品销售成本按原来数额结转。

1. 5月8日出售产品，大华公司取得商品控制权，确认收入。

2. 5月16日收到价款存入银行。

3. 5月31日结转产品销售成本。

4. 6月5日发生一半的退货，商品验收入库，款项转出，开具红字的专用发票。

[要求] 根据资料，编制有关必要的会计分录。

（三）练习委托代销安排业务的核算

[资料] 新风公司与海运商场均为一般纳税人，5月10日公司与海运商场签订委托代销合同，同日按合同海运商场发出甲产品1万件，甲产品单位成本50元/件，增值税税率13%。合同约定：海运商场按90元/件的不含税售价对外销售，新风公司按不含税售价的8%支付手续费（不含税，手续费增值税率6%）；海运商场对产品不承担包销责任，新风公司也有权收回未出售的商品，商品出售前海运商场没有义务支付货款。5月28日，海运商场实际出售甲产品5 000件，新风公司收到代销商品清单列明货款45万元，增值税58 500元，公司开具相同金额的增值税专用发票。5月30日，海运商场汇付扣除手续费36 000元及其增值税2 160元后的价税款470 340元收存银行。

[要求] 根据资料，分别编制委托方（新风公司）和受托方（海运商场）必要的会计分录。

（四）练习各类收入业务及销售折让、销售退回的核算

［资料］某公司为一般纳税人，产品销售增值税税率为13%，11月份发生有关经济业务如下（假定该公司已销售产品成本逐笔进行结转）：

1. 2日，向中财公司销售甲产品30件，货款72 000元，增值税9 360元。产品中财公司已验收提货，价税款收一张金额为81 360元的银行汇票，并已交银行办妥入账手续。该批产品成本为54 000元。

2. 5日，公司向云栖公司销售甲产品50件，货款12万元，增值税额为15 600元。公司按合同发货，以银行存款代垫运杂费3 000元（含增值税）。云栖公司收到甲产品验收无误，公司收到一张云栖公司公司签发经银行承兑的为6个月、金额为135 600元的银行承兑汇票一张，代垫运杂费3 000元尚未收到。该批产品成本为9万元。

3. 6日，采用托收承付结算方式向和丰公司销售乙产品80件，价款16万元，增值税20 800元，以银行存款代和丰公司垫付运杂费1 000元（含增值税）。产品发出，并已向银行办妥托收手续，和丰公司取得商品控制权。该批产品成本为12万元。

4. 8日，H公司因产品质量问题退回上月销售的甲产品10件，价款24 000元，增值税3 120元，成本为18 000元；退回的10件甲产品验收入库，公司签发转账支票一张，退还价税款，并已按要求开具增值税专用发票（红字）。

5. 12日，根据合同向中肯公司预收了货款9万元，款项收存银行。

6. 15日，和丰公司收到6日所售发的乙产品80件，经验收发现外观有瑕疵，经协商，公司同意给予和丰公司10%的销售折让18 080元（其中专用发票注明的增值税2 080元）。

7. 18日，接银行通知，和丰公司承付的扣减销售折让后的甲产品应收价税款163 720元收到，款项转入银行。

8. 20日，公司向发出中肯公司发出乙产品一批，计货款13万元，增值税为16 900元；中肯公司收到乙产品验收无误，余款56 900元尚未收到（列为应收账款）。

9. 21日，与远大公司签订委托代销合同，委托远大公司代销丙产品，约定售价为1 500元/件（不含增值税），该产品成本1 000元/件。根据合同发出丙产品200件。

10. 28日，收到远大公司开来的代销清单注明售价30万元，增值税39 000元。按合同约定，应支付的增值税专用发票所列的代销手续费18 000元，增值税1 080元。

11. 30日，接银行通知远大公司转来的代销丙产品扣除手续费的价税款319 920元，已到账。

12. 30日，收到南方公司转来的租用本公司设备的租金2万元，增值税2 600元，款项收存银行。该固定资产本月应计提折旧5 000元。

13. 根据本月销售业务计算，应交消费税35 000元，应交城市维护建设税10 500元，教育费附加（含地方教育费附加）7 500元。

［**要求**］根据上述资料，编制必要的会计分录。

（五）练习在某一时段内履行履约义务的收入的核算

［**资料**］

1. 梦想公司为一般纳税人，2×20年12月1日与泰安公司签订一项为期3个月的装修合同，合同总价为150万元，增值税13.5万元，工程款每月末按完工进度支付。截至2×20年12月31日，经专业人员测量确定，该项目的完工进度为30%；泰安公司按完工进度支付工程价税款。至2×20年12月31日，梦想公司为完成该合同已发生劳务成本40万元。该装修业务构成单项履约义务，且该履约义务满足在某一时段内履行的条件。梦想公司按照实际测量的完工进度确定履约进度，该业务为梦想公司的其他业务。

（1）2×20年12月，发生劳务成本40万元，其中，职工薪酬30万元，领用原材料10万元。

（2）2×20年12月31日，确认劳务收入，价税款收存银行。

（3）2×20年12月31日，结转劳务成本。

2. 2×20年11月1日，科润设计公司与达美公司签订一项为期3个月的设计合同，合同总价为200万元，增值税12万元。当日预收工程款80万元，截至11月30日实际发生劳务成本42万元，估计还将发生劳务成本78万元；至2×20年12月31日实际累计发生劳务成本90万元，估计还将发生劳务成本30万元。该设计合同构成单项履约义务，且该履约义务满足在某一时段内履行的条件，并按照实际发生成本占预计总成本的比例确定设计劳务的履约进度。

（1）2×19年11月，发生劳务成本42万元，其中职工薪酬22万元，以存款支付专用发票所列的技术费用20万元，增值税12 000元。

（2）2×19年12月，预收设计劳务款80万元存入银行。

（3）2×20年11月30日，确认履约进度和劳务收入。同时，结转劳务成本：

（4）2×20年11月30日，结转设计劳务成本。

（5）至2×20年12月31日，累计发生劳务成本90万元，12月份实际发生劳务成本48万元，其中职工薪酬40万元，领用原材料8万元。

（6）2×20年12月31日，确认履约进度和劳务收入（款项未收）。

（7）2×20年12月31日，结转设计劳务成本。

［**要求**］根据资料，编制必要的会计分录。

（六）练习合同取得成本和合同履约成本的核算

［资料］

1. 南都物业公司为一般纳税人，通过竞标取得辽源公司的一项服务期为 2 年的物业服务合同，该项目每年年末取得服务收入 300 万元，增值税税率为 6%。为取得该项合同南都物业公司发生下列费用：①取得专用发票的中介机构尽职调查等费用 3 万元，增值税 1 800 元；②为投标发生的差旅费 2 000 元；③取得普通发票的标书印制费 5 000 元，投标费 3 000 元；④销售佣金 48 000 元。公司预计这些支出未来均能够收回，根据权责发生制确认服务收入及合同取得成本。

（1）以存款支付上述各项费用。销售佣金确认为合同取得成本，其余均不属于增量成本，列为期间费用。

（2）分 24 个月，按月确认服务收入（价税款尚未收到），分摊合同取得成本。

2. 技巧公司为一般纳税人，与科发公司签订合同由其利用已有平台为其提供管理服务，合同期限 3 年，服务费总价 108 万元，增值税税率为 6%；服务费分月计算，按年支付。技巧公司为提供服务于合同签订月份，向专业机构支付专用发票所列的方案设计及评价费 20 万元，增值税 12 000 元；发生的测试费用为：人员薪酬 16 万元，领用原材料 72 000元。公司预计这些支出未来均能够收回，不考虑其他因素。该业务属于公司主营业务。

（1）合同签订月份发生、以存款支付相关费用。

（2）每月确认服务收入（价税款尚未收到），分摊合同履约成本（分 36 个月摊销）。

［要求］根据资料，编制必要的会计分录。

（七）练习特定交易销售业务的核算

［资料］

1. 2×20年11月15日，济州公司向宁一公司销售甲商品200件，售价500元/件，成本300元/件，增值税税率为13%。商品全部发出，控制权已转移，价税款暂未到。合同约定，宁一公司应于2×20年12月15日前支付价税款，在2×21年2月28日之前有权退还商品。济州公司根据以往经验，估计宁一公司该批商品被退货的概率约为20%。2×20年12月31日，大明公司对退货概率重新进行评估认为只有10%。商品发出时纳税义务已经发生，实际销售退回取得红字的增值税专用发票。

（1）2×20年11月15日，发售商品，确认收入。

（2）月末，结转此项销售商品的成本。

（3）2×20年12月15日之前，收到价税款存入银行。

（4）2×20年12月31日，对退货概率重新进行评估。

（5）假定2×21年2月28日，假定实际发生退货为20件，退货价税款以存款汇付。

2. 2×20年1月1日，济州公司开始一项奖励积分计划：客户在本公司每购货10元可获得1个积分，每个积分从次月开始购物时可以抵减1元。截至2×20年1月31日，客户共购货30万元（收存银行），可获得3万个积分，根据以往经验，估计该积分的兑换率为90%。大明公司认为其授予客户的积分为客户提供了一项重大权利，应列为单项履约义务。假定不考虑增值税的影响。

（1）计算销售商品、积分分摊的交易价格售价。

（2）2×20年1月，在商品控制权转移时，按商品分摊的交易价格确认收入，差额确认为合同负债。

（3）截至2×20年12月31日，客户共兑换了21 000个积分，公司对该积分的兑换率进行了重新估计，仍然预计客户总共将会兑换90%。当年已兑换的积分确认为收入。

［要求］根据资料，编制必要的会计分录。

第二节 费用

一、名词解释

1. 费用

2. 期间费用

二、填空题

1. 费用按经济用途分类的按成本性费用包括________、________、________等。

2. 企业销售商品成本结转过程，可以概括为：产品生产过程形成________；产品制造完工入库形成________________；商品销售后结转形成________________。

3. 期间费用是指不能直接归属于________________的费用。期间费用包括________、________、________。

三、单项选择题

1. 企业开办期间发生的职工薪酬，应计入的项目是(　　)。

A. 制造费用　　B. 销售费用

C. 管理费用　　D. 长期待摊费用

2. 企业专设销售机构人员的职工薪酬，应计入的项目是(　　)。

A. 管理费用　　B. 销售费用

C. 主营业务成本　　D. 其他业务成本

3. 下列各项中，属于期末结转验收入库完工产品制造成本，应贷记的账户是(　　)。

A. “库存商品”账户　　B. “生产成本”账户

C. “主营业务成本”账户　　D. “制造费用”账户

4. 下列各项中，属于期末分配结转生产车间发生制造费用，应借记的账户是(　　)。

A. “库存商品”账户　　B. “本年利润”账户

C. “生产成本”账户　　D. “主营业务成本”账户

5. 委托代销商品收到代销清单，收入确认后，月末结转已销售商品（产品）成本，账务处理是(　　)。

A. 借：主营业务成本
　　贷：库存商品

B. 借：主营业务成本
　　贷：受托代销商品

C. 借：主营业务成本
　　贷：生产成本

D. 借：主营业务成本
　　贷：发出商品

6. 下列各项中，属于以经营租赁方式出租设备计提的折旧，应计入的项目是(　　)。

A. 生产成本　B. 制造费用
C. 管理费用　D. 其他业务成本

7. 下列各项中，属于企业支付违约金、税款滞纳金，应计入的项目是(　　)。

A. 管理费用　B. 营业外支出
C. 财务费用　D. 其他业务成本

8. 下列各项中，应计入财务费用的是(　　)。

A. 购货获得的现金折扣　B. 销货产生的商业折扣
C. 销货产生的销售折让　D. 购货放弃的现金折扣

9. 下列各项中，应计入销售费用的是(　　)。

A. 销货产生的销售折让　B. 预计产品质保损失
C. 银行承兑汇票的承兑手续费　D. 聘请中介机构经费

10. 下列各项中，应以产品为成本对象归集的费用是(　　)。

A. 生产成本　B. 销售费用
C. 管理费用　D. 税金及附加

11. 下列各项中，应在发生当期全部计入当期损益的是(　　)。

A. 直接材料　B. 制造费用
C. 管理费用　D. 长期待摊费用

12. 下列各项中，不能直接记入“生产成本”账户的是(　　)。

A. 生产产品耗用的原材料
B. 直接从事产品生产工人的职工薪酬
C. 按生产工人工资总额的一定比例预提结转职工福利费
D. 车间管理人员的职工薪酬

13. 下列各项中，应计入管理费用的是(　　)。

A. 处置固定资产净损失　B. 季节性停工损失
C. 费用化的无形资产研发支出　D. 出租无形资产的摊销

14. 下列各项中，不应计入财务费用的是(　　)。

A. 外币业务的汇兑损益　B. 不符合资本化条件的借款利息
C. 拓展业务发生的业务招待费　D. 支付给金融机构的手续费

15. 某工业企业（非小企业）3月份发生的费用有：车间管理人员工资30万元，公司行政管理部门职工薪酬150万元，支付产品广告费50万元，计提短期借款应付利息40万元，车间固定资产修理费20万元，处置对外投资发生损失10万元。则该企业当期的期间费用总额为(　　)万元。

A. 240　B. 260

C. 270　　D. 300

16. 下列各项中，关于企业产品制造发生直接材料的会计处理，正确的是(　　)。

A. 借记“生产成本”账户　　B. 贷记“生产成本”账户

C. 借记“制造费用”账户　　D. 贷记“制造费用”账户

17. 下列各项中，不应计入销售费用的是(　　)。

A. 支付的委托代销手续费　　B. 商标权诉讼案发生的诉讼费、律师费

C. 专设销售机构固定资产的修理费　　D. 商品销售过程支付的运输费、保险费

18. 下列各项中，应计入制造费用的是(　　)。

A. 提前辞退生产人员支付的辞退福利

B. 车间生产工人的劳动保护费

C. 经营性租入生产设备的初始直接费用

D. 非专利技术的研究费用

四、多项选择题

1. 下列各项中，属于费用按经济用途分类的类别有(　　)。

A. 期间费用　　B. 成本性费用

C. 管理费用　　D. 制造费用

2. 下列各项中，属于期间费用的有(　　)。

A. 制造费用　　B. 管理费用

C. 财务费用　　D. 销售费用

3. 工业企业的下列各项中，应通过“其他业务成本”账户核算的有(　　)。

A. 销售商品的生产成本　　B. 销售材料的成本

C. 出租固定资产的折旧费　　D. 出租无形资产的摊销

4. 下列各项中，属于销售费用的有(　　)。

A. 销售商品为客户代垫运杂费　　B. 确认收入摊销合同取得成本

C. 支付产品广告费　　D. 专设销售机构经费

5. 下列各项中，属于工业企业产品生产成本核算一般应设置的账户有(　　)。

A. “生产成本”账户　　B. “主营业务成本”账户

C. “制造费用”账户　　D. “其他业务成本”账户

6. 下列各项中，应计入“税金及附加”账户的有(　　)。

A. 销售应交增值税

B. 产品销售应交消费税

C. 出租固定资产应交城市维护建设税、教育费附加

D. 产品销售应交城市维护建设税、教育费附加

7. 下列各项中，属于制造企业产品成本项目的有(　　)。

A. 直接材料　　B. 直接人工

C. 制造费用　　D. 管理费用

8. 工业企业（非小企业）下列各项中，属于制造费用的有(　　)。

A. 生产车间组织和管理生产人员的职工薪酬
B. 生产车间机器设备的折旧费
C. 企业支付的技术转让费
D. 生产车间机器设备的修理费
9. 下列各项费用，应计列为期间费用的有(　　　　)。
A. 生产车间发生的办公费　B. 公司行政部门的办公费、咨询费
C. 出借包装物的摊销　D. 销货产生的现金折扣
10. 下列各项中，应计入管理费用的有(　　　　)。
A. 取得交易性金融资产的交易费用　B. 生产经营使用无形资产的摊销
C. 管理原因造成存货盘亏净损失　D. 职工教育经费、工会经费
11. 工业企业的下列各项中，不应计入其他业务成本的有(　　　　)。
A. 销售原材料的成本　B. 出售固定资产的净值
C. 出售债权投资的账面价值　D. 销售原材料应交的税金及附加
12. 下列各项中，属于确认费用应遵循的要求有(　　　　)。
A. 划分收益性支出和资本性支出　B. 权责发生制
C. 配比要求　D. 在发生当期确认，计入当期损益
13. 企业发生的下列各项支出，应计入财务费用的有(　　　　)。
A. 销货发生的现金折扣　B. 计提短期借款的应付利息
C. 办理银行结算支付手续费　D. 不符合资本条件的汇兑损益
14. 下列各项中，关于期间费用的表述，正确的有(　　　　)。
A. 期间费用是容易确认其所归属的产品的费用
B. 期间费用是难以判别其所归属的产品的费用
C. 期间费用一般与费用发生的当期有关
D. 期间费用会影响当期及以后各期的利润

五、判断题

1. 企业发生的各项费用最终都会构成产品生产成本的。(　　)

2. 与同一项销售有关的收入，其成本不一定在同一会计期间予以确认。(　　)

3. 企业生产经营过程中发生的各项支出均构成企业的费用。(　　)

4. 产品成本是按一定的产品（或劳务）对象所归集的计入成本的费用，是对象化的产品（或劳务）的生产费用。(　　)

5. 费用是企业在日常活动中发生的经济利益的总流出，它包括应计入产品生产成本的费用、计入当期损益的期间费用和应计入营业外支出的各项损失等。(　　)

6. 增值税是企业产品销售收入的扣减项目，所以，列入当期损益的“税金及附加”与产品销售收入是没有关联的。(　　)

7. 企业发生的业务招待费、无形资产摊销、固定资产修理费等，无论发生在哪个部门，均应计入管理费用。(　　)

8. 费用与收入应按因果关系加以确认，表现为以下两方面：一是经济性质上的因果

关系，即有所得必有所费；二是时间上的一致性，即收入与费用相配比的过程。（　）

9. 企业车间管理人员发生的费用和公司行政管理人员发生的费用，都属于间接费用，应列为期间费用。（　）

10. 企业一定期间的直接费用和间接费用，构成这一期间产品的生产成本总额，并且在数额上是相等的。（　）

11. 费用是企业的经济利益的总流出，企业支付罚款、处置非流动资产、对外投资发生损失都可能产生经济利益的流出，所以，它们都属于费用。（　）

12. “税金及附加”账户，反映企业日常经营活动应交的消费税、资源税、城市维护建设税、房产税、车船税、企业所得税等税金及其教育费附加。（　）

13. 主营业务收入和其他业务收入构成企业的营业收入；主营业务成本和其他业务成本构成企业的营业成本。（　）

14. “生产成本——基本生产成本”账户，应按照基本生产车间和成本计算对象进行明细核算。（　）

15. 其他业务成本包括销售材料的成本、出租固定资产的折旧费、出租无形资产的摊销、出租包装物的摊销、提供非工业性劳务的成本等，但不包括其他业务应交的税费。（　）

16. 年终结转后，“主营业务成本”“税金及附加”“其他业务成本”“制造费用”“销售费用”“管理费用”“财务费用”等损益类账户应是无余额的。（　）

17. 企业发生的不符合或者不再符合资产确认条件的支出，应当确认为期间费用。（　）

18. 费用是指企业日常活动所发生的经济利益的总流出，主要包括生产成本、主营业务成本、税金及附加和期间费用等。（　）

六、业务核算题

（一）练习收入、成本和费用业务的核算

[资料] 某公司为一般纳税人，6 月份发生以下经济业务（该企业已销售产品成本月末汇总进行结转）：

1. 向本市某单位销售 A 产品一批，售价 50 万元，增值税额 65 000 元，收到转账支票一张面额 565 000 元的转账支票，办妥划款手续，提货单交付客户。该批产品成本 35 万元。

2. 向外地甲企业销售 A 产品一批，售价 70 万元，增值税 91 000 元，该批产品成本 50 万元，发货时，以银行存款代垫运杂费 5 000 元。发出产品，客户取得控制权，当日办妥委托银行收款的手续。

3. 接银行通知，上述向甲企业托收的款项 796 000 元已收到。

4. 委托乙公司代销 B 产品一批（收取手续费方式），发出商品的总成本 80 万元，本月 5 日发出商品；本月 25 日收到乙公司代销清单，该批 B 产品已销售 50%，应计货款 60 万元，增值税 78 000 元，价税款暂未收到；本月 30 日收到乙公司转来该批商品扣除货款 5% 的代销手续费后的价税款 648 000 元，款已转存银行。

5. 按合同向丙公司预收货款20万元，存入银行。

6. 向按合同丙公司发出B产品一批，售价30万元，增值税39 000元。该批产品成本21万元。

7. 收到丙公司补价税款139 000元，存入银行。

8. 上月向甲企业销售的C产品2 000件，单价50元，已收款入账。现对方提出存在质量问题，经协商，每件降价10元，以存款退还款项22 600元（其中增值税2 600元，开具红字增值税专用发票）。

9. 销售多余E材料一批，售价12 000元（成本1万元），增值税1 560元，价税款收存银行。

10. 向大华公司销售D产品2 000千克，单位成本20元，单位售价30元；随货销售单独计价的包装箱40只，包装箱单位成本40元，单位售价50元。产品及包装箱的增值税率均为13%，价税款收到期限3个月的商业汇票一张，面额70 060元。

11. 月末汇总结转已销售产品成本。本月已销售产品成本：A产品85万元，B产品61万元（其中40万元为委托乙公司代销商品），D产品4万元）。本月已售材料成本：出售材料成本1万元，随同产品出售包装物成本1 600元。

12. 根据本月销售（主营业务和其他业务）业务计算，应交消费税12万元，应交城市维护建设税17 500元，教育费附加（含地方教育费附加）12 500元，应交环境保护税9 000元。

［要求］根据上述资料，编制必要的会计分录。

（二）练习期间费用业务的核算

［资料］某公司为一般纳税人，9月份发生有关期间费用支出的经济业务如下：

1. 4日，以银行存款支付专用发票所列的产品广告费5万元，增值税3 000元。

2. 8日，以银行存款支付普通发票所列是诉讼费1万元。

3. 20日，以库存现金900元支付公司管理部门零星办公用品购置费，取得普通发票。

4. 26日，以银行存款支付专用发票所列的聘请中介机构经费2万元，增值税1 200元；产品展销费1万元，增值税600元。

5. 30日，接银行通知，本期银行存款利息收入1 000元，已转入存款账户。（不考虑增值税）

6. 30日，预提本期短期周转的一年期借款的利息3 000元。

［要求］根据上述资料，编制必要的会计分录。

（三）继续练习期间费用的核算

［**资料**］某公司为一般纳税人，本期发生有关期间费用的经济业务如下：

1. 以库存现金支付取得专用发票的文印费 900 元（其中：公司管理部门 600 元，专设销售机构 200 元，基本生产车间 100 元），增值税 54 元。

2. 职工蒋红出差归来，报销差旅费 5 800 元（其中取得专用发票的住宿费 2 000 元，增值税 120 元；机票款 2 180 元，其中增值税 180 元）。交回 200 元交回现金，结清前预借备用金。

3. 以银行存款支付业务招待费 2 500 元，取得普通发票。

4. 公司管理部门从仓库领用甲材料 2 000 元，用于行政办公用房的维修。

5. 计提本月固定资产折旧 9 600 元，其中行政管理部门 3 600 元，基本生产车间 5 000 元，专设销售机构 1 000 元。

6. 摊销本月应负担的租入房屋租金 24 000 元，其中公司管理部门 16 000 元，专设销售机构 8 000 元，预付期为 2 年。

7. 计算结转本期应交房产税 23 000 元，应交车船税 15 800 元，应交土地使用税 21 000 元；同时，以银行存款购买印花税票 900 元。

8. 以银行存款支付专用发票所列的商品销售运输费 7 000 元，增值税 630 元。

9. 支付本月银行结算手续费 2 000 元，取得普通发票。

10. 预提上年末已达到预定可使用状态的三年期专项用于固定资产建设的借款利息 12 万元。

11. 分配结转本月应付职工工资。A 产品生产工人 25 万元，B 产品生产工人 20 万元，车间管理人员 2 万元，行政管理人员 23 万元，专设销售机构人员 5 万元。

12. 分配结转本月辅助生产修理车间发生的成本 6 万元，其中为基本生产车间修理 3 万元，公司行政部门修理 2 万元，专设销售机构修理 1 万元。

13. 分配结转本月基本生产车间制造费用 18 万元，其中 A 产品负担 10 万元，B 产品负担 8 万元。

［**要求**］根据上述资料，编制必要会计分录。

第三节　利润和利润分配

一、名词解释

1. 利润总额

2. 营业外收入

3. 利润分配

二、填空题

1. 利润是指企业在一定会计期间的__________。利润金额取决于__________、直接计入当期损益的__________金额的计量。

2. 所得税费用是指与从企业__________中扣除的，应计入当期利润表的所得税费用。它的计算公式一般为：所得税费用 = __________ + __________。

3. 企业当期实现的净利润__________后，加上__________和其他转入后的余额，为__________。

三、单项选择题

1. 下列各项中，不影响营业利润的项目是(　　)。

A. 营业外收入　　B. 公允价值变动收益

C. 投资收益　　D. 税金及附加

2. 下列各项中，反映企业经营成果的项目是(　　)。

A. 营业利润　　B. 利润总额

C. 净利润　　D. 可供分配的利润

3. 下列各项中，关于营业外收支的表述，不正确的是(　　)。

A. 营业外收支是与企业生产经营活动没有直接关系的经济利益流入或流出

B. 营业外收入与营业外支出所包括的收支项目互不关联，不存在配比关系

C. 营业外收入和营业外支出的发生不影响企业当期实现的营业利润

D. 企业可以将营业外收入和营业外支出合并核算，确认营业外收支净额对当期利润总额产生的影响

4. 下列各项中，关于企业利润弥补以前年度亏损的会计处理，正确的是(　　)。

A. 借记“本年利润”账户，贷记“利润分配——未分配利润”账户

B. 借记“利润分配——未分配利润”账户，贷记“本年利润”账户

C. 借记“利润分配——未分配利润”账户，贷记“盈余公积”账户

D. 无需专门做账务处理

5. 某公司本年取得了国库券投资的利息为 3 万元，其他公司债券投资利息 2 万元。全年利润总额为 385 万元，企业所得税税率为 25%。公司无其他纳税调整项目。该企业本年的净利润为(　　)万元。

A. 289.5　　B. 290

C. 286.5　　D. 288.75

6. 某公司 6 月份共增加银行存款 600 万元。其中：销售商品收入 200 万元，增值税 226 000 元；出售无形资产收入 250 万元，增值税 15 万元；出租固定资产收入 16 万元，增值税 20 800 元。则该公司 6 月份营业收入总额为(　　)万元。

A. 600　　B. 216

C. 200　　D. 466

7. 下列各项中，年终结转后，可能有余额的账户是(　　)。

A. 本年利润　　B. 利润分配——未分配利润

C. 利润分配——应付现金股利或利润　　D. 利润分配——盈余公积补亏

8. 下列各项中，属于企业取得与日常活动无关的政府补助，应计入的项目是(　　)。

A. 其他业务收入　　B. 资本公积

C. 其他收益　　D. 营业外收入

9. 下列各项中，企业审批后结转固定资产盘亏的净损失，应计入的项目是(　　)。

A. 财务费用　　B. 其他业务成本

C. 营业外支出　　D. 资产处置损益

10. 某公司本期主营业务收入 660 万元，主营业务成本 300 万元，其他业务收入 200 万元，其他业务成本 100 万元，税金及附加 10 万元，管理费用 50 万元，销售费用 15 万元，资产减值损失为 45 万元，公允价值变动收益为 60 万元，营业外收入为 40 万元，营业外支出为 15 万元。该企业本期营业利润为(　　)万元。

A. 400　　B. 425

C. 465　　D. 480

11. 某公司本年实现营业利润为 320 万元，投资收益为 30 万元，资产减值损失为 10 万元，营业外收入为 10 万元，营业外支出为 20 万元，所得税费用为 50 万元。该企业本年净利润为(　　)万元。

A. 300　　B. 280

C. 270　　D. 260

12. 下列各项中，应计入营业外收入的是(　　)。

A. 出售固定资产、无形资产的净收益　B. 无法查明原因的库存现金溢余

C. 库存存货因收发计量误差产生的盘盈　D. 自然灾害毁损财产的保险赔偿款

13. 下列各项中，不属于营业外支出的是(　　)。

A. 自然灾害造成的资产净损失　B. 报废无形资产的净损失

C. 无形资产摊销　D. 支付的税务罚款、行政罚款

14. 下列各项中，应列为营业外支出的是(　　)。

A. 公益性捐赠支出　B. 计提职工福利费

C. 支付业务招待费　D. 以非流动资产进行债务重组产生的损失

15. 下列各项中，关于计算确定当期应交所得税的计算公式，正确的是(　　)。

A. 利润总额×适用所得税税率

B. 应纳税所得额×适用所得税税率

C. 所得税费用+递延所得税费用

D. 所得税费用+(递延所得税资产－递延所得税负债)

16. 下列各项中，关于年终结转后，“利润分配——未分配利润”的借方余额的表述，正确的是(　　)。

A. 本年实现的净利润　B. 本年未分配的利润

C. 历年累计的未分配利润　D. 历年累计的未弥补亏损

17. 下列各项中，不属于利润分配的是(　　)。

A. 所得税费用　B. 提取法定盈余公积

C. 向投资者分配利润　D. 以利润弥补以前年度亏损

18. 下列各项中，不影响利润总额的是(　　)。

A. 收到确认为其他收益的政府补助　B. 确认的资产减值损失

C. 出售债券投资确认的投资收益　D. 取得的出口退税款

四、多项选择题

1. 企业的利润总额的计算确定，应是营业利润(　　)。

A. 加“投资收益”　B. 减“所得税费用”

C. 加“营业外收入”　D. 减“营业外支出”

2. 下列各项中，应于会计期末将余额结转至“本年利润”账户的有(　　)。

A.“所得税费用”账户　B.“投资收益”账户

C.“营业外支出”账户　D.“制造费用”账户

3. 下列各项中，构成并影响营业利润的项目有(　　)。

A. 主营业务成本　B. 税金及附加

C. 营业外收入　D. 管理费用和财务费用

4. 下列各项中，不影响营业利润的项目有(　　)。

A. 固定资产盘亏净损失　B. 出租无形资产取得的收入

C. 管理不善导致的原材料盘亏净损失　D. 经批准确认应收账款的坏账

5. 下列各项中，可能与“营业外支出”账户发生对应关系的贷方账户有(　　)。

A.“待处理财产损溢”账户　　B.“固定资产清理”账户

C.“银行存款”账户　　D.“固定资产减值准备”账户

6. 下列各项中，应计入营业外支出的有(　　)。

A. 固定资产盘亏净损失　　B. 出售固定资产、无进资产的净损失

C. 非流动资产毁损报废净损失　　D. 公益性捐赠支出

7. 下列各项中，构成并影响当期利润总额的有(　　)。

A. 营业利润　　B. 营业外支出

C. 营业外收入　　D. 所得税费用

8. 下列各项中，应计入营业外收入的有(　　)。

A. 以现金资产进行债务重组产生的利得

B. 接受捐赠利得

C. 非流动资产毁损报废利得

D. 与企业日常活动相关的政府补助

9. 下列各账户中，年终结转后无余额的有(　　)。

A.“主营业务成本”账户　　B.“本年利润”账户

C.“利润分配”账户　　D.“资产减值损失”账户

10. 下列各项中，属于需调整增加企业应纳税所得额的有(　　)。

A. 已计入投资收益的国库券利息收入

B. 超过税法规定扣除标准，已计入当期费用的业务招待费

C. 超过税法规定扣除标准，但已计入当期营业外支出的对外捐赠支出

D. 支付并已计入当期营业外支出的各种税收滞纳金

11. 下列各项中，关于所得税费用会计处理的表述，正确的有(　　)。

A. 递延所得税费用＝递延所得税负债增加额＋递延所得税资产减少额

B. 当期确认的所得税费用并不一定等于当期应交所得税

C. 计税基础分为资产计税基础和负债计税基础两类

D. 企业应交所得税是年终一次计算结转、交纳的

12. 下列各项中，属于“利润分配——未分配利润”账户反映内容的有(　　)。

A.“本年利润”账户转入的本期实现的净利润

B.“本年利润”账户转入的本期发生的亏损额

C. 历年累计的未分配利润

D. 历年累计的未弥补亏损

五、判断题

1. 利润包括收入减去费用后的净额、直接计入当期利润的利得和损失等。其中收入减去费用后的净额是利润的基本来源。(　　)

2. 计入当期损益的政府补助应列为营业外收入，如财政拨款、财政贴息、税收返还、政府资本性投入等，均属于政府补助。(　　)

3. 企业利润取决于收入和利得，企业实现的利润总额，反映企业生产经营活动的最终财务成果，体现了企业经济效益。（ ）

4. 营业成本是指企业经营业务所发生的实际成本总额，包括主营业务成本、其他业务成本和期间费用。（ ）

5. 所得税费用是企业一项计入当期利润的费用，而非利润分配。（ ）

6. 库存现金、存货、固定资产发生盘盈利得，应计入营业外收入。（ ）

7. “所得税费用”账户的本期借方发生额，反映按本期实现利润计算的当期所得税；递延所得税费用是反映在“递延所得税资产”账户的，与其无直接联系。（ ）

8. 企业已计入营业外支出的税收滞纳金，应调整减少企业的应纳税所得额。（ ）

9. 企业营业收入、营业成本、税金及附加、投资净损失、其他收益、期间费用、营业外收支都会影响企业的当期营业利润的。（ ）

10. 营业外收入是指企业发生的与其日常活动无直接关系的各项利得，主要包括非流动资产处置利得、政府补助、盘盈利得、捐赠利得、罚没利得等。（ ）

11. 递延所得税费用是递延所得税资产与递延所得税负债的差额。（ ）

12. 年终结转后“本年利润”账户应无余额；“利润分配——未分配利润”账户贷方余额，反映历年累计的分配利润。（ ）

13. 企业的利润就构成来看，除企业生产经营活动产生的利润外，还包括与企业生产经营活动没有直接联系计入当期损益的各项利得和损失。（ ）

14. 企业提取盈余公积、以当期实现利润弥补以前年度亏损、以盈余公积弥补亏损都不会引起所有者权益总额发生变化。（ ）

15. 企业当期实现的净利润弥补以前年度亏损后，加上年初未分配利润（减去年初未弥补亏损）和其他转入的余额，为可供投资者分配的利润。（ ）

16. “利润分配——未分配利润”账户期末贷方余额，或借方余额，都会反映在资产负债表“未分配利润”项目的。（ ）

17. 企业取得的资产处置收益、投资收益、营业外收入、其他综合收益，都是构成企业净利润的。（ ）

18. 企业从当期利润总额中扣除的所得税费用，是按规定计算确认的当期所得税和递延所得税之和。（ ）

六、业务核算题

（一）练习营业外收支业务的核算

［**资料**］某公司11月份，有关营业外收支的经济业务如下：

1. 以银行存款支付企业违反行政法规的罚款2万元。

2. 公司欠美的公司购货款65 000元，经协商美的公司同意以货币资金5万元进行此项债务重组，款项5万元已从公司存款账户中划付。

3. 企业报废一项生产设备，原值30万元，已提折旧26万元，支付清理费用9 000元（取得普通发票），残料变价取得收入11 300元（其中增值税1 300元）。结转此项报废固定资产的净损益。

4. 以银行存款通过红十字会向受灾地区捐款10万元。
5. 经批准，将库存现金清查中发生的无法查明原因的溢余1 500元予以结转。
6. 经批准，转销库存材料因自然灾害造成毁损的净损失29 000元。
7. 因受新冠肺炎疫情影响造成公司停产，政府给予补助8万元，款项收存银行。

[**要求**] 根据上述资料，编制必要的会计分录。

（二）练习利润形成结转业务的核算

[**资料**] 某公司11月末有关损益类账户的余额（结账前）如下（见表11－1）：

表11－1 **损益类账户余额情况表**

项　　目	余　　额	金额（元）
主营业务收入	贷方余额	7 800 000
其他业务收入	贷方余额	650 000
投资收益	贷方余额	400 000
公允价值变动损益	贷方余额	50 000
营业外收入	贷方余额	70 000
主营业务成本	借方余额	4 180 000
税金及附加	借方余额	95 000
其他业务成本	借方余额	380 000
销售费用	借方余额	150 000
管理费用	借方余额	750 000
财务费用	借方余额	90 000
资产处置损益	借方余额	35 000
资产减值损失	借方余额	30 000
信用减值损失	借方余额	20 000
营业外支出	借方余额	120 000
所得税费用	借方余额	830 000

[**要求**]

1. 根据上述有关账户的余额，采用“账结法”结转各损益类账户，编制会计分录。
2. 计算确定该企业营业利润、利润总额和净利润。

（三）练习所得税费用的核算

［资料］某公司为居民企业，2×20 年有关企业所得税的资料如下：

（1）2×20 年公司取得营业收入 6 000 万元，实现利润总额（会计利润）910 万元。

（2）当年投资收益中含国债利息收入 10 万元；营业外支出中有支付税收滞纳金 2 万元；管理费用中发生的业务招待费为 45 万元。

（3）本年 1～11 月已结转计列的所得税费用为 170 元，实际已交纳企业所得税 150 万元。假定该公司不存在递延所得税费用，并不考虑其他因素。

已知：业务招待费所得税前列支标准：按照发生额的 60%，但最高不得超过当年销售（营业）收入的 5‰；企业所得税税率为 25%。

［要求］根据上述资料，列式计算确定下列各项，并编制必要的会计分录。

1. 税前准予扣除的业务招待费
2. 全年应税所得额 =
3. 全年应交所得税 =
4. 本年净利润 =
5. 年终应结转的所得税费用 =
6. 确定年终应补交的企业所得税，并以存款交纳。
7. 将本期末的所得税费用转入“本年利润”账户。
8. 结转本年净利润。

（四）继续练习所得税费用的核算

［资料］兴业公司本年度有关企业所得税的资料如下：

1. 本年实现利润总额 400 万元。

2. 递延所得税资产年初数 16 万元，年末数为 10 万元；递延所得税负债年初数 26 万元，年末数 30 万元。

3. 当年按税法核定的税前可列支的捐赠支出为 48 元，实际在营业外支出列支的公益性捐赠支出为 60 万元；支付非广告性、非公益性赞助支出 10 万元；支付税收滞纳金 2 万元；投资收益中有国库券利息收入 6 万元。

已知：所得税税率为 25%。本年度公司未结转、预缴过企业所得税，并不考虑其他因素。

［要求］根据资料，计算确定下列各项，并编制必要的会计分录。

1. 全年应纳税所得额 =
2. 当期（本年）应交所得税 =
3. 递延所得税费用 =
4. 本年所得税费用 =
5. 结转当年（本年）应交所得税。
6. 结转递延所得税费用。
7. 将本年度的所得税费用，转入“本年利润”账户。
8. 以存款交纳当期（本年）所得税。

（五）继续练习所得税费用的核算

[资料] 新兴公司为小型微利企业，2×20 年度实现利润总额 91.5 万元。本年度公司因违反税法规定被处以罚款 5 万元（已支付）；发生不能税前列支的资产减值损失 7 万元；当年开展研发活动实际发生未形成无形资产的研发费用 10 万元，可按 75% 在税前加计扣除。

本年度公司未结转、预缴过企业所得税，并不考虑其他因素。

已知：小型微利企业年应纳税所得额不超过 100 万元的部分，减按 25% 计入应纳税所得额，按 20% 的税率缴纳企业所得税；对年应纳税所得额超过 100 万元但不超过 300 万元的部分，减按 50% 计入应纳税所得额，按 20% 的税率缴纳企业所得税。

[要求] 根据资料，计算确定下列各项，并编制必要的会计分录。

1. 全年应税所得额 =
2. 本年应交所得税 =
3. 本年净利润 =
4. 结转本年的所得税费用
5. 以存款交纳本年企业所得税

（六）继续练习所得税费用的核算

[资料] 新星公司企业所得税采用按季预缴方式，假设 1~3 季度预缴所得税时，不考虑纳税调整事项和递延所得税费用。公司利润形成结转采用表结法，所得税税率为 25%。2×20年各季实现利润和企业所得税的有关资料如下：

1. 2×20 年第一季度实现利润为 0。
2. 2×20 年第二季度，公司实现利润总额 100 万元，按 25% 的税率计算确定预缴企业所得税，并存款予以预缴。
3. 2×20 年第三季度，公司累计实现利润总额 180 万元，按 25% 的税率计算确定预缴企业所得税，因公司货币资金不足，第二季度应预缴的所得税，企业无法按期交纳(已申请延期纳税)。
4. 年终结算公司本年度实现利润总额 310 万元，当年因违反国家法规而支付的罚款为 5 万元，投资收益中有国库券利息收入 8 万元，经核查超过列支标准的广告、宣传费支出 13 万元。公司年终：

计算结转年终应结转的企业所得税；以存款交纳全部应交未交的企业所得税；结转全年所得税费用（转入本年利润）；计算确定当年净利润。

[要求] 根据资料，计算确定相关项目，并编制必要的会计分录。

（七）练习利润分配业务的核算

［资料］

1. 某公司本年初“利润分配——未分配利润”账户期末贷方余额为50万元，本年实现净利润220万元，年末有关利润分配的资料如下：

（1）按净利润的10%提在取法定盈余公积22万元。

（2）根据股东大会决议，按净利润6%提取任意公积13.2万元。

（3）结转应付普通股的现金股利130万元。

（4）将本年净利润220万元，转入“利润分配”账户。

（5）将“利润分配”有关明细账户的余额转入“利润分配——未分配利润”账户。

（6）计算确定公司本年末的未分配利润。

2. 某公司本年初“利润分配——未分配利润”账户期末借方余额为30万元（未弥补亏损，为近四年内发生的），本年实现净利润为280万元。利润分配的有关资料为：

（1）按本年税前弥补亏损后的净利润的10%提取法定盈余公积。

（2）按本年税前弥补亏损后的净利润的20%提取任意盈余公积。

（3）公司决定向投资者分配利润95万元。

（4）将本年净利润280万元转入“利润分配——未分配利润”账户。

（5）结转已分配利润，将“利润分配”有关明细账户的余额，转入“利润分配——未分配利润”账户。

（6）计算确定公司本年末的未分配利润。

［要求］ 根据上述资料，编制必要的会计分录。

第十二章 财务会计报告

第一节　财务会计报告概述

一、名词解释

1. 财务会计报告

2. 财务报表

二、填空题

1. 企业财务会计报告包括__________、__________和__________________三大部分。

2. 财务报表按照反映的内容分类，可分__________、__________、__________和__________；按照编制范围不同分类，可分为____________和____________。

三、单项选择题

1. 下列各项会计报表，属于静态报表的是(　　)。

A. 资产负债表　　B. 利润表

C. 现金流量表　　D. 所有者权益变动表

2. 下列各项中，属于财务会计报告的核心是(　　)。

A. 财务报表附注　　B. 财务报表

C. 财务情况说明书　　　　D. 资产负债表

3. 企业（非小企业）下列各项会计报表，需按月填报的是(　　)。

A. 现金流量表　　　　B. 财务情况说明书

C. 资产负债表　　　　D. 所有者权益变动表

4. 下列各项中，属于企业年度财务会计报告对外报送时间的要求是(　　)。

A. 年度终了后1个月内　　　　B. 年度终了后2个月内

C. 年度终了后4个月内　　　　D. 年度终了后4个月后

5. 下列各项中，关于财务会计报告的表述，不正确的是(　　)。

A. 如果外部信息使用者有需求，企业就应当在财务会计报告中予以披露相关信息

B. 企业应按照规定披露信息，不能自愿在财务报告中披露相关会计信息

C. 企业对外报送的财务会计报告，应当依次编定页码，加具封面，装订成册，加盖公章

D. 编制财务会计报告前企业要进行财产清查，并认真做好对账和结账工作

四、多项选择题

1. 下列各项中，属于财务会计报告编制要求的有(　　　)。

A. 内容完整　　　　B. 数字真实

C. 计算准确　　　　D. 编报及时

2. 下列各项中，属于企业对外报送的财务会计报告，应在财务会计报告签名并盖章的人员有（　　　）。

A. 主管会计工作的负责人　　　　B. 单位负责人

C. 会计机构负责人（或会计主管人员）D. 注册会计师或注册税务师

3. 企业财务会计报告是向信息使用者提供会计信息的。下列各项中，属于财务会计报告信息使用者的有(　　　)。

A. 投资人　　　　B. 债权人

C. 政府有关管理部门　　　　D. 企业经营管理者

4. 下列各项中，属于中期财务报表的有(　　　)。

A. 月度报表　　　　B. 季度报表

C. 半年报表　　　　D. 纳税申报表

五、判断题

1. 财务会计报告的核心是资产负债表，它以表格形式向企业内部及外部传递会计信息。　(　　)

2. 企业的财务会计报告，应由单位负责人、主管会计工作的负责人、会计机构负责人（或会计主管人员）签名并盖章。设置总会计师的企业，还应由总会计师签名并盖章。　(　　)

3. 会计机构负责人（或会计主管人员）对财务会计报告的真实性、完整性负法律责任。　(　　)

4. 财务会计报告包括资产负债表、利润表、现金流量表及其附表和附注。 ( )

5. 财务会计报告除了财务报表之外，还应当包括其他应当在财务报告中披露的相关信息和资料，具体可以根据有关法律法规的规定和外部使用者的信息需求而定。 ( )

第二节 资产负债表

一、填空题

1. 资产负债表的结构，包括________、____________；资产负债表各项目分别在"________________"和"____________"两栏填列。

2. 资产负债表是反映企业在________财务状况的财务报表；企业财务状况主要是指________________________。

二、单项选择题

1. 下列各项中，属于资产负债表的理论基础和反映财务状况的方式是( )。

A. 资产 = 负债 + 所有者权益 动态报表

B. 利润 = 收入 - 费用 静态报表

C. 资产 = 负债 + 所有者权益 + （收入 - 费用） 静态报表

D. 资产 = 负债 + 所有者权益 静态报表

2. 下列各项中，关于资产负债表右方负债项目的排列方式，正确的是( )。

A. 流动性 B. 偿还顺序

C. 永续性递减 D. 数额大小

3. 下列各项中，属于资产负债表编制的基本依据是( )。

A. 各账户的期末余额 B. 各账户的本期发生额

C. 各账户的期末借方余额 D. 各账户的期末余额和本期发生额

4. 下列各项中，应根据相关总分类账户的期末余额直接在资产负债表中填列的是( )。

A. "其他应收款" B. "无形资产"

C. "长期借款" D. "短期借款"

5. 资产负债表右方所有者权益项目的排列是按照( )。

A. 流动性 B. 偿还顺序

C. 永续性递减 D. 数额大小

6. 某企业 2×20 年年初"应付债券"账户余额为 224 万元（本年发行期限为 5 年），其中面值为 200 万元，利息调整为 16 万元（借方），应计利息为 40 万元。2×20 年度利息调整摊销 6 万元，计提利息 10 万元，则 2×20 年年末资产负债表中"应付债券"项目期末余额为(　　)万元。

A. 240　　B. 228

C. 230　　D. 256

7. 某公司月末“应收账款”总分类账户为借方余额15 000元，其中A公司为借方余额20 000元，B公司为贷方余额5 000元；“预收账款”总分类账户贷方余额50 000元，其中甲公司为借方余额10 000元，乙公司为贷方余额60 000元；“坏账准备——应收账款”总分类账户贷方余额3 000元。该公司月末资产负债表“应收账款”项目应填列的金额为(　　)元。

A. 15 000　　B. 27 000

C. 30 000　　D. 33 000

8. 下列各项中，不属于资产负债表项目的是(　　)。

A. 其他综合收益　　B. 递延收益

C. 其他收益　　D. 合同负债

三、多项选择题

1. 资产负债表包括(　　)三个部分。

A. 表首　　B. 正表

C. 补充资料　　D. 附表

2. 下列各项中，属于应列入资产负债表“存货”项目的有(　　)。

A.“生产成本”账户期末借方余额

B.“发出商品”账户期末借方余额

C.“商品进销差价”账户期末贷方余额

D.“工程物资”账户期末借方余额

3. 资产负债表的下列各项目中，可根据相应的总分类账户期末余额直接填列的有(　　)。

A.“应付票据”　　B.“实收资本”

C.“长期借款”　　D.“短期借款”

4. 资产负债表的下列各项目中，不能根据相应的总分类账户期末直接填列的有(　　)。

A.“货币资金”　　B.“存货”

C.“应付职工薪酬”　　D.“未分配利润”

5. 下列各账户的期末余额中将于1年内到期的部分，应计算填列在资产负债表“一年内到期的非流动负债”项目的有(　　)。

A.“长期借款”账户　　B.“应付债券”账户

C.“长期应付款”账户　　D.“递延所得税负债”账户

四、判断题

1. 资产负债表是反映企业在一定时期财务状况的财务报表，又称静态报表。（　　）

2. 资产负债表是反映企业财务状况的，其左方反映资产，按资产的流动性排列；右方反映负债和所有者权益，其中负债按偿还的顺序进行排列，所有者权益是按照永续性递减顺序排列。（　　）

3. 资产负债表的“应交税费”“应收票据”“短期借款”“在建工程”等项目，是根据其相应的账户期末余额直接填列的。（　　）

4. 如果上年度财务报表项目的名称和内容与本年度不相一致，应按照本年度规定对上年度财务报表名称及数字进行调整，并填入报告期“年初余额”（“上年末余额”）栏内。（　　）

5. 资产负债表“资产”总计项目，反映的是企业全部资产的净值（扣除折旧和减值准备后），它与所有者权益的总额是相等的。（　　）

6. 通过资产负债表可以分析计算流动比率、速动比率等指标，了解企业的变现能力、偿债能力和获取现金流量等情况，便于财务报表使用者作出正确的经营决策。（　　）

7. 资产负债表中“开发支出”项目，应根据“研发支出”账户中所属的“资本化支出”明细账户的期末余额填列。（　　）

8. 资产负债表中“其他应收款”项目，应根据“其他应收款”“应收股利”和“应收利息”账户的期末借方余额合计数填列。（　　）

五、业务核算题

（一）练习资产负债表部分项目的编制方法

[资料] 某公司有关账户期末余额见表12-1：

表12-1　　　　金额单位：元

账户	借或贷	余额	账户	借或贷	余额
应收账款	借	450 000	坏账准备（应收账款）	贷	25 000
——M公司	借	480 000	应付账款	贷	55 000
——W公司	贷	30 000	——甲公司	贷	55 000
预付账款	借	150 000	预收账款	贷	120 000
——A公司	借	218 000	——丙公司	贷	130 000
——B公司	贷	68 000	——丁公司	借	10 000
利润分配	借	835 000	本年利润	贷	988 000
债权投资	借	96 000	长期借款	贷	570 000
（其中一年内到期的有25 000元）			（其中一年内到期的有220 000元）		

［要求］根据资料，计算确定资产负债表下列项目的填列金额：

资产：

（1）应收账款__________元

（2）预付账款__________元

（3）债权投资__________元

负债及所有者权益：

（4）应付账款__________元

（5）预收账款__________元

（6）未分配利润__________元

（7）长期借款__________元

（二）练习资产负债表的编制方法

［资料］

1. 新安公司 2×20 年 12 月 31 日有关总分类账户期末余额见表 12－2。

表 12－2

账户名称	期末余额		账户名称	期末余额	
	借方	贷方		借方	贷方
库存现金	5 000		短期借款		300 000
银行存款	850 000		应付票据		210 000
其他货币资金	348 000		应付账款		450 000
交易性金融资产	194 000		预收账款		70 000
应收票据	95 000		合同负债		15 000
应收账款	800 000		其他应付款		92 000
坏账准备（应收账款）		5 700	应付职工薪酬		37 000
预付账款	200 000		应交税费		162 000
其他应收款	65 000		应付股利		132 800
材料采购	150 000		长期借款		1 270 000
原材料	600 000		应付债券		900 000
周转材料	250 000		长期应付款		500 000
库存商品	380 000		递延所得税负债		5 500
发出商品	20 000		实收资本		6 000 000
材料成本差异		13 800	资本公积		200 000
生产成本	178 000		盈余公积		481 200
合同资产	95 000		其他综合收益		20 000
存货跌价准备		75 000	利润分配		296 000
长期股权投资	940 000				
长期股权投资减值准备		50 000			
债权投资	860 000				
长期应收款	50 000				
固定资产	5 540 000				
累计折旧		1 060 000			
工程物资	150 000				
在建工程	250 000				
无形资产	370 000				

续表

账户名称	期末余额		账户名称	期末余额	
	借方	贷方		借方	贷方
累计摊销		120 000			
长期待摊费用	85 000				

2. 该公司12月31日有关总分类账户所属明细账户的期末余额见表12-3。

表12-3

总分类账户	明细分类账户	期末余额	
		借方	贷方
应收账款	应收甲公司账款	950 000	
	应收乙公司账款		150 000
应付账款	应付A公司账款		510 000
	应付B公司账款	60 000	
预付账款	预付M公司账款	230 000	
	预付N公司账款		30 000
预收账款	预收C公司账款		50 000
	预收D公司账款		20 000
应交税费	未交增值税		92 000
	应交所得税		70 000

3. 其他资料：①"债权投资"账户期末借方余额860 000元中有一年内到期的债券投资150 000元；②"长期借款"账户期末贷方余额1 270 000元中有一年内到期的借款500 000元；③"应付债券"账户期末贷方余额900 000元中有一年到期的应付债券200 000元；④"合同资产"和"合同负债"属同一合同下，合同期为资产负债表日后1年内；⑤交易性金融资产无超过1年到期且持有超过1年的非流动金融资产；⑥"应付职工薪酬"无将于以后会计年度支付的离职后福利、辞职福利等。

[要求] 根据上述资料，编制填列资产负债表（见表12-4）

表12-4 **资产负债表** 会企01表

编制单位： 年 月 日 单位：元

资 产	期末余额	上年年末余额	负债及所有者权益	期末余额	上年年末余额
流动资产：		略	**流动负债：**		略
货币资金			短期借款		
交易性金融资产			交易性金融负债		
衍生金融资产			衍生金融负债		
应收票据			应付票据		
应收账款			应付账款		
应收款项融资			预收款项		

续表

资　产	期末余额	上年年末余额	负债及所有者权益	期末余额	上年年末余额
预付款项			合同负债		
其他应收款			应付职工薪酬		
存货			应交税费		
合同资产			其他应付款		
持有待售资产			持有待售负债		
一年内到期的非流动资产			一年内到期的非流动负债		
其他流动资产			其他流动负债		
流动资产合计			**流动负债合计**		
非流动资产：			**非流动负债：**		
债权投资			长期借款		
其债权投资			应付债券		
长期应收款			其中：优先股		
长期股权投资			永续债		
其他权益工具投资			租赁负债		
其他非流动金融资产			长期应付款		
投资性房地产			预计负债		
固定资产			递延收益		
在建工程			递延所得税负债		
生产性生物资产			其他非流动负债		
油气资产			非流动负债合计		
使用权资产			**负债合计**		
无形资产			**所有者权益（或股东权益）：**		
开发支出			实收资本（或股本）		
商誉			其他权益工具		
长期待摊费用			其中：优先股		
递延所得税资产			永续债		
其他非流动资产			资本公积		
非流动资产合计			减：库存股		
			其他综合收益		
			专项储备		
			盈余公积		
			未分配利润		
			所有者权益合计		
资产总计			**负债和所有者权益总计**		

第三节　利润表

一、填空题

1. 利润表是反映企业在________________的财务报表。利润表属于____________，其编制的理论依据是“____________________”的会计等式。

2. 我国目前利润表采用的格式是________________，是按利润形成的主要环节列示一些中间性利润指标，如________、________和________，分步计算当期净损益。

二、单项选择题

1. 下列各项中，属于利润表可以分析和评价的财务指标是(　　)。

A. 变现能力　　B. 偿债能力

C. 资金周转状况　　D. 经营成果和获利能力。

2. 从利润表的结构看，反映形成经营成果各个项目和计算过程的是(　　)。

A. 表首　　B. 正表

C. 补充资料　　D. 附表

3. 下列各项中，属于利润表编制的基本依据是(　　)。

A. 各账户的期末余额　　B. 各损益类账户的期末余额

C. 各损益类账户的本期发生额　　D. 各账户的本期发生额

4. 下列各项中，影响利润表“利润总额”项目的是(　　)。

A. 向投资者分配的现金股利　　B. 收到投资者超过注册资本份额的出资额

C. 确认的所得税费用　　D. 向灾区捐赠发生的支出

5. 某企业年初未分配利润贷方余额为 100 万元，本年实现利润总额 600 万元，企业所得税税率为 25%，按净利润的 10% 和 20% 提取法定盈余公积和任意盈余公积，向投资者分配利润 300 万元。该企业年末分配利润为(　　)万元。

A. 115　　B. 70

C. 85　　D. 220

三、多项选择题

1. 下列各项中，其数额的变动会引起营业利润发生增减变化的有(　　)。

A. 公允价值变动收益　　B. 资产减值损失

C. 投资收益　　D. 营业外支出

2. 下列各项中，不会影响利润表中“利润总额”项目金额的有(　　)。

A. 经批准转销确实无法支付的应付款项

B. 发现库存原材料盘亏

C. 提取盈余公积

D. 以存款偿还应付债券款

3. 下列各项中，关于利润表项目“本期金额”填列方法的表述正确的有(　　　　)。

A.“营业收入”项目应根据“主营业务收入”和“其他业务收入”账户的本期发生额分析填列

B.“管理费用”项目应根据“管理费用”账户的本期发生额扣除其“研发费用”和“无形资产摊销”明细项目发生额后的金额填列

C.“营业利润”项目应根据“本年利润”账户的本期发生额分析填列

D.“所得税费用”项目应根据“应交税费——应交所得税”账户的本期发生额分析填列

四、判断题

1. 利润表是反映在一定会计期间经营成果和财务状况的报表，它是一张动态报表。(　　)

2. 利润表“本期金额”栏目，反映各项目自年初起至报告期末止的累计实际发生数。(　　)

3. 企业资产负债表是静态报表，应根据各账户期末余额编制；利润表是动态报表，主要应根据损益类账户本期发生额来编制。(　　)

4. 企业列入利润表的所得税费用是当期应纳所得税加上递延所得税资产减去递延所得税负债之后的余额。(　　)

5. 企业未计入当期利润的利得和损失扣除所得税影响后的净额，应列入其利润表的“其他综合收益的税后净额”项目。(　　)

五、业务核算题

练习利润表的编制方法

[资料] 新安公司2×20年12月份有关损益类账户本月发生额见表12-5。

表12-5

账户名称	借方发生额	贷方发生额
主营业务收入	120 000	9 650 000
主营业务成本	5 170 000	70 000
税金及附加	85 000	
其他业务收入		390 000
其他业务成本	230 000	
公允价值变动损益		337 000
销售费用	270 000	

续表

账户名称	借方发生额	贷方发生额
管理费用	950 000	其中：研发费用 70 000 元，无形资产摊销 98 000 元
财务费用	350 000	其中：存款利息收入 49 000 元，利息费用 399 000 元
信用减值损失	25 000	
资产减值损失	158 000	
投资收益		630 000
资产处置损益	50 000	
营业外收入		190 000
营业外支出	270 000	
所得税费用	882 500	

［**要求**］根据上述资料，编制利润表（见表 12－6）。

表 12－6 **利　润　表** 会企 02 表

年　　月 单位：元

项　　目	本期金额	上期金额
一、营业收入		（略）
减：营业成本		
税金及附加		
销售费用		
管理费用		
研发费用		
财务费用		
其中：利息费用		
利息收入		
加：其他收益		
投资收益（损失以“－”号填列）		
公允价值变动收益（损失以“－”号填列）		
信用减值损失（损失以“－”号填列）		
资产减值损失（损失以“－”号填列）		
资产处置收益（损失以“－”号填列）		
二、营业利润（亏损以“－”号填列）		
加：营业外收入		
减：营业外支出		

续表

项　　目	本期金额	上期金额
三、利润总额（亏损总额以“－”号填列）		
减：所得税费用		
四、净利润（净亏损以“－”号填列）		
（一）持续经营净利润（净亏损以“－”号填列）		
（二）终止经营净利润（净亏损以“－”号填列）		
五、其他综合收益的税后利润		
六、综合收益总额		
七、每股收益：		
（一）基本每股收益	（略）	
（二）稀释每股收益	（略）	

第四节　现金流量表

一、填空题

1. 现金流量表是以__________为基础编制的，这里的现金是指企业可以随时支付的__________和__________。具体内容包括__________、__________、__________及__________。

2. 现金流量可以分为三类：__________、__________、__________。

二、单项选择题

1. 现金流量表的正表是按直接法编制的，其起算点是(　　)。

A. 净利润　　B. 营业收入

C. 货币资金　　D. 未分配利润

2. 下列各项中，属于经营活动产生的现金流量的是(　　)。

A. 分得股利收到的现金　　B. 发行债券收到的现金

C. 销售商品收到的现金　　D. 偿还债务所支付的现金

3. 现金流量表根据会计记录直接填列需要设置的账簿是(　　)。

A. 多栏式现金流量账簿　　B. 多栏式总账簿

C. 工作底稿账簿　　D. 多栏式日记账簿

4. 购建固定资产、无形资产所支付的现金，属于(　　)。

A. 筹资活动产生的现金流量　　B. 经营活动产生的现金流量

C. 投资活动产生的现金流量　　D. 投资活动或筹资活动产生的现金流量

5. 下列各项中，属于现金流量表所包含的现金等价物的是(　　)。

A. 持有的可以上市交易的股票、债券

B. 购买在3个月或更短时间内即到期或可转换为现金的投资

C. 购买在6个月或更短时间内即到期或可转换为现金的投资

D. 持有的交易性金融资产

三、多项选择题

1. 现金流量表是以现金为基础编制的，这里的现金包括(　　)。

A. 库存现金　　B. 银行存款

C. 其他货币资金　　D. 现金等价物

2. 下列各项中，属于现金流量表所指的“现金”的有(　　)。

A. 银行本票存款　　B. 持有至到期投资

C. 存放在银行可以随时支付的存款　　D. 存出投资款

3. 下列各项中，属于经营活动产生的现金流量有(　　)。

A. 收到的出口退税款　　B. 收到长期股权投资的现金股利

C. 出售固定资产取得的收入　　D. 出租包装物取得的收入

四、判断题

1. 现金流量表是按年编报的会计报表，它是反映资金流量的静态报表。　(　　)

2. 目前我国现金流量表包括正表和补充资料两部分。正表是按间接法编制的；补充资料是按直接法编制的。　(　　)

3. 企业偿付利息支出的现金，不管利息费用列支渠道如何，均在现金流量表筹资活动产生的现金流量中反映。　(　　)

4. 企业会计核算以权责发生制为基础，现金流量表的编制基础是收付实现制，这就需要进行转换调整。　(　　)

5. 现金流量表的编制比较复杂，所以执行《小企业会计准则》的企业是不必编制的。　(　　)

五、业务核算题

练习资产负债表、利润表、现金流量表等财务报表的编制

[资料] A公司为增值税一般纳税人，适用的增值税税率为13%，所得税税率为25%。该公司有关资料如下：

1. 2×20年11月30日账户余额见表12－7。

表 12－7　　账户余额表

2×20 年 11 月 30 日　　金额单位：元

科目名称	借方金额	科目名称	贷方金额
库存现金	1 200	短期借款	80 000
银行存款	290 400	应付票据	32 000
其他货币资金	4 000	应付账款	20 000
交易性金融资产	104 000	预收账款	0
应收票据	200 000	其他应付款	2 400
应收账款	551 600	应付职工薪酬	0
坏账准备	－55 160	应交税费	30 000
预付账款	47 736	应付利息	3 200
其他应收款	800	应付股利	0
在途物资	0	一年内到期的非流动负债	72 000
原材料	258 800	长期借款	448 000
包装物	1 600	应付债券	0
低值易耗品	2 000	长期应付款	0
库存商品	374 400	专项应付款	0
长期股权投资	240 000	预计负债	0
长期股权投资减值准备	－28 000	递延所得税负债	0
固定资产	1 128 000	其他非流动负债	0
累计折旧	－240 000	股本	2 800 000
在建工程	72 000	资本公积	26 000
无形资产	824 000	库存股	0
累计摊销	－8 000	专项储备	0
长期待摊费用	40 000	盈余公积	232 000
递延所得税资产	20 790	未分配利润	84 566
合　计	3 830 166	合　计	3 830 166

注：交易性金融资产成本等于其公允价值；坏账准备均为应收账款计提的坏账准备。

2. 2×20 年 12 月发生的经济业务如下：

（1）销售商品一批，增值税专用发票上注明价款 170 000 元，增值税额 22 100 元，款项尚未收到。该批商品已发出，其实际成本为 112 000 元。

（2）出售交易性金融资产，其账面余额为 54 000 元，出售所得款 62 000 元存入银行。

（3）购入原材料一批，增值税专用发票上注明价款 80 000 元，增值税额 10 400 元，款项以银行存款支付，材料已验收入库。

（4）销售商品一批，增值税专用发票上注明价款 260 000 元，增值税额 33 800 元，款项已收到存入银行。该批商品已发出，其实际成本为 148 000 元。

（5）以银行存款支付到期的银行承兑汇票 32 000 元。

（6）收到原材料一批，增值税专用发票上注明价款 40 800 元，增值税额 5 304 元，材料已验收入库，货款已于上月预付。

（7）购入不需要安装的设备一台，增值税专用发票上注明价款 20 000 元，增值税额 2 600 元，款项以银行存款支付。

（8）购入工程用物资一批，增值税专用发票上注明价款 4 000 元，增值税额 520 元，款项以银行存款支付。

（9）以银行存款归还到期的 3 年期借款 72 000 元。

（10）基本生产车间一台车床报废，其原价为 200 000 元，已提折旧 184 000 元。车床报废清理过程中发生清理费用 400 元（取得普通发票），残值收入 723. 20 元（含增值税，增值税税率为 13%），均通过银行存款收支，已清理完毕。

（11）销售商品一批，增值税专用发票上注明价款 72 000 元，增值税额 9 360 元，收到一张面值为 81 360 元的不带息商业承兑汇票。该批商品已发出，其实际成本为 52 960 元。

（12）从银行借入 3 年期用于购建固定资产的专门借款 80 000 元，借款已存入银行。

（13）公司持有的一张面值为 20 000 元的商业承兑汇票到期，款项已收存银行。

（14）以银行存款归还短期借款本金 80 000 元，支付已计提的利息 3 200 元。

（15）以银行存款支付职工薪酬 357 000 元。

（16）分配当期职工薪酬 393 000 元，其中，基本生产车间工人薪酬 264 000 元，基本生产车间管理人员薪酬 18 240 元，厂部管理人员薪酬 83 400 元，在建工程人员薪酬 27 360元。

（17）预收货款 280 000 元存入银行。

（18）提取应计入本期损益的借款利息 10 157 元，其中，短期借款利息 4 077 元，长期借款利息 6 080 元。

（19）计提固定资产折旧 64 000 元，其中，基本生产车间固定资产折旧 51 200 元，行政管理部门固定资产折旧 12 800 元。

（20）摊销无形资产价值 24 000 元，长期待摊费用摊销计入管理费用 3 600 元。

（21）基本生产车间领用原材料一批，实际成本 160 000 元，其中商品生产耗用 152 000 元，一般耗用 8 000 元。

（22）收到应收账款 128 800 元存入银行。

（23）以银行存款支付普通发票所列的商品广告费 10 000 元和商品展销费 7 160 元。

（24）以银行存款交纳当期增值税 30 000 元。

（25）按应收账款余额的 10% 计提坏账准备。

（26）已投产的商品本期全部完工入库，结转制造费用和完工产品生产成本。

（27）以银行存款预付购货款 8 000 元。

（28）年末交易性金融资产的公允价值为 186 677 元，确认公允价值变动损益。年末长期股权投资可收回金额为 280 000 元。

（29）将损益类账户余额结转至“本年利润”账户。

（30）计算本期应交所得税和所得税费用（假定本期除资产减值损失和交易性金融资产的公允价值变动外，其他交易或者事项核算均符合税法规定），并将所得税费用结转至

“本年利润”账户。

（31）以银行存款交纳所得税4 800元。

（32）按净利润的10%和15%提取法定盈余公积和任意盈余公积。

（33）将“本年利润”“利润分配”有关明细账户余额转入“利润分配——未分配利润”账户。

［要求］

1. 根据上述资料，编制会计分录。

2. 根据2×20年11月30日账户余额表及编制的会计分录，编制2×20年12月31日账户余额表。

3. 编制公司2×20年12月31日资产负债表。

4. 编制2×20年度利润表。

5. 编制2×20年度现金流量表。

第五节　所有者权益变动表

一、单项选择题

1. 下列各项中，不属于所有者权益变动表列示的项目是(　　)。

A. 利润分配　　B. 综合收益总额

C. 所有者投入和减少资本　　D. 每股收益

2. 下列各项中，应当在所有者权益变动表中单独列示反映的项目是(　　)。

A. 当年实现的净利润　　B. 会计估计变更的累计影响金额

C. 会计政策变更的累计影响金额　　D. 其他收益

3. 下列各项中，不属于所有者权益内部结转的是(　　)。

A. 所有者投入普通股　　B. 资本公积转增资本（或股本）

C. 盈余公积弥补亏损　　D. 盈余公积转增资本（或股本）

二、多项选择题

1. 下列各项中，应当在所有者权益变动表中单独列示反映的项目有(　　　　)。

A. 未分配利润　　B. 资本公积

C. 其他权益工具　　D. 提取盈余公积

2. 下列各项中，关于所有者权益（股东权益）变动表的表述，正确的有(　　)。

A. 所有者权益变动表是按年编制的动态报表

B. 所有者权益变动表是不反映前期差错更正的累计影响金额的

C. 所有者权益变动表是反映其他综合收益结转留存收益的

D. 所有者权益变动表是反映实收资本、资本公积、其他综合收益、盈余公积、未分配利润的期初和期末余额及其调节情况的

三、判断题

1. 所有者权益变动表，也称股东权益变动表，它属于按月编报的静态报表。(　　)

2. 所有者权益变动表“未分配利润”项目的本年年末余额应当与本年资产负债表“未分配利润”项目的年末余额相等。(　　)

3. 所有者权益变动表是反映构成所有者权益各组成部分当期增减变动情况的报表。(　　)

第六节 财务报表附注

一、单项选择题

1. 下列各项中，关于财务报表附注的表述不正确的是(　　)。

A. 财务报表附注是财务报表不可缺少的组成部分

B. 企业对外提供财务会计报告中，财务报表附注是不可或缺的重要组成部分

C. 执行小企业会计准则的企业，正常情况下可不必编制财务报表附注

D. 财务报表附注披露要求是适用于所有类型企业的

2. 下列各项中，不属于财务报表附注应当披露的内容是(　　)。

A. 财务报表的编制基础

B. 财务报表项目的详细说明

C. 重要会计政策和会计估计

D. 有助于财务报表使用者评价企业管理资本的目标、政策及程序的信息

3. 下列各项中，关于财务报表附注的表述不正确的是(　　)。

A. 附注是对报表列示项目的补充或详细说明，它不能对报表未能列示项目进行说明

B. 企业不重要的会计政策和会计估计可以不披露

C. 企业会计政策和会计估计变更以及差错更正情况，不论是否重大均应披露

D. 披露遵循企业会计准则的声明，是明确企业编制财务会计报表所依据的制度基础

二、多项选择题

1. 下列各项中，属于财务报表附注应当披露的内容有(　　)。

A. 遵循企业会计准则的声明

B. 财务报表重要项目的说明

C. 会计政策和会计估计变更以及差错更正的说明

D. 企业基本情况

2. 下列各项中，关于财务报表附注的表述正确的有(　　)。

A. 财务报表附注中包括或有和承诺事项、关联方关系及其交易等需要说明的事项

B. 对未能在财务报表中列示的项目在财务报表附注中说明

C. 财务报表附注应当按照财务报表及其项目列示的顺序，采用文字和数字描述相结合的方式对财务报表的重要项目进行披露

D. 如果没有需要披露的重大事项，企业可不必编制财务报表附注

三、判断题

1. 附注是财务报表不可或缺的组成部分，是对财务报表列示项目的文字描述或明细资料，以及对未能在财务报表中列示项目的说明。(　　)

2. 财务报表附注要求企业披露会计政策和会计估计，所以，企业采用会计政策和会计估计无论是否重要都应当充分披露。(　　)

3. 企业应当在附注中披露财务报表的编制基础。一般企业是在权责发生制基础上编制财务报表的，清算、破产企业属于应收应付制为基础的。(　　)

测试题（一）

（1 ~6 章）

一、名词解释（每小题 2.5 分，共 10 分）

1. 汇兑损益

2. 先进先出法

3. 交易性金融资产

4. 固定资产折旧

二、单项选择题（每小题 1 分，共 15 分）

1. 下列各项中，属于企业财务会计的目标是(　　)。

A. 进行会计核算　　B. 向信息使用者提供会计信息

C. 向外部提供会计报表　　D. 进行会计核算，开展财务分析

2. “企业应当按照交易或者事项的经济实质进行会计确认、计量和报告，不应仅以交易或者事项的法律形式为依据”的会计信息质量要求是(　　)。

A. 实质重于形式要求　　B. 谨慎性要求

C. 真实性要求　　D. 相关性要求

3. 下列各项中，反映企业银行存款实有数的是(　　)。

A. “银行存款日记账”的存款余额

B. “银行对账单”的存款余额

C. “银行存款总分类账”的存款余额

D. “银行存款余额调节表”调节后的存款余额

4. 下列各项中，属于广义现金构成内容的是(　　)。

A. 交易性金融资产　　B. 随时可以支付的其他货币资金

C. 可供出售金融资产　　D. 收到的银行承兑汇票

5. 下列各项中，应列为其他应收款的是(　　)。

A. 存入保证金　　B. 存出保证金

C. 预付工程款　　D. 应收票据到期无法收回的票据款

6. 下列各项中，属于企业计提应收款项坏账准备应记入的账户是(　　)。

A. “管理费用”账户　　B. “其他业务成本”账户

C. “信用减值损失”账户　　D. “营业外支出”账户

7. 下列各项中，属于“材料采购”账户的借方余额反映的内容是(　　)。

A. 在途材料的采购成本　　B. 购入材料的实际成本

C. 购入材料的计划成本　　D. 购入和库存材料的成本

8. 下列各项中，不属于企业存货的是(　　)。

A. 在途材料　　B. 委托代销商品

C. 工程物资　　D. 在产品（“生产成本”）

9. 下列各项中，应计列为管理费用的是(　　)。

A. 购入材料运输途中的合理损耗

B. 出借包装物的成本摊销

C. 出租包装物的成本摊销

D. 库存存货属于计量收发差错和管理不善造成的净损失

10. 下列各项中，不应计入固定资产入账成本的是(　　)。

A. 改建、扩建固定资产达到预定可使用状态前发生的支出

B. 专项用于固定资产建设达到预定可使用状态前的借款利息

C. 专项用于固定资产建设达到预定可使用状态后的借款利息

D. 购进固定资产支付的关税、消费税

11. 购入存货发生短缺系供应单位原因造成，应由其赔偿的，借记入的账户是(　　)。

A. “应付账款”账户　　B. “应收账款”账户

C. “其他应收款”账户　　D. “材料采购”或“原材料”账户

12. 下列各项中，属于增值税“进项税额转出”的是(　　)。

A. 在建工程领用库存原材料的进项增值税

B. 自制库存商品对外捐赠应计纳的增值税

C. 出售库存材料应计纳的增值税

D. 库存商品因管理原因造成非正常损失应负担的进项增值税

13. 下列各项固定资产，不应计提折旧的是(　　)。

A. 未使用固定资产　　B. 出租固定资产

C. 融资租入固定资产　　D. 已提足折旧，继续使用的固定资产

14. 企业应按公允价值对交易性金融资产进行后续计量，其公允价值与账面余额的差额应列为当期损益，记入的账户是(　　)。

A. “投资收益”账户　　B. “公允价值变动损益”账户

C. “其他收益”账户。　　D. “资产减值损失”账户

15. 权益法下“长期股权投资”账户期末借方余额反映的内容是(　　)。

A. 投资企业享有被投资单位的权益份额

B. 投资企业占有被投资单位的注册资本额

C. 投资企业享有被投资单位可辨认净资产公允价值的份额

D. 长期股权投资的成本

三、多项选择题（每小题 1.5 分，共 15 分）

1. 下列各项中，应通过“其他货币资金”账户进行核算的有(　　)。

A. 外埠存款　　B. 银行汇票存款

C. 存入保证金　　D. 存出投资款

2. 下列各项中，应计入存货成本的有(　　)。

A. 外购存货运输途中的合理损耗

B. 存货采购人员的差旅费

C. 委托加工物资支付的加工费、运输费

D. 小规模纳税人企业，购进材料支付增值税专用发票所列的增值税

3. 下列各项中，属于资产负债表“存货”项目填制内容的有(　　)。

A. “材料采购”账户的期末借方余额　　B. “生产成本”账户的期末借方余额

C. “发出商品”账户的期末借方余额　　D. “材料成本差异”账户的期末贷方余额

4. 下列各项中，应通过“应收账款”账户核算的有(　　)。

A. 销货时代购货单位垫付的运杂费

B. 销售货物应收取的增值税

C. 出租固定资产、包装物应收取的租金

D. 销售货物收到的商业承兑汇票

5. 下列各项中，应计入财务费用的有(　　)。

A. 支付银行承兑汇票的承兑手续费　　B. 外币兑换产生的汇兑损失

C. 带息票据的利息收入　　D. 商业汇票的贴现利息

6. 下列各项中，应计入其他业务成本的有(　　)。

A. 出售材料的成本

B. 出租固定资产计提的折旧

C. 随同产品出售单独计价的包装物成本

D. 随同产品出售不单独计价的包装物成本

7. 下列各项中，应通过“待处理财产损溢”账户核算的有(　　)。

A. 固定资产发生毁损　　B. 库存存货清查发现盘盈、盘亏

C. 库存现金清查发现溢余、短缺　　D. 固定资产清查发现盘亏

8. 下列各账户的期末余额，属于计算确定固定资产账面价值应考虑的有(　　　)。

A. “固定资产”账户　　B. “累计折旧”账户

C. “固定资产减值准备”账户　　D. “在建工程”账户

9. 2×19年12月5日，购置一台设备，其原值为200万元，预计使用寿命为5年，预计净残值率为4%，采用双倍余额递减法计提折旧。下列各项中，对此项固定资产计提折旧结果的表述正确的有(　　　)。

A. 应计提折旧总额为192万元　　B. 年折旧率为40%

C. 2×20年折旧额为76.8万元　　D. 2×21年折旧额为48万元

10. 下列各项中，应列入投资收益的有(　　　)。

A. 购入股票支付价款中所包含的已宣告但尚未支付的现金股利

B. 持有的债权投资在持有期间计提应计利息收入

C. 处置长期股权投资实际取得价款与长期股权投资账面价值的差额

D. 购入交易性金融资产支付的交易费用

四、判断题（每小题1分，共10分）

1. 为了保证会计信息质量，企业会计的计量属性一般应采用历史成本和公允价值，而不能采用重置成本、现值、可变现净值等。(　　)

2. 库存现金无法查明原因的溢余，审批后计入营业外收入；无法查明原因的短缺，审批后计入营业外支出。(　　)

3. 企业各项应收款项包括应收账款、应收票据、预付账款、其他应收款、长期应收款等，存在发生坏账风险，确认发生减值的，应按规定计提坏账准备。(　　)

4. 企业购入存货支付的价内税（如消费税）应列入存货成本；支付的价外税（如增值税），取得增值税专用发票的均不能列入存货成本。(　　)

5. 企业外购存货，应当按照其成本计价入账；期末存货应按照成本与可变现净值孰低进行再计价。(　　)

6. 库存商品采用售价金额核算的，“库存商品”账户期末借方余额加上“商品进销差价”账户期末贷方余额，应是期末库存商品的实际成本（不考虑发出商品因素）。(　　)

7. 债权投资和其他债权投资在持有期间应当按照债券面值和票面利率计算确认利息收入，计入投资收益。(　　)

8. 投资企业对被投资单位实施控制的长期股权投资，即对子公司的投资，应采用权益法进行核算。(　　)

9. 企业当月增加的固定资产，当月不计提折旧；当月减少的固定资产，当月仍应计提折旧。(　　)

10. 企业生产车间固定资产的修理费应计入制造费用，厂部固定资产的修理费应计入管理费用，专设销售机构固定资产的修理费应确认为销售费用。(　　)

五、业务核算题（每组分录2分，共40分）

某公司为增值税一般纳税人，本期发生如下有关经济业务事项，据以编制必要的会计分录。要求写出必要是明细科目。

1. 从基本存款账户划款70 000元，用于签发银行汇票。

2. 月末，银行存款美元户期末余额为外币5万美元，记账本位币（人民币）351 500元，月末美元市场汇率（中间价）为1∶7.00，期末调整其账户余额。

3. 本月2日，向大华公司出售产品一批，货款9万元，增值税税率为13%，合同约定的付款期为30天，现金折扣（货款部分）条件为“5/10，2/20，N/30”。

（1）本月2日，产品出售，符合收入确认条件，价税款待收：

（2）本月10日，收到大华公司支付的扣除现金折扣价税款，款项存入银行：

4. 公司采用“应收款项余额百分比法”计提坏账准备，坏账准备计提比例为5%。年初应收账款余额为20万元，年初“坏账准备”账户贷方余额为1万元；5月份经批准，核销坏账12 000元；7月份已到已核销的坏账9 000元存入银行；年末，应收账款余额12万元，调整计提坏账准备。编制有关必要的会计分录：

（1）5月份核销坏账：

（2）年末调整计提坏账准备：

5. 4月9日，公司将一张3月8日新远公司出票的，票面余额为7万元，为期3个月的不带息商业汇票向银行申请贴现（银行附追索权），贴现年利率为7.2%。取得贴现得款转存开户银行。

6. 公司原材料辅助材料采用实际成本计价。从四海公司购入辅助材料甲材料一批，专用发票所列货款5万元，增值税6 500元；专用发票所列运输费1 000元，增值税90元。价税款及运输费以银行汇票支付，支付款项和收料的时间不一致：

（1）本月5日，支付价税款，材料尚未收到。

（2）本月12日，上述购入的材料收到并验收入库。

7. 公司原料及主要材料采用计划成本计价。上月从华义公司购入原料及主要材料乙材料一批，材料价款3万元，增值税3 900元；普通发票所列运输费500元。价税款已用存款支付。现材料收到并验收入库，计划成本为32 000元。结转该项购入材料的计划成本和成本差异。

8. 生产车间领用生产工具一批，实际成本36 000元。采用分期摊销法进行摊销，摊销期为24个月。编制领用第1个月的会计分录。

9. 分配结转本月发出原料及主要材料乙材料实际成本为20万元，其中生产车间生产产品用17万元，车间管理用1万元，出售材料2万元。

10. 上月因受水灾发生一批库存原材料毁损，成本及应负担的增值税为67 800元。现经确认应由平安保险公司赔偿2万元（款项尚未收到），其余经准予以转销。

11. 公司以存入证券公司的专款，购入华东药业股票1万股，以备近期出售。该股票每股价格18元，交易费用1 000元一并支付，已办妥划款过户手续。

12. 公司于2×20年1月1日购入的中远公司发行的为期3年期、票面年利率5%、到期一次还本付息的债券30万元，此债券公司划分为以摊余成本计量的金融资产。该债券票面利率与实际利率差别很小，2×20年年末计提本年应计利息。

13. 本月购入一项需要安装的生产设备，增值税专用发票所列的货款30万元，增值税39 000元；专用发票所列运输费5 000元，增值税450元。价税款以存款支付，设备验收后直接交付安装。

14. 计提本月固定资产折旧35 000元，其中生产车间固定资产折旧2万元，厂部固定资产折旧1万元，出租固定资产3 000元，专设销售机构固定资产折旧2 000元。

15. 企业报废一项固定资产（生产设备），原值 30 万元，已提折旧 26 万元，支付普通发票所列的清理费用 1 万元，取得残值变价收入 22 600 元（其中增值税 2 600 元）。结转此项报废固定资产的净损益。

六、计算题（每小题 5 分，共 10 分）

1. 某公司甲商品 7 月份有关收、发的有关资料如下：

库存商品明细账

品名：甲商品　　　　2×20 年 7 月　　　　单位：元

2×20 年		摘要	收入			发出			结存		
月	日		数量（件）	单价	金额	数量（件）	单价	金额	数量（件）	单价	金额
7	1	月初余额							5 000	6.50	32 500
7	5	购入	8 000	7.00	56 000						
7	10	发出				7 000					
7	15	购入	2 000	6.75	13 500						
7	20	发出				4 000					
7	31	本月合计	10 000	/		11 000					

要求：根据资料，采用月末一次加权平均法计算下列各项：

（1）单位成本 =

（2）月末结存材料成本 =

（3）本月发出材料成本 =

2. 某公司为一般纳税人，购入设备一台，专用发票所列的货款 23 万元，增值税 29 900 元；专用发票所列的运输费 5 000 元，增值税额为 300 元；普通发票所列的包装费、装卸费 2 000 元（含增值税）。设备当即交付安装，安装过程中领用原材料 6 000 元，其原增值税进项税额为 780 元；发生安装人员的职工薪酬 17 000 元。设备安装完毕交付使用，该项设备采用年限平均法计提折旧，预计使用寿命为 8 年，预计净残值率为 4%。

要求：根据上述资料，列式计算该项固定资产下列各项：

（1）固定资产入账成本 =

（2）固定资产年折旧额 =

（3）固定资产年折旧率 =

测试题（二）

（7～12 章）

一、填空题（每空 1 分，共 10 分）

1. 企业自行研究开发无形资产，研究阶段的支出，应当于发生时计入“____________”账户；开发阶段支出，符合资本化条件的，确认为____________，不符合资本化条件的，计入____________。

2. 收入是企业________中形成的；收入确认原则是企业应当在履行了合同中的履约义务，即在客户取得____________时确认收入。

3. 企业取得长期借款，实际收到的金额与借款本金的差额的，应确认为____________。

4. 企业留存收益包括____________和____________两部分。

5. 财务会计报告包括____________、____________和其他应当在财务报告中披露的相关信息。

二、单项选择题（每小题 1 分，共 15 分）

1. 下列各项中，应列为无形资产的是(　　)。

A. 自创商标权　　　　B. 用于出租的土地使用权

C. 政府机构授予企业的特许权　　　　D. 外购非专利技术

2. 下列各项中，应列为长期待摊费用的是(　　)。

A. 工程建设预付的工程款

B. 固定资产改扩建支出

C. 分次（分期）摊销法下，领用摊销期在一年以上的低值易耗品

D. 经营租赁方式租入固定资产的改良支出

3. 下列各项中，应记入“财务费用”账户的是(　　)。

A. 销货发生的现金折扣　　　　B. 发行债券的溢折价摊销

C. 支付委托代销商品手续费　　　　D. 支付职工生活困难补助

4. 下列各项中，属于短期职工薪酬的是(　　)。

A. 辞退福利　　　　B. 基本养老保险

C. 职工福利费　　　　D. 失业保险

5. 下列各项中，关于长期借款应计利息费用计算确定的表述，正确的是(　　)。

A. 摊余成本和实际利率　　　　B. 借款本金和市场利率

C. 摊余成本和市场利率　　D. 借款本金和实际利率

6. 下列各项中，应通过“应交税费”账户核算的是(　　)。

A. 印花税　　B. 车辆购置税

C. 代扣代缴的个人所得税　　D. 进口材料应交的关税、消费税

7. 专项用于生产存货，并符合借款费用资本化条件的借款利息，应记入的账户是(　　)。

A. “制造费用”账户　　B. “财务费用”账户

C. “管理费用”账户　　D. “在建工程”账户

8. 企业在某一时段内履行的履约义务，正常情况下确认收入的依据是(　　)。

A. 履约进度　　B. 提供劳务、服务的完成

C. 合同的签订　　D. 款项收到

9. 企业出售固定资产、无形资产的净损益，应计列为(　　)。

A. 营业外支出或营业外收入　　B. 资产处置损益

C. 管理费用　　D. 其他业务成本或其他业务收入

10. 企业支付购入材料款而签发，经银行承兑的银行承兑汇票，到期企业无力支付票款，票款由承兑银行垫付，企业应将此票款转为(　　)。

A. 其他应付款　　B. 应付账款

C. 短期借款　　D. 坏账损失

11. 某企业 2×20 年 4 月 1 日以经营租赁方式租入一套设备，专门用于无形资产研发，月租金 5 000 元，每季度末一次支付本季租金。不考虑其他因素，该企业 4 月 30 日计提此项租入设备应付租金的账务处理正确的是(　　)。

A. 贷记“应付账款”账户 5 000 元　　B. 借记“制造费用”账户 5 000 元

C. 贷记“预计负债”账户 5 000 元　　D. 贷记“其他应付款”账户 5 000 元

12. 下列各项中，应列为营业外收入的是(　　)。

A. 出售无形资产收入　　B. 免征的增值税

C. 存款利息收入　　D. 与企业日常活动无关的政府补助

13. 某公司出售一项无形资产，取得出售价款 20 万元，应交增值税为 12 000 元，价税款存入银行。该无形资产入账成本为 90 万元，已累计摊销 75 万元。不考虑其他因素，该公司此项无形资产出售对利润总额的影响金额为(　　)元。

A. 50 000　　B. 62 000

C. 48 000　　D. －50 000

14. 公司投资者实际投资额超过确认的注册资本，其超过部分应当计入(　　)。

A. 营业外收入　　B. 其他综合收益

C. 盈余公积　　D. 资本公积

15. 企业资产负债表左方“资产总额”反映的是(　　)。

A. 全部资产的实际成本　　B. 全部资产的公允价值

C. 全部资产的账面价值（净资产价值）D. 全部资产价值－负债

三、多项选择题（每小题1.5分，共15分）

1. 下列各项中，应列为收入的有(　　　　)。

A. 出租固定资产、无形资产取得的收入

B. 提供运输、咨询、培训等非工业性劳务而取得的收入

C. 出售固定资产、无形资产取得的收入

D. 出售原材料、包装物取得的收入

2. 下列各项中，属于借款费用的有(　　　　)。

A. 借款利息

B. 外币借款而发生的汇兑差额

C. 应付债券的折价或者溢价的摊销

D. 融资租入固定资产的初始直接费用

3. 下列各项中，不应计入营业外支出的有(　　　　)。

A. 提前辞退职工支付辞退福利　　B. 企业支付的业务招待费

C. 出售固定资产、无形资产的净损失　　D. 违反税收法规支付的滞纳金、罚款

4. 下列各项中，属于职工薪酬的有(　　　　)。

A. 基本养老保险费　　B. 劳动保护费

C. 短期带薪缺勤　　D. 企业为职工交纳的住房公积金

5. 下列各项中，应记入“税金及附加”账户的有（　　　　）。

A. 企业产品销售应交纳的消费税、资源税

B. 企业应交的车船税、房产税

C. 企业应交的增值税、企业所得税

D. 出租无形资产收入应交的城市维护建设税、教育费附加

6. 合同成本是企业与客户建立合同关系过程中发生的成本。下列各项中，属于合同成本的有(　　　　)。

A. 合同取得成本　　B. 合同履约成本

C. 合同资产　　D. 预计退货成本

7. 下列各项中，属于“利润分配——未分配利润”账户期末余额反映的内容有(　　　　)。

A. 历年累计的未分配利润　　B. 历年累计的未弥补亏损

C. 本年累计的未分配利润　　D. 本年累计的未弥补亏损

8. 管理费用是指企业为组织和管理生产经营活动而发生的各项费用。下列各项中，应列为管理费用的有(　　　　)。

A. 处置长期股权投资发生的投资净损失

B. 预计产品质保损失

C. 筹建期间的开办费

D. 租入固定资产的初始直接费用

9. 下列各项中，应计列为增值税“销项税额”的有(　　　　)。

A. 出售原材料收入应计的增值税

B. 自制商品产品用于职工集体福利应计的增值税

C. 自制商品产品对外捐赠应计的增值税

D. 出租固定资产、无形资产收入应计的增值税

10. 下列各项中，会引起企业留存收益总额发生增减变动的有(　　　)。

A. 提取法定盈余公积　　B. 用盈余公积转增资本

C. 结转形成本年实现净利润　　D. 向投资者宣告分配现金股利

四、判断题（每小题 1 分，共 10 分）

1. 无形资产的取得成本应该能够可靠地计量，企业不具有实物形态的资产，如果其取得成本不能可靠计量的，则不能列为无形资产进行核算。(　　)

2. 职工薪酬的组成人员是企业的全体职工，包括订立正式劳动合同的全职、兼职和临时职工，还包括未与企业订立正式劳动合同，但由企业正式任命的人员。(　　)

3. 营业外收入是指企业发生的与其日常活动无关系的各项利得，包括盘盈利得、罚款利得、捐赠利得、政府补助、出售固定资产收益等。(　　)

4. 公司溢折价发行债券产生的溢价、折价，并不是收益或损失，而是在整个债券存续期间对利息费用的一项调整。(　　)

5. 企业以自产产品作为非货币性福利发放给职工，应视同销售进行账务处理，结转其成本，应借记"应付职工薪酬"账户。(　　)

6. 企业购入货物应付未付的款项，超过一年以上未能归还的，应列为长期应付款。(　　)

7. 企业应交的各种税费，均应通过"应交税费"账户进行核算；企业应交的各种税费，除增值税、企业所得税以外均应记入"税金及附加"账户。(　　)

8. 所有者权益是企业对投资人承担的经济责任，所以，所有者权益对资产的要求权具有优先性。(　　)

9. 收入的确认和计量确定交易价格，合同条款所承诺的交易价格（对价），可以是固定金额、可变金额或两者兼有的。(　　)

10. 企业列入利润表的所得税费用是当期应纳所得税加上递延所得税费用减去递延所得税负债之后的余额。(　　)

五、业务核算题（每组分录 2 分，共 40 分）

某企业为增值税一般纳税人，本期发生如下有关经济业务事项，据以编制必要的会计分录。要求写出必要是明细科目。

1. 企业自行研发专利权一项，汇集的开发阶段符合资本化条件的支出 20 万元，取得成功后以存款支付增值税专用发票所列的申请专利权服务费 3 万元，增值税 1 800 元。

2. 本月末结算的应付电费为35 000元，其中生产车间产品生产动力用电25 000元，车间照明用电3 000元，厂部照明用电7 000万元。

3. 企业为期3个月的借款（本金）90万元，借款利息按月计提，到期一次还本付息。现借款到期，各月已计提借款利息48 000元，以存款还本付息948 000元。

4. 公司出租商标权一项，本期取得收入6万元，增值税3 600元，价税款存收银行。

5. 融资租入一项需要安装的设备，设备公允价值90万元，最低租赁付款额为120万元，最低租赁付款额的现值85万元。租入设备收到后直接交付安装。

6. 企业专设销售机构租入经营用房屋一层，以存款一次支付增值税专用发票所列的2年期的租金36万元，增值税32 400元，并分摊结转本月应摊销数。

7. 企业购货签发并由开户银行承兑的不带息银行承兑汇票到期，企业无力付款，由承兑银行支付票据款5万元。

8. 发放本月职工工资，结转代扣社会保险费个人交纳部分13 500元，代扣代缴的个人所得税5 000元。

9. 企业与盛业公司签订服务合同，合同期限3年，服务费总价300万元，服务费按年支付。企业为提供服务于合同签订月份，以存款向专业机构支付专用发票所列的项目设计专家论证费20万元，增值税12 000元。公司预计项目相关支出未来均能够收回，且不考虑其他因素。

10. 2×20年1月1日，企业取得一项专门用于固定资产建设的3年期、本金为300万元的借款。该借款合同年利率为6%，按年计息，到期还本利息，工程建设期为1年，借款借入后一次全部用于工程建设。此项借款实际利率与合同利率差异很小。

（1）第一年末计息：

（2）第二年末计息：

11. 企业收到投资者投入一项不需要安装的设备，投资合同确认的不含税价值为 50 万元，专用发票所列增值税为 65 000 元，投资各方确定投资者 A 取得的资本额为 35 万元。

12. 分配结转本月应付职工薪酬（工资）380 000 元，其中，车间生产工人 210 000 元，车间管理人员 30 000 元，厂部管理人员 100 000 元，专设销售机构人员 40 000 元。

13. 企业上月财产清查发现盘亏一项固定资产，账面原值 18 万元，累计已提折旧 12 万元，未计提过减值准备，不考虑其他因素。现已完成审批手续，结转此项盘亏损失。

14. 上月份向 A 公司预收货款 10 万元，现根据合同发出商品，A 公司已取得商品控制权。该批商品计货款 15 万元，增值税 19 500 元，余款尚未收到。

15. 结转本月产品销售应交城市维护建设税 12 600 元，应交教育费附加 9 000 元；报废固定资产应交城市维护建设税 700 元，应交教育费附加 500 元。

16. 根据本期应税所得额计算的本期应交企业所得税为 23 万元，现予以结转。

17. 按本期净利润 160 万元的 10% 和 15% 分别计提法定盈余公积和任意盈余公积。

18. 企业利润形成的结转采用账结法，本月汇集的主营业务收入 80 万元，其他业务收入 10 万元，营业外收入 7 万元，投资收益 2 万元。期末结转本期的各项收入、收益。

六、计算题（每小题 5 分，共 10 分）

1. 某公司 9 月 30 日，结账前各损益类账户余额见下表： 单位：元

账户名称	结账前余额	账户名称	结账前余额
主营业务收入	2 900 000（贷方）	投资收益	70 000（贷方）
主营业务成本	1 800 000（借方）	资产处置损益	20 000（借方）
税金及附加	90 000（借方）	信用减值损失	50 000（借方）
其他业务收入	580 000（贷方）	其他收益	10 000（贷方）
其他业务成本	300 000（借方）	公允价值变动损益	30 000（贷方）
销售费用	120 000（借方）	营业外收入	80 000（贷方）
管理费用	390 000（借方）	营业外支出	150 000（贷方）
财务费用	100 000（借方）	所得税费用	125 000（借方）

要求：根据资料，列式计算下列各项：

（1）营业利润 =

（2）利润总额 =

（3）净利润 =

2. 某公司为增值税一般纳税人，2 ×20 年 1 月初“应交税费”账户中“应交增值税”及相关项目均无余额，本月发生有关增值税的经济业务如下：

（1）外购材料、接受劳务供应取得专用发票，经认证形成可抵扣进项税额 195 000 元。

（2）出售产品、材料累计发生的增值税销项税额为 247 000 元。

（3）出租固定资产资产、对外提供劳务发生的增值税销项税额 23 000 元。

（4）因管理原因造成一批库存材料发生毁损 2 万元，应负担的进项税额为 2 600 元。

（5）本月将一批自制商品分发给职工用于生活福利，该批商品成本 32 000 元，销售价格 50 000 元，增值税税率为 13%。

要求：根据资料，列式计算下列各项：

（1）增值税销项税额 =

（2）增值税进项税额 =

（3）增值税进项税额转出 =

（4）本月应交增值税 =

测试题（三）

一、单项选择题（每小题1分，共15分）

1. 下列各项中，应确认为企业资产的是(　　)。

A. 已超过保质期的食品、饮料

B. 已签订合同拟于下月购进的材料

C. 已满预计使用寿命但仍继续使用的固定资产

D. 长期闲置且不再具有使用和转让价值的生产设备

2. 企业将商业汇票向银行申请贴现，附有追索权的，贷记“短期借款”账户。这样的会计处理体现的会计信息质量要求是(　　)。

A. 谨慎性要求　　B. 重要性要求

C. 可比性要求　　D. 实质重于形式要求

3. 下列各项中，关于附有现金折扣条件的销售商品业务，确认应收账款的处理（金额）正确的是(　　)。

A. 不考虑现金折扣　　B. 应收价税款 - 现金折扣

C. 应收价税款 + 现金折扣　　D. 应收货款 - 现金折扣

4. 下列各项中，应列为预付账款的是(　　)。

A. 采购员出差预借的差旅费

B. 进行工程建设预付的工程款

C. 购入材料签发承兑的商业承兑汇票

D. 预付为期2年的租入固定资产租金

5. 下列各项中，属于计提应收款项坏账准备，应计列的对应账户是(　　)。

A.“管理费用”账户　　B.“生产成本”账户

C.“信用减值损失”账户　　D.“营业外支出”账户

6. 下列各项中，关于“材料采购”账户和“材料成本差异”期末借方余额反映的内容，正确的是(　　)。

A. 在途材料的采购成本和库存材料的超支差异

B. 在途材料的采购成本和库存材料的节约差异

C. 在途材料的计划成本和库存材料的节约差异

D. 购入材料的采购成本和发出材料的超支差异

7. 企业应按公允价值对交易性金融资产进行后续计量，其公允价值与账面余额的差额应列为当期损益，记入的账户是(　　)。

A.“投资收益”账户　　B.“公允价值变动损益”账户

C.“其他收益”账户。　　D.“资产减值损失”账户

8. 某企业2×21年4月1日以经营租赁方式租入一套设备，专门用于无形资产研发，月租金5 000元，每季度末一次支付本季租金。不考虑其他因素，该企业4月30日计提此项租入设备应付租金的账务处理正确的是(　　)。

A. 贷记“应付账款”账户5 000元　　B. 贷记“预付账款”账户5 000元

C. 贷记“预计负债”账户5 000元　　D. 贷记“其他应付款”账户5 000元

9. 企业按规定结转代扣代缴职工个人所得税，应借记的账户是(　　)。

A.“税金及附加”账户　　B.“应付职工薪酬”账户

C.“管理费用”账户　　D.“所得税费用”账户

10. 下列各项中，企业已经发出，但尚未达到销售收入确认条件商品的成本，应计列的账户是(　　)。

A.“主营业务成本”账户　　B.“销售费用”账户

C.“发出商品”账户　　D.“持有待售资产”账户

11. 下列各项中，企业收到委托代销清单确认并支付委托代销商品手续费，应计列为(　　)。

A. 销售费用　　B. 管理费用

C. 财务费用　　D. 其他业务成本

12. 下列各项中，会导致企业当期营业利润减少的是(　　)。

A. 当期确认资产减值损失　　B. 支付违反税收法规的罚款

C. 确认所得税费用　　D. 库存商品用于公益性捐赠

13. 下列各项中，应列其他业务收入的是(　　)。

A. 存款利息收入　　B. 出售固定资产、无形资产的收入

C. 存货、固定资产的盘盈收益　　D. 出租固定资产、无形资产的租金收入

14. 下列各项中，属于编制资产负债表应列为流动资产的是(　　)。

A. 合同负债　　B.“预付账款”账户的贷方余额

C.“研发支出”账户的借方余额　　D. 一年内到期的债权投资

15. 甲公司原由A、B、C三位股东各投资200万元人民币设立，设立时的注册资本为600万元，经过几年的经营，公司留存收益达500万元。现有投资者D出资300万元加入，公司注册资本调增为800万元，四股东享有同等的权利。D投入的300万元中，确认为“资本公积”的是(　　)万元。

A. 300　　B. 250

C. 200　　D. 100

二、多项选择题（每小题1.5分，共15分）

1. 下列各项中，应列为应收账款的有(　　　)。

A. 销售商品应收的价款项　　B. 代购货方垫付的运杂费

C. 销售商品应收的包装物租金　　D. 销售商品应收取的增值税

2. 下列各项长期股权投资，应采用权益法进行核算的有(　　)。

A. 投资企业对被投资单位能够实施控制的

B. 投资企业对被投资单位具有重大影响的

C. 投资企业对被投资单位具有共同控制的

D. 投资企业对被投资单位不具重大影响的

3. 购入材料、商品途中发生短缺或损耗，应根据不同原因进行审批处理，可能列支的账户有(　　)。

A. "应付账款"账户　　B. "其他应收款"账户

C. "营业外支出"账户　　D. "制造费用"账户

4. 下列各项固定资产，应计提折旧的项有(　　)。

A. 季节性、大修理停用的固定资产　　B. 经营性出租的固定资产

C. 未使用、不需用的房屋和建筑物　　D. 划分为持有待售的固定资产

5. 下列各项中，应列为销售费用的有(　　)。

A. 购货业务实现的现金折扣　　B. 支付销售产品的运输费、装卸费

C. 支付产品广告费　　D. 专设销售机构固定资产的修理费

6. 下列各项中，关于无形资产摊销的说法正确的有(　　)。

A. 无形资产的摊销方法有直线法、生产总量法等

B. 无形资产的应摊销金额 = 入账成本 - 预计残值 - 已累计计提的减值准备

C. 属于法定权利的无形资产，应按照法定权利的法律规定年限进行摊销

D. 使用寿命不确定的无形资产不必进摊销

7. 下列各项中，应列入投资收益的有(　　)。

A. 溢价发行股票形成的股票净溢价

B. 持有的债券投资在持有期间计提应计利息收入

C. 处置长期股权投资实际取得价款与长期股权投资账面价值的差额

D. 交易性金融资产持有期间取得的现金股利（宣告发放）

8. 下列各项中，属于利润分配内容的有(　　)。

A. 实现利润弥补以前年度亏损　　B. 以可供分配利润向投资者分配现金股利

C. 以盈余公积弥补亏损　　D. 计提法定盈余公积

9. 下列各项中，属于职工薪酬中的社会保险费有(　　)。

A. 基本养老保险费　　B. 辞退福利

C. 失业保险费　　D. 基本医疗保险费

10. 下列资产负债表项目中，应根据有关账户期末余额减去其备抵账户余额后的净额填列的有(　　)。

A. 无形资产　　B. 固定资产

C. 其他应收款　　D. 长期借款

三、不定项选择题（每小题2分，共10分）

某公司为一般纳税人，增值税税率为13%，原材料按实际成本计价，本月发生有关经济业务如下：

（1）5日，购入A材料1 000千克，增值税专用发票注明的价款30万元，增值税39 000元；增值税专用发票注明的运输费3 000元，增值税270元；普通发票注明的保险费1 000元。运输过程中发生合理损耗50千克。材料验收入库，款项通过银行支付。

（2）10日，委托外单位以A材料加工成丙材料（属于应税消费品），发出A材料成本为80 000元，支付增值税专用发票所列的加工费20 000元，增值税2 600元，支付由受托方代收代缴的消费税15 000元。25日，丙材料加工完收回并验收入库，款项均已支付。收回丙材料用于继续生产应税消费品。

（3）30日，出售A材料取得收入6万元，增值税7 800元。该批材料的成本5万元。

（4）30日，本月发出A材料的成本为20万元，其中，车间产品生产领用14万元，车间修理领用2万元，在建工程领用3万元，职工生活福利领用1万元。

要求：根据上述资料，不考虑其他因素，分析回答下列各小题。

1. 根据资料（1），下列各项中，应计入外购原材料实际成本的是(　　)。

A. 运输过程中的合理损耗　　B. 采购过程中发生的保险费

C. 增值税专用发票注明的增值税　　D. 增值税专用发票注明的运输费

2. 根据资料（1），下列各项中，关于购入该批A材料成本的计算结果正确的是(　　)。

A. 该批材料的总成本为304 000元　　B. 该批材料的单位成本为320元/千克

C. 该批材料的总成本为345 700元　　D. 该批材料的单位成本为345.70元/千克

3. 根据资料（2），下列各项中，关于企业委托加工业务会计处理正确的是(　　)。

A. 受托方代收代缴的消费税15 000元应计入委托加工物资的成本

B. 受托方代收代缴的消费税15 000元应记入“应交税费”账户的借方

C. 收回委托加工物资的成本为100 000元

D. 收回委托加工物资的成本为115 000元

4. 根据资料（3），下列各项中，关于材料出售的会计处理，正确的是(　　)。

A. 该批材料出售确认的其他业务收入为60 000元

B. 该批材料出售确认的其他业务成本为50 000元

C. 该批材料出售确认的增值税销项税额为7 800元

D. 该批材料出售确认的增值税销项税额为1 300元

5. 根据资料（1）至资料（4），下列各项中，关于增值税的会计处理结果正确的是(　　)。

A. 本期应确认的增值税“进项税额”为41 870元

B. 本期应确认的增值税“进项税额转出”为14 300元

C. 本期应确认的增值税“进项税额”为49 670元

D. 本期应确认的增值税“进项税额转出”为1 300元

四、判断题（每小题1分，共10分）

1. 汇兑损益是外币交易，由于采用不同的汇率折算为人民币而产生的差额。企业发生汇兑损益应列为财务费用。（ ）

2. 企业持应收票据向银行申请贴现，按实际收到的金额，借记“银行存款”账户，按贴现利息，借记“财务费用”账户，按应收票据的票面金额，贷记“应收票据”账户。（ ）

3. 制造业购进材料的运输费、包装费、保险费等，应计入材料采购成本；购进材料运输途中发生的损耗和入库后发生的挑选整理费用、仓储费用，应计入管理费用。（ ）

4. 企业随同产品出售不单独计价的包装物成本，应计入销售费用；随同产品出售单独计价的包装物成本，应计入其他业务成本。（ ）

5. 固定资产的出售、报废、毁损以及盘亏，均应通过“固定资产清理”账户核算；企业处置固定资产的净损益，应列为营业外收支。（ ）

6. 企业取得合同发生的、预计能够收回的增量成本属于合同取得成本。合同取得成本应分摊计入当期损益，列为销售费用。（ ）

7. 销售商品的履约义务可能在某一时段内发生，也可能在某一时点发生。企业应当首先判断履约义务是否满足在某一时点履行的条件，如不满足的，则属于在某一时段内的履约义务。（ ）

8. 年终结转后，“本年利润”账户应无余额；“利润分配——未分配利润”账户的贷方余额，反映企业历年累计的未分配利润。（ ）

9. 企业与其日常活动无关的、从政府无偿取得的货币性资产或非货币性资产形成的利得，应列为其他收益。（ ）

10. 企业对外提供的财务报告中，报表附注是不可或缺的重要组成部分。（ ）

五、计算题（每小题5分，共10分）

1. 某企业原料及主要材料甲材料采用计划成本计价，月初结存甲材料的计划成本为6万元，材料成本差异为节约900元；本月收入甲材料计划成本为320 000元，实际成本313 300元；本月发出甲材料计划成本为25万元。

要求：根据资料列式计算本月甲材料的下列各项：

（1）材料成本差异率 =

（2）本月发出材料应分摊的材料成本差异 =

（3）本月发出材料的实际成本 =

（4）月末结存材料应分摊的成本差异＝

（5）月末结存材料实际成本＝

2. 某企业为居民企业，2×21年实现营业收入3 000万元，发生营业成本1 800万元、销售费用430万元、财务费用90万元、管理费用200万元（其中业务招待费28万元）、税金及附加25万元；取得投资收益50万元（其中有国库券利息收入6万元）、资产处置收益10万元；取得营业外收入45万元，发生营业外支出30万（其中支付税收滞纳金3万元）。不考虑其他因素。

已知：业务招待费税前列支标准：按照发生额的60%，但最高不得超过当年销售（营业）收入的5‰；企业所得税税率为25%。

要求：根据资料，列式计算下列各项：

（1）营业利润＝

（2）利润总额＝

（3）全年应纳税所得额＝

（4）全年应纳所得税额＝

（5）净利润＝

六、业务核算题（每组分录2分，共40分）

某公司为增值税一般纳税人，销售商品适用的增值税税率为13%，本期发生如下有关经济业务事项，据以编制必要的会计分录。要求写出必要是明细科目。

1. 以银行存款15万元向中建公司预付固定资产建设工程款。

2. 职工李洋出差时预借备用金3 000元，现出差归来，前来报销差旅费3 800元（其中住宿费增值税专用发票所列的住宿费1 000元，增值税60元），差额款800元以库存现金付给，结清前借备用金。

3. 向科普公司销售甲商品一批，货款3万元，增值税3 900元。科普公司已取得商品控制权，价税款收到一张科普公司签发并承兑的为期2个月的不带息商业承兑汇票。

4. 公司年末应收账款余额为90万元，计提坏账准备前“坏账准备”账户为贷方余额20 000元，坏账准备计提比例为5%。年末，调整计提坏账准备。

5. 公司收到投资者G投入一批原料及主要材料（C材料），投资合同确认的不含税价值为70万元，专用发票所列增值税为91 000元，投资各方确定投资者G取得的资本额为50万元。

6. 原材料采用计划成本核算，月末根据发料凭证汇总表，本月领用原料及主要材料（A材料）计划成本36万元，其中车间生产产品领用30万元，车间一般性消耗5万元，专设销售机构领用1万元。本月A材料的材料成本差异率 -2%。

（1）结转发出材料计划成本：

（2）结转发出材料应分摊的成本差异：

7. 公司以存入证券公司的专款，购入华东药业股票1万股，以备近期出售。该股票每股价格18元，交易费用1 000元一并支付，已办妥划款过户手续。

8. 公司自行研究开发一项无形资产，月末，结转本期归集的研究阶段支出9万元。

9. 公司取得长信公司30%的普通股股份，投资采用权益法核算。本年度长信公司实现净利润200万元，确认本企业的享有份额。

10. 本月公司生产经营使用土地使用权应计摊销10万元，出租商标权应计摊销5 000元。

11. 以银行存款支付固定资产修理费18 000元，其中，生产车间10 000元，公司行政管理部门6 000元，专设销售机构2 000元。

12. 财产清查发现因管理不善造成库存包装物发生毁损100件，单位成本300元，应负担的增值税3 900元。

13. 12月1日与成名公司签订一项为期3个月的装修合同，合同总价150万元，增值税税率为9%。该项业务为单项履约义务，且满足在某一时段内履行的条件，按照实际测量的完工进度确定履约进度。至12月31日，为完成该合同发生劳务成本30万元，专业人员测量确定的完工进度为30%。12月31日确认收入（主营业务），结转劳务成本。

14. 公司决定，本期向投资者分配利润90万元。已发出公告，款项待支付。

15. 公司自建一条流水生产线（生产设备），购入工程建设用设备、物资一批，支付增值税专用发票所列的价款150万元，增值税19.5万元，设备、物资验收后一次全部直接用于工程建设；领用本企业生产的甲产品一批，成本为20万元，市场售价为30万元，增值税税率为13%；发生工程人员职工薪酬60万元；工程完工并达到预定可使用状态，交付生产使用。编制必要的会计分录。

测试题（四）

一、单项选择题（每小题1分，共15分）

1. 根据收入确认原则，企业销售商品如果客户没有取得相关商品控制权，即使已经将商品交付给客户，也不应确认收入。这体现的会计信息质量要求是(　　)。

A. 真实性（可靠性）　　B. 实质重于形式

C. 相关性　　D. 重要性

2. 下列各项中，属于企业办理日常转账结算和现金收付的存款账户是(　　)。

A. 一般存款账户　　B. 基本存款账户

C. 专用存款账户　　D. 临时存款账户

3. 库存现金清查发现的库存现金短缺，经核查无法查明原因的，扣除由责任人赔偿后的差额，报经批准后应计入(　　)。

A. 其他业务成本　　B. 营业外支出

C. 管理费用　　D. 坏账损失

4. 企业购入材料，材料已验收入库，但至月终仍未收到发票账单的，月终的会计处理应是(　　)。

A. 暂时不进行账务处理　　B. 列为“预计负债”

C. 按估计成本或计划成本暂估入账　　D. 进行红字冲销

5. 专项用于固定资产建设，并是在固定资产达到预定可使用状态前（符合资本化条件）的借款费用，应记入的账户是(　　)。

A.“固定资产”账户　　B.“在建工程”账户

C.“财务费用”账户　　D.“未确认融资费用”账户

6. 长期股权投资成本法下，被投资单位宣告分派现金股利或利润，投资单位应计列为(　　)。

A. 投资收益　　B. 长期股权投资（成本）

C. 资本公积　　D. 营业外收入

7. 下列各项中，关于债权投资的会计处理表述，不正确的是(　　)。

A. 债权投资在持有期间应当按照实际利率法确认利息收入，计入投资收益

B.“债权投资”账户期末借方余额，反映企业债权投资的摊余成本

C. 债权投资应按照取得时的公允价值和相关交易费用之和进行初始计量

D. 以摊余成本计量的金融资产（债权投资）是不计提减值准备的

8. 某公司本月共增加银行存款55万元。其中：出售库存商品收入45万元，增值税58 500元；出售库存原材料收入2万元，增值税2 600元；出售固定资产收入56 500元，其中增值税6 500元；出租无形资产收入1万元，增值税600元；对外提供运输劳务取得收入7 000元，增值税630元；因受疫情影响取得市财政拨给政府补助5万元。则该月营业收入总额为(　　)元。

A. 550 000　　B. 487 000

C. 537 000　　D. 587 000

9. 下列各项中，属于计提固定资产折旧应考虑的两类损耗是(　　)。

A. 磨损和减值　　B. 价值损耗和实物损耗

C. 有形损耗和无形损耗　　D. 自然损耗和有形损耗

10. 企业为履行当前或预期取得合同所发生的、不属于其他企业会计准则规范范围且按照收入准则应当确认为一项资产的成本，应设置的核算账户是(　　)。

A. "合同资产"账户　　B. "合同取得成本"账户

C. "发出商品"账户　　D. "合同履约成本"账户

11. 下列各项中，属于企业流动负债的是(　　)。

A. 预付账款　　B. "应付账款"账户的借方余额

C. "累计折旧"账户的贷方余额　　D. 一年内到期的长期借款

12. 一般纳税人企业的下列各项中，应列为增值税"进项税额转出"的是(　　)。

A. 在建工程项目领用库存原材料　　B. 在建工程项目领用自产库存商品

C. 库存原材料用于职工集体福利　　D. 自产库存商品用于对外捐赠

13. 下列各项中，属于资本公积来源的是(　　)。

A. 实现的净利润中提取　　B. 盈余公积转入

C. 减免税费转入　　D. 资本溢价或股本溢价

14. 下列各项中，关于企业在确认收入后发生销售折让的会计处理，正确的是(　　)。

A. 冲减当期营业收入　　B. 列为当期销售费用

C. 计入当期主营业务成本　　D. 列为资产负债表日后事项处理

15. 下列各项中，融资租入固定资产，"长期应付账款"账户的入账价值是(　　)。

A. 最低租赁付款额

B. 最低租赁付款额的现值

C. 租赁资产的公允价值

D. 租赁资产的公允价值和最低租赁付款额的现值两者较低者

二、多项选择题（每小题1.5分，共15分）

1. 下列各项中，属于货币资金的有(　　　)。

A. 交易性金融资产

B. 转入证券公司资金账户的存出投资款

C. 库存现金、各存款账户的银行存款、外埠存款

D. 银行汇票存款、银行本票存款、信用卡存款

2. 下列各项中，关于原材料按计划成本计价核算的会计处理，正确的有(　　)。
A. 验收入库材料的计划成本应贷记“材料采购”账户
B. 验收入库材料的节约差异应借记“材料成本差异”账户
C. 发出材料应负担的节约差异应借记“材料成本差异”账户
D. 发出材料应负担的超支差异应贷记“材料成本差异”账户
3. 下列各项中，应列为营业外支出的有(　　)。
A. 出售固定资产、无形资产的净损失
B. 非流动资产毁损报废损失
C. 违反法律法规、合同协议等而支付的罚款、违约金、赔偿金
D. 季节性及修理期间停工损失
4. 下列各项中，关于库存存货盘点盘亏会计处理的表述，正确的有(　　)。
A. 存货盘盈时，经批准后，存在计入“管理费用”账户的情况
B. 存货盘亏毁损时，经批准后，存在计入“营业外支出”账户的情况
C. 企业发生存货盘盈盘亏，会涉及“待处理财产损溢”账户
D. 企业发生存货盘盈盘亏，会涉及“其他应收款”账户
5. 下列各项中，应通过“在建工程”账户核算的有(　　)。
A. 购入不需要安装的固定资产　　B. 购入需要安装的固定资产
C. 正在改扩建工程的固定资产　　D. 预付工程款
6. 下列各项中，应列为销售费用的有(　　)。
A. 销售过程代客户垫付的运杂费　　B. 生产过程发生的废品损失
C. 支付产品广告费、展览费　　D. 预计产品质保损失
7. 下列各项中，属于所有者权益的有(　　)。
A. 未分配利润　　B. 其他收益
C. 任意盈余公积　　D. 其他综合收益
8. 下列各项中，属于收入确认前提条件的有(　　)。
A. 合同各方已批准该合同并承诺将履行各自义务
B. 签订的合同明确了合同各方与所转让商品相关的权利和义务
C. 签订的合同有明确的与所转让商品相关的支付条款
D. 企业因向客户转让商品而有权取得的对价很可能收回
9. 下列各项中，不影响企业利润总额的有(　　)。
A. 计提盈余公积　　B. 所得税费用
C. 营业外收入　　D. 其他综合收益
10. 下列各项中，应计入资产负债表“其他应收款”项目的有(　　)。
A. 销售商品时出租包装物应收未收的租金
B. 债券投资的应收利息
C. 股票投资形成的应收股利
D. 租入包装物的存出保证金

三、不定项选择题（每小题2分，共10分）

甲公司为增值税一般纳税人，销售商品适用的增值税税率为13%。假定确认收入的同时结转成本。本期甲公司发生有关经济业务如下：

（1）6月1日，与乙公司签订协议，采用预收货款方式向乙公司销售商品一批，该批商品的实际成本为8万元，售价总额为10万元；6月2日收到乙公司预付货款7万元；6月20日向乙公司发出该批商品，价款为10万元，增值税为13 000元，乙公司取得商品控制权，剩余款项公司也已收到。

（2）12月15日，委托丁公司销售商品200件，每件商品的实际成本为600元，该商品已于当日发出，按照合同约定，丁公司应按照每件800元对外销售商品，甲公司按照售价（不含税）的10%向丁公司支付手续费。12月31日，收到丁公司开出的代销清单，实际销售100件商品，同时收到丁公司开具的代销服务增值税专用发票，注明的价款8 000元，增值税480元。

要求：根据上述资料，不考虑其他因素，分析回答下列各小题。

1. 根据资料（1），下列各项中，企业预收的货款，应通过的核算账户是(　　　　)。

A.“预收账款”账户　　　　B.“合同负债”账户

C.“应收账款”账户　　　　D.“预计负债”账户

2. 根据资料（1），下列各项中，关于甲公司采用预收货款方式销售商品相关的会计处理结果，正确的是(　　　　)。

A. 6月2日，应贷记“主营业务收入”账户70 000元

B. 6月20日，应借记“主营业务成本”账户80 000元

C. 6月20日，应贷记“应交税费——应交增值税（销项税额）”账户13 000元

D. 6月20日，应贷记“主营业务收入”账户30 000元

3. 根据资料（2），下列各项中，关于甲公司12月15日发出委托代销商品相关的会计处理结果正确的是(　　　　)。

A. 借记“发出商品”账户120 000元

B. 贷记“主营业务成本”账户160 000元

C. 贷记“其他业务成本”账户160 000元

D. 借记“主营业务成本”账户120 000元

4. 根据资料（2），下列各项中，关于甲公司12月31日收到丁公司代销清单时相关的会计处理结果正确的是(　　　　)。

A. 贷记“发出商品”账户80 000元

B. 借记“销售费用”账户8 000元

C. 借记“应交税费——应交增值税（进项税额）”账户480元

D. 贷记“主营业务收入”账户80 000元

5. 根据资料（1）至资料（2），下列各项中，关于甲公司本期营业收入和营业成本的表述，正确的是(　　　　)。

A. 营业成本增加140 000元　　　　B. 营业收入增加180 000元

C. 营业收入增加252 000元　　　　D. 营业成本增加200 000元

四、判断题（每小题1分，共10分）

1. 预付账款属于企业的一项短期性债权，它包括企业预付购货款、预付的定金（或订金）、预付工程款、预借差旅费、预付租赁费等。（　　）

2. 企业原材料按计划成本计价核算，购入原材料无论当期是否验收入库，其实际成本都需要通过“材料采购”账户核算。（　　）

3. 存货发出计价采用先进先出法时，期末结存存货成本较接近现行市场价格，所以，会低估企业当期利润，高估期末资产价值。（　　）

4. 商品流通企业采购商品过程中发生的运输费、装卸费、保险费等进货费用，应直接计入主营业务成本。（　　）

5. 企业以公允价值计量且其变动计入其他综合收益的金融资产，应通过“其他债权投资”账户进行核算。（　　）

6. 企业取得固定资产的入账成本，应当包括为取得固定资产而交纳的消费税、契税、耕地占用税、车辆购置税、关税等相关税费，但不包括增值税。（　　）

7. 企业通过产出法或投入法确定履约进度的，不能扣除那些已实施但控制权尚未转移给客户的商品。（　　）

8. 企业清查发现的固定资产盘盈，应作为前期差错处理，通过“以前年度损益调整”账户进行核算；发现的固定资产盘亏，应通过“待处理财产损溢”账户进行核算。

（　　）

9. 企业以委托代销方式销售商品的，发出的商品应按销售价格列为合同资产，其收入的其确认是在应以收到代销单位转来价款时。（　　）

10. 企业财务会计报告应由单位负责人、主管会计工作负责人、会计机构负责人（或会计主管人员）签名并盖章，设置总会计师的单位，还须由总会计师签名并盖章。

（　　）

五、计算题（每小题5分，共10分）

1. 某项固定资产原值60万元，预计净残值率4%，预计使用寿命为8年，采用下列三种方法要求列式计算其第2年的折旧额。

（1）年限平均法：

第2年折旧额（年折旧额）=

（2）双倍余额递减法：

第1年折旧额 =

第2年折旧额 =

（3）年数总和法：

第2年折旧额 =

2. 期末，某公司有关账户期末余额见下表：

金额单位：元

账 户	借或贷	余 额	账 户	借或贷	余 额
应收账款	借	270 000	坏账准备（应收账款）	贷	14 500
——M 公司	借	290 000	应付账款	贷	79 000
——W 公司	贷	20 000	——甲公司	贷	49 000
预付账款	借	270 000	——乙公司	借	30 000
——A 公司	借	286 000	预收账款	贷	80 000
——B 公司	贷	16 000	——丁公司	贷	80 000
利润分配	借	721 000	本年利润		920 000
债权投资	借	96 000			
（其中将于一年内摊销的有 25 000 元）					

要求：不考虑其他因素，计算确定资产负债表下列项目的填列金额：（每错一项扣1分，扣完5分止）

资产：

（1）应收账款____________元

（2）预付账款____________元

（3）债权投资____________元

负债及所有者权益：

（4）应付账款____________元

（5）预收账款____________元

（6）未分配利润 __________元

六、业务核算题（每组分录2分，共40分）

某公司为增值税一般纳税人，本期发生如下有关经济业务事项，据以编制必要的会计分录。要求写出必要是明细科目。

1. 公司行政部实行定额备用金制度，备用金定额为3 000元，现报销专用发票所列的零星办公用品购置费800元，增值税104元，以库存现金付给。

2. 公司原材料采用实际成本计价，本月5日向美达公司购入原材料甲材料一批，增值税专用发票所列的货款7万元，增值税9 100元；增值税专用发票所列的运输费2 000元，增值税180元。原材料已验收入库，价税款及运输费尚未支付。

3. 大华公司欠本企业货款226 000元，现收到该公司扣除享受现金折扣6 000元后的货款220 000元，款项转存银行。

4. 五湖公司欠本公司货款 6 万元，已逾期 3 年，经确认确实无法收回，经批准列为坏账予以核销。

5. 某商场库存商品采用售价金额进行核算，本月 9 日，购进甲商品一批，以存款支付专用发票所列的货款 10 万元，增值税 13 000 元。商品验收入库，总售价金额为 15 万元。

6. 以银行存款支付增值税专用发票所列的华星公司的委托加工物资加工费 3 万元，增值税 3 900 元。

7. 公司购入一栋厂房，包括建筑物和土地使用权，以银行存款支付专用发票所列的价款 800 万元，增值税 72 万元。经有关机构评估确认，地上建筑物与土地使用权的比例为 5∶3。

8. 企业出售一项已列为持有待售资产的生产设备（原值 50 万元，已提折旧 30 万元），取得价款 15 万元，增值税 19 500 元。生产设备已交付，价税款收存银行。

9. 结算中瑞建筑公司承建的固定资产建设工程进度款，本期应付增值税专用发票进度款 60 万元，增值税 54 000 元。上月公司按规定预付工程款 50 万元，现以银行存款支付此项差额款 154 000 元。

10. 生产车间甲产品生产领用库存包装物一批，实际成本 25 000 元。

11. 结转本月已售甲产品成本 75 万元，其中，20 万元属于委托代销方式委托大华商场销售的。

12. 公司将两年前取得的一项账面成本为 80 万元的长期股权投资（汉中公司）予以出售。取得价款 95 万元存入银行，被投资单位上月已宣告但尚未发放的现金股利 5 万元。

13. 发放本月职工工资，结转代扣社会保险费职工个人交纳部分58 000元，代扣代缴的个人所得税5 000元。

14. 本年1月1日购入的上新公司发行的3年期、票面年利率5%、到期一次还本付息的债券100万元，根据相关条件划分为以摊余成本计量的金融资产，且票面利率与实际利率差别很小。年末按票面利率5%计提本年应计利息。

15. 9月1日，企业向千沙公司销售A商品200件，售价1 500元/件，增值税39 000元。商品全部发出，控制权已转移给千沙公司，价税款暂未到。合同约定，千沙公司应于本年11月15日前支付价税款，在本年底之前有权退还商品。根据以往经验，估计千沙公司该批商品被退货的概率约为20%。编制9月1日发售商品，确认收入的会计分录。

16. 月末，结转本月支付给提前辞退人员的辞退福利35 000元。

17. 公司决定，以法定盈余公积50万元转增资本。

18. 财产清查发现因管理不善造成库存甲商品因台风受灾发生毁损200件，单位成本250元，应负担的增值税6 500元，上报待批准处理。

19. 公司本年实现利润总额310万元，经核查发现：销售费用中有超过标准的广告宣传费10万元不能税前列支，营业外支出中有税收滞纳金2万元，投资收益中有国库券利息5万元，本年计提的资产减值损失8万元不能税前列支。所得税税率为25%，1～3季度已结转企业所得税50万元，不考虑其他因素。

（1）计算本年应交所得税，并予以结转。

（2）计算本年净利润，并编制年终结转本年净利润的会计分录。

测试题（五）

一、单项选择题（每小题1分，共15分）

1. 下列各项中，属于会计信息质量要求的是(　　)。

A. 货币计量　　B. 权责发生制

C. 实质重于形式　　D. 历史成本计价

2. 下列各项中，应记入“银行存款”账户借方的是(　　)。

A. 拨付给内部用款单位或职工个人的零星备用款项

B. 销售产品收到的银行承兑的汇票

C. 销售产品收到的银行汇票，交银行办理并取得回单

D. 出售通过证券公司购买的债券、股票，款项入账企业在证券公司的资金账户

3. 企业外币交易业务产生的不能资本化的汇兑损益，应计列为(　　)。

A. 管理费用　　B. 财务费用

C. 资本公积　　D. 投资收益

4. 下列各项中，关于企业固定资产折旧方法的表述，正确的是(　　)。

A. 工作量法也是一种加速折旧法

B. 双倍余额递减法计提折旧是不需要考虑固定资产预计净残值的

C. 各种折旧计算方法计提折旧最终均是需要考虑固定资产预计净残值的

D. 年数总和法计算的固定资产折旧是逐年递增的

5. 下列各项中，属于企业改扩建中的固定资产应计列的账户是(　　)。

A.“固定资产”账户　　B.“工程物资”账户

C.“在建工程”账户　　D.“固定资产清理”账户

6. 企业购入材料，材料已验收入库（按实际成本计价），但发票账单尚未收到的，其会计处理应是(　　)。

A. 按暂估价入账，并进行材料明细核算

B. 不必进行会计处理

C. 进行材料明细核算，按暂估价列为应付账款

D. 进行材料明细核算，收到发票账单后，按正常情况处理；至月终仍未收到发票账单的，月末按合同价或估计成本暂估入账

7. 某工业企业（一般纳税人）从外地购入乙材料9 000千克，单价8元，以存款支付价款和税费为：专用发票所列价款12万元，增值税15 600元；专用发票所列的运输费

7 000 元，增值税 630 元；取得普通发票的入库前的挑选整理费用 3 670 元（含增值税）。此项业务还发生采购人员差旅费 1 200 元。材料验收入库发现短缺 50 千克，经确认属于运输途中定额内的合理损耗。该项乙材料的入账成本和单位成本是(　　)。

A. 130 670 元　14. 52 元/千克　　B. 131 870 元　14. 65 元/千克

C. 130 670 元　14. 60 元/千克　　D. 127 000 元　14. 11 元/千克

8. 下列各项中，属于商品流通企业购入商品进货费用可能计列的账户是(　　)。

A. "其他业务成本"账户　　B. "销售费用"账户

C. "财务费用"账户　　D. "管理费用"账户

9. 下列各项中，属于企业自产商品产品用于对外捐赠，其增值税应计列为(　　)。

A. 进项税额转出　　B. 进项税额

C. 销项税额　　D. 已交税额

10. 下列各项无形资产，不必进行摊销的是(　　)。

A. 当月增加的无形资产

B. 使用寿命不确定的无形资产

C. 合同或法律没有规定使用寿命的无形资产

D. 企业通过购买房屋取得的会计核算上单列的土地使用权

11. 下列各项中，关于企业在购货付款产生现金折扣的会计处理正确的是(　　)。

A. 冲减当期营业收入　　B. 列为当期财务费用

C. 计入购进货物成本　　D. 列为营业外收入

12. 权益法下，长期股权投资的初始成本小于投资时应享有被投资单位可辨认净资产公允价值份额的差额，投资企业应列为(　　)。

A. 公允价值变动损益　　B. 投资收益

C. 资本公积　　D. 营业外收入

13. 某公司为小规模纳税人，销售商品一批，取得货款收入（含税）5 150 元，增值税征收率为 3%。下列各项中，关于此项业务应缴纳的增值税正确的是(　　)元。

A. 150　　B. 154. 50

C. 159. 28　　D. 136. 73

14. 企业在某一时段内履行的履约义务，当履约进度不能合理确定，企业已经发生的成本预计能够得到补偿的，其确认收入的金额应当是(　　)。

A. 已经发生的成本　　B. 预计发生的成本

C. 已经发生的成本 + 可能发生的成本　　D. 预计取得的收入 - 已经发生的成本

15. 利润表属于动态表，下列各项中，属于利润表填列的主要依据是(　　)。

A. 有关账户的期末余额　　B. 各账户的本期发生额

C. 有关账户总分类账户期末余额　　D. 损益类账户的本期发生额

二、多项选择题（每小题 1.5 分，共 15 分）

1. 下列各项中，关于企业有关会计事项的表述，正确的有(　　　)。

A.《企业会计准则——基本准则》的适用范围是所有企业

B. 银行本票、银行汇票、信用卡存款均属于其他货币资金
C. 出售不动产、无形资产应交的城建税、土地增值税应列入“税金及附加”账户
D. “长期股权投资”账户的借方余额反映企业长期股权投资的成本
2. 下列各项中，应通过“应收票据”账户核算的有(　　　　)。
A. 销售商品收到银行承兑汇票
B. 以银行汇票购入工程物资
C. 持未到期的银行承兑汇票向银行贴现（不附追索权）
D. 购入材料签发、承兑的商业承兑汇票
3. 下列各项中，应列为外购存货成本（工业企业）的有(　　　　)。
A. 运输途中合理损耗
B. 进口货物应交消费税、关税
C. 小规模纳税人支付的取得专用发票的增值税
D. 购入存货支付途中保险费、包装费
4. 下列各项中，关于存货“成本与可变现净值孰低法”的表达，正确的有(　　　　)。
A. 其“成本”是指存货的历史成本
B. 当成本低于可变现净值时，存货按成本计价
C. 当可变现净值低于成本时，存货按可变现净值计价
D. 当可变现净值高于成本时，存货按可变现净值计价
5. 下列各项中，应列为财务费用的有(　　　　)。
A. 取得交易性金融资产的交易费用
B. 取得债权投资支付的交易费用
C. 摊销融资租入固定资产未确认融资费用
D. 实际发生并确认的销货现金折扣
6. 下列各项中，属于盈余公积的用途有(　　　　)。
A. 转增资本　　　　B. 弥补亏损
C. 职工集体福利　　　　D. 分配股利
7. 确定固定资产的使用寿命（预计使用年限）时，主要应当考虑的因素有(　　　　)。
A. 该资产的预计生产能力或实物产量
B. 该资产预计的有形损耗
C. 该资产预计的无形损耗
D. 有关资产使用的法律或者类似规定的限制
8. 下列各项中，影响企业营业利润的有(　　　　)。
A. 所得税费用
B. 与企业日常活动相关，除冲减相关成本费用以外的政府补助
C. 取得受托代销商品的手续费收入
D. 出租无形资产计提摊销
9. 下列各项中，属于财务报表附注需要反映的内容有(　　　　)。
A. 财务报表的编制基础　　　　B. 遵循企业会计准则的声明
C. 重要会计政策和会计估计　　　　D. 或有或承诺事项

10. 下列各项中，不属于收入的有(　　)。

A. 出售工程物资收入

B. 出售固定资产、无形资产的收入

C. 出售交易性金融资产、长期股权投资取得的收入

D. 采用奖励积分计划销售商品上年度积分分摊的交易价格，本年度已兑换的积分

三、不定项选择题（每小题2分，共10分）

某企业为增值税一般纳税人，适用的增值税税率为13%，2×21年1月至11月“利润表”部分相关项目的累计发生额为：税金及附加600万元、销售费用500万元、管理费用1 000万元、财务费用200万元。2×21年12月该企业发生如下经济业务：

（1）12月20日，接受现金捐款50万元，以银行存款支付业务招待费5万元，支付税收滞纳金2万元。

（2）12月10日，将一批自产产品作为福利发放给本企业行政管理人员，该产品每台生产成本为48万元，市场售价为60万元（不含增值税）。

（3）12月31日，计提所属销售机构上月购入并投入使用设备的折旧费，该设备价款为300万元，增值税税额为39万元，预计使用寿命5年，预计净残值为4%，采用年限平均法计提折旧。

（4）12月31日，计算确定本月应交城市维护建设税35万元（不考虑教育费附加），车船税5万元、支付印花税3万元，确认短期借款利息利息费用15万元，取得银行存款利息收入3万元。

要求：根据上述资料，不考虑其他因素，分析回答下列小题。

1. 根据资料（1），该企业的下列各项会计处理结果，正确的是(　　)。

A. 营业外收入增加50万元　　B. 管理费用增加5万元

C. 营业外支出增加2万元　　D. 管理费用增加7万元

2. 根据资料（2），该企业下列各项会计处理结果，正确的是(　　)。

A. 主营业务成本增加48万元　　B. 应交税费增加7.8万元

C. 管理费用增加67.8万元　　D. 确认应付职工薪酬48万元

3. 根据资料（3），该企业12月31日对专设销售机构设备计提折旧费的会计处理，正确的是(　　)。

A. 计入管理费用4.8万元　　B. 计入管理费用5万元

C. 计入销售费用4.8万元　　D. 计入销售费用5.424万元

4. 根据资料（4），该企业下列各项会计处理结果中，正确的是(　　)。

A. 应交税费增加43万元　　B. 财务费用增加12万元

C. 管理费用增加3万元　　D. 税金及附加增加43万元

5. 根据资料（1）至资料（4），该企业全年的期间费用是(　　)万元。

A. 89.6　　B. 1 789.6

C. 1 794.8　　D. 2 389.6

四、判断题（每小题1分，共10分）

1. 企业库存现金、银行存款必须设置日记账进行序时核算，但其总分类账可以根据采用的会计核算形式选择是否设置。（　）

2. 已贴现的商业承兑汇票到期，付款人无力付款的，贴现银行要向贴现企业退票扣款，借记“应收账款”账户，贷记“银行存款”账户。（　）

3. 采用成本法核算的长期股权投资，投资企业应当将其子公司纳入合并财务报表的合并范围，并在编制合并财务报表时按权益法进行调整。（　）

4. 离职后福利是指企业为获得职工提供的服务而在职工退休或与企业解除劳动关系后，提供的各种形式的报酬和福利，如基本养老保险、失业保险。（　）

5. 出租包装物的摊销应列为其他业务成本；出借包装物的摊销应列为销售费用。（　）

6. 企业销售商品发生的现金折扣应计入销售费用；销售商品发生商业折扣和销售折让应在实际发生时冲减当期销售收入。（　）

7. 固定资产的出售、报废、毁损以及盘亏，均应通过“固定资产清理”账户进行核算；固定资产出售、毁损、报废以及盘亏发生的净损益，应列为资产处置损益。（　）

8. 企业购入存货、固定资产支付的价内税（如消费税）应列入其成本，支付的价外税（如增值税），只要是取得增值税专用发票的就不能列入存货成本。（　）

9. 企业在某一时点履行的履约义务，应当在客户取得相关商品控制权时点确认收入；企业在某一时段内履行的履约义务，企业应按照履约进度确认收入。（　）

10. 资产负债表是反映企业财务状况的，其左方反映资产，是按资产的流动性排列；右方反映负债和所有者权益，是按其偿还顺序进行排列。（　）

五、计算题（每小题5分，共10分）

1. 某公司8月份甲材料有关收、发的相关资料如下：

库存商品明细账

品名：甲材料　　　　2×20年8月　　　　单位：元

2×20年		摘要	收入			发出			结存		
月	日		数量(件)	单价	金额	数量(件)	单价	金额	数量(件)	单价	金额
8	1	月初余额							700	30	21 000
8	6	购入	1 500	32	48 000				2 200		
8	11	发出				900			1 300		
8	16	购入	600	33	19 800				1 800		
8	20	发出				1 400			500		
8	31	本月合计	2 100	/	67 800	2 300			500		

要求：根据资料，采用先进先出法列式计算该公司A材料本月发出和月末结存的

成本。

（1）本月发出存货成本 =

（2）本月结存存货成本 =

2. 甲公司 2×21 年年初“利润分配——未分配利润”账户为贷方余额 80 万元；“盈余公积”账户为贷方余额 30 万元。

年末结算本年实现净利润 500 万元。公司股东会决定定的本年利润分配为：按照规定比例 10% 提取法定盈余公积；按照 20% 提取任意盈余公积；按可供投资者分配利润的 50% 向投资者分配利润。不考虑其他因素。

要求：根据上述资料，列式计算下列各项：

（1）计提的法定盈余公积 =

（2）计提的任意盈余公积 =

（3）可供投资者分配的利润 =

（4）年末未分配利润 =

（5）年末留存收益 =

六、业务核算题（每组分录 2 分，共 40 分）

某公司为增值税一般纳税人，本期发生如下有关经济业务事项，据以编制必要的会计分录。要求写出必要是明细科目。

1. 以银行存款支付增值税专用发票所列的产品广告费 5 万元，增值税 3 000 元。

2. 公司以委托收款方式向达美公司销售商品一批，货款 30 万元，增值税税率为 13%，以银行存款代垫应由购货承担的运杂费 2 000 元。产品发出，发票开出，并已办妥托收手续，达美公司取得商品控制权，货款尚未收到。

3. 年初“坏账准备”账户贷方余额 35 000 元，本年度核销坏账 20 000 元，收回以前年度已核销的坏账 12 000 元。年末应收账款余额 50 万元，坏账准备计提比例为 5%。年末调整计提坏账准备。

4. 公司原材料采用计划成本计价，本月 10 日向科达公司购入原料及主要材料甲材料一批，增值税专用发票所列的货款 10 万元，增值税 13 000 元；增值税专用发票所列的运输费 5 000 元，增值税 450 元。材料价税款以签发并承兑的商业承兑汇票付给，运输费及其增值税以银行存款支付，材料尚未收到。

5. 60 日前公司将华星公司签发、承兑的面值为 5 万元的商业汇票予以贴现，贴现得款 48 500 元，银行附有追索权。现此商业汇票到期，付款人无力付款，贴现银行向本公司退票扣款，款项被银行于存款账户中全额划付。

6. 出售原料及主要材料乙材料一批，价款 2 万元，增值税 2 600 元，价税款收存银行。

7. 公司上月委托千新公司加工原料及主要材料 C 材料加工完成收回并验收入库，发生加工物资成本为 195 000 元。C 材料采用计划成本计价，该批材料计划成本为 183 000 元，结转其成本。

8. 企业固定资产改扩建工程购入专用设备物资一批，专用发票所列的价款 15 万元，增值税 19 500 元。价税款以银行汇票支付，设备物资直接交付工程使用。

9. 上年度融资租入的流水生产线，最低租赁付款额为 350 万元，确认的固定资产入账价值为 320 万元。租赁期限为 10 年，按照直线法分摊本年应分摊的未确认融资费用。

10. 生产设备一台，账面原值 30 万元，已提折旧 28 万元，无法正常使用，经批准予以转入报废。

11. 公司自行研发无形资产，本月还处于研究阶段，以银行存款支付增值税专用发票所列的技术服务费 2 万元，增值税 1 200 元，领用库存原料及主要材料甲材料 5 万元。

12. 固定资产清查发现盘盈一项生产设备，重置价值为 15 万元，估计折旧为 3 万元。

13. 将一批库存自制甲商品用于对外投资，其成本40万元，售价50万元，增值税税率为13%。

14. 月末按照工资总额和公司确定的标准计算结转本月的职工福利费79 800元，其中：车间生产工人55 000元，车间管理人员7 200元，行政管理人员12 600元，在建工程人员5 000元。

15. 公司利用信息平台为绿地公司提供服务，合同期限2年，服务费总价168万元，增值税税率为6%；服务费分月计算，按年支付。公司为提供服务于合同签订月份发生的合同履约成本48万元。此项业务为公司附营业务，公司预计这些支出未来均能够收回。不考虑其他因素，编制合同期每月确认服务收入（价款未收）和分摊合同履约成本的会计分录。

16. 公司商场库存商品采用售价金额核算，本月家电G商品主营业务收入为60万元，确定的商品进销差价率为15%，结转此商品本月已销售商品的进销差价。

17. 年终，结转本年度发生的亏损89万元。